आपस्तम्बशुल्बसूत्रम्

THE ĀPASTAMBA-ŚULBASŪTRA

आपस्तम्बशुल्बसूत्रम्

THE ĀPASTAMBA-ŚULBASŪTRA

With the Commentaries of
Kapardiswamin, Karavinda and Sundararāja

Edited By

D. Srinivasachar
Vidwan S. Narasimhachar

BKP

BHARATIYA KALA PRAKASHAN
Delhi : : (India)

First Edition : 1931
Revised and Enlarged Edition : 2010

Published by **C.P. Gautam**
BHARATIYA KALA PRAKASHAN
3421-A, IInd Floor, Narang Colony Tri Nagar,
Delhi-110035. Telefax : 27393083, Phone : 32967505
E-mail : bkp3421@yahoo.co.in
Website : www.bkpbooks.com

ISBN : 978-81-8090-258-1

Laser Type Setting
Creative Graphics

Printed by :
G.S. Offset Printers
Delhi

Preface

The Āpastamba Śulba Sūtra forms the last* praśna of the Kalpa Sūtra of Āpastamba which is divided into thirty sections or praśnas. This work deals with principles of a technical character applicable chiefly to the construction of altars for sacrifices and is an indispensable guide to students of Vedic sacrificial rites. It consists of six paṭalas divided into twenty one khaṇḍas.

Three commentaries of this work are herein presented. The oldest of these was written by Kapardaswāmin. Karavindīya and Sundararājīya are the other two commentaries and they depend upon the oldest commentary. Sundarāja mentions his gotra and the name of his father. In the case of Kapardaswāmin, it may be stated that Śrī Rāmānujācārya who belongs to the 11th century A.D. mentions him by name. Kapardaswamin, who had become famous by the 11th century, may therefore be placed a few centuries before Śrī Rāmānujācārya.

The work of editing the Śulba Sūtra of Āpasthamba, was begun by my predecessor, Mahāmahopādhyāya Dr. R. Sharma Sastry, B.A., Ph.D., some years ago. He had prepared the press copy of the Kapardi Bhāṣya himself. About half of the work was printed during his time. I continued the work after I took charge of the Oriental Library on his retirement. I may mention here that Pandit Srinivasa-gopalachar of the Oriental Library prepared the press copy of a large portion of the commentary by Karavinda and corrected some of the proofs.

---

* In the manuscript No. 15 described on the next page, the Śulba Sūtra is placed immediately after the Srauta Śūtra and the Dharma Sūtra follows the Śulba Sūtra.

This edition is based upon the following manuscripts:—

1. A Grantha palm-leaf manuscript. This is Sundararājiya commentary. This copy is complete.
2. A Grantha palm-leaf manuscript. This is Sundararājiya commentary. This copy is complete.
3. A Nāgara palm-leaf manuscript. This is Sundararājiya commentary. This copy contains Sūtras first and then the commentary. This copy is complete.
4. A Nāgara palm-leaf manuscript. This is Sundararājiya commentary. This copy contains Sūtras first and then the commentary. This copy is complete.
5. A Telugu paper manuscript. This is Sundararājiya commentary. This copy contains Sūtras and the commentary. This copy is complete.
6. A Telugu paper manuscript. This is Sundararājiya commentary. This copy contains only the commentary. This copy is complete.
7. A Telugu palm-leaf manuscript. This is Kapardi Bhāṣya. This copy is complete.
8. A Telugu palm-leaf manuscript. This is Kapardi Bhāṣya. This contains Sūtras in Nāgari characters and the Bhāṣya in Telugu character. This copy is complete.
9. A Devanāgari paper manuscript. This is Karavindiya commentary. This copy contains Sūtras and the commentary. This copy is complete.
10. A Kannada paper manuscript. This is Karvindiya commentary. This copy contains Sūtras in abbreviated form. This copy is complete.
11. A Telugu paper manuscript. This is Karvindiya commentary. This copy contains Sūtras in abbreviated form. This copy is complete.
12. A Grantha palm-leaf manuscript. This is Karvindiya commentary. This copy is complete.

13. A Grantha palm-leaf manuscript. This is Karvindiya commentary. This copy is complete.
14. A Nāgari palm-leaf manuscript. This is Karvindiya commentary. This copy is complete.
15. A Grantha palm-leaf manuscript. This is Āpastamba Śulba Sūtra. This copy does not contain any commentary. This copy is complete.

    [The above manuscripts belong to the Government Oriental Library, Mysore.]
16. A paper maunscript belonging to Mahadeva Dikshit Dandavati.

D. Srinivasachar

नमो यज्ञाय

इदमिदानीं प्रकाशयामः शुल्बसूत्रं नाम व्याख्यात्रयोपेतं सूत्रप्रबन्धरत्नम्। शुल्बशब्दश्च संनाहार्थकः। यदाह–श्रौतपदार्थनिर्वचने (सोमणोपाह्वः) नागेश्वरशास्त्री (१५ पृ)–'एतत् वर्हिस्सन्नहनं नाम शुल्बनामकम्' इध्मबन्धनार्थं इध्मसंनहनं शुल्बनामकं' इति च (१६ पृ)। संनाहश्च सन्निवेशविशेषसंपादनार्थो घटनविशेषः। इत्थं च वेद्याद्याकारविशेषनिष्पादकघटनाविशेषादिनिरूपणपरमिदं सूत्रमिति अन्वर्थैव शुल्बसूत्रमिति संज्ञा प्रथते।।

वेदाङ्गेषु परिगण्यमानेषु कल्प इति प्रयोगसूत्राणां निर्देशः। दर्शपूर्ण-मासादिप्रयोगविधिषु सूत्रेषु श्रौतसूत्राणीति व्यवहारस्तु श्रुत्या साक्षाद्विहितानां कर्मणां प्रयोगविधिपरत्वमादाय; न तु तथैव तेषां नाम क्वचिद्ग्रन्थेषूच्यते। 'हस्तौ कल्पान् प्रचक्षते' इति तेषां कल्पपदेनैव व्यवहारात्। अत एव स्मार्तप्रयोगसूत्राणामपि 'गृह्यकल्पः' 'पितृमेधकल्पः' इति कल्पपदेनैव व्यवहारो दृश्यते। 'पुराणानि कल्पान्' इति श्रुतावपि कल्पशब्दं इत्थमेव व्याचक्षाते भास्करमिश्रसायणाचार्यौ। 'कल्पः-कल्पसूत्राणि प्रयोगप्रतिपादकानि' इति। इहाऽपि शुल्बशब्दस्य स्थाने कल्पशब्दपाठः कपर्दिभाष्ये दृश्यते (७ पृ. ४ पं ख पु. पाठान्तरं) इत्थंच परिभाषाश्रौतशुल्बगृह्यपितृमेध-रूपानेकभागबद्धेषु कल्पेष्वेव शुल्बसूत्रमपि कश्चित् प्रश्नरूपो भागः। स च प्रवाहतः पूर्वपूर्वपरमर्षिपरम्परागतमेव कल्पसूत्रं स्वयमधीत्य स्वाभिमतं संक्षेपं विस्तारं अन्यं वा कंचन अवश्यापेक्षितं विशेषमादृत्य मुनिभिस्तथातथा कल्पसूत्रं प्रणयद्भिः प्रवर्त्यमानोऽनुवर्तते। न तु आपस्तम्बोपज्ञमेव शुल्बसूत्रप्रवर्तनम्।।

कालवशाच्च उपदेशधारणपाटवे ह्रासमुपेयुषि परमर्षिसूत्राणांतराणीव इमान्यपि व्याख्यासापेक्षाण्यासन्। ततश्च तैस्तेः यज्ञप्रक्रियानिष्णातैः स्वंस्वं सदुपदेशमालम्ब्य व्यव्रियन्त शुल्बसूत्राणि भाविभ्यो यज्ञानुतिष्ठासुभ्यः।।

तेषु च व्याख्यातृषु कपर्दिस्वामी करवि (न्दाधिपः) न्दस्वामी, सुन्दरराजः इति सुगृहीतनामानः त्रयः प्रथन्ते। तेषु कपर्दिस्वामी समग्रस्यैव आपस्तम्बकल्पसूत्रस्य व्याख्याता। (स च नास्माभिः कालतो देशतो वा निर्णीतः। परं तु) इहैव मुद्रापितस्य कपर्दिभाष्ययुतस्य आपस्तम्बयज्ञपरिभाषासूत्रस्य प्रस्तावनातः श्रीमद्रामानुजाचार्यैः

वेदव्याख्यातु कपर्दिस्वामिनः नामग्रहणं कृतमस्तीति श्रीमद्रामानुजाचार्येभ्योऽपि प्राचीनोयं सुप्रसिद्ध आसीदित्यवगम्यते। द्वितीयतृतीयौ व्याख्यातारौ करविन्दसुन्दरराजौ च न कल्पसूत्रभागान्तरव्याख्यातृतया प्रसिद्धौ। नाप्येनयोर्देशः कालो वाऽस्माभिर्निर्णीतः। किंतु करविन्दः ग्रन्थारम्भे करविन्दाधिपेनेति स्वं नाम निर्दिशति। यदि 'करविन्दाभिधेयेनेति' अन्नत्यः पाठभेदो नाद्रियेत तदा तन्नामनिर्देशस्थेनाधिपशब्देन सोऽयं कश्चिद्राजा स्यादिति संभावयितुं शक्येत। तृतीयव्याख्याकृत् सुन्दरराजस्तु–

..........कुशिककुलनिधेर्माधवार्यस्य यष्टुः। पुत्रः शुल्बप्रदीपं विवरणमधुना सुन्दरो निर्मिमीते।।

इति स्वं नाम गोत्रं पितरं च केवलं निर्दिशति।।

व्याख्यानां चैतासां मध्ये द्वितीय तृतीये एव नामतो निर्दिश्येते मातृकयोः 'शुल्बप्रदीपम्' इति 'शुल्बप्रदीपिका' इति च। कपर्दिभाष्यस्य च नाम न ज्ञायते। अतः एकस्याः परं नाम्नाऽनिर्देशं नात्युचितं भावयद्भिः तत्तन्नामपूर्वकव्याख्याशब्द एव तत्तद्व्याख्यारम्भेषु परमस्माभिरादृतः।।

एते च व्याख्यातारः प्रायो मूलार्थमुपपाद्य तत्र तत्र इष्टकाकरणादिविषये विमतिपरिहाराय स्वस्वपूर्वपुरुषपरम्परोपदेशागताः कारिका उदाहरन्ति।।

व्याख्यानवैशद्यं च सुन्दरराजकपर्दिस्वामिकरविन्दाधिपेषूत्तरोत्तरमतिशेते। परं तु कपर्दिभाष्यमेव इतरयोर्व्याख्ययोरवलम्बनमिति तद्वचनादेवावगम्यते–

करविन्दाधिपेनाद्य क्रियते भाष्यकृन्मते।

इति–

.... भाष्यप्रभृतिषु कथितं विस्तृत वीक्ष्य कृत्स्नम्।

इति च। सुन्दरराजस्तु विस्तारासहिष्णुजनोपकारायैव संक्षेपेण व्याख्यदिति 'विस्तृतं वीक्ष्य' इति वदन् सूचयति।।

प्रकरणविभागः प्रतिपाद्यविभागश्च

अस्मिन् आपस्तम्बीये शुल्बप्रश्ने षट् पटलाः आहत्य एकविंशतिः खण्डाश्च सन्ति।।

तत्र प्रथमे पटले अस्येयानायामः इयान् विस्तरः एवं विहरणमस्य इति सामान्यतो मानमभिधीयते।।

द्वितीये पटले दर्शपूर्णमासादिषु विशिष्य तेऽभिधीयन्ते। इत्थं च प्रथम-द्वितीयपटलाभ्यां हविर्यज्ञविहरणान्युच्यन्ते। तृतीयादिभिस्तु चतुर्भिः पटलैः सोमयागस्य साद्रिचित्यक्रतूनां च अग्निक्षेत्रमानं इष्टकानां करणानि उपधानविधिश्चोच्यन्ते।।

अस्खलितावधानसंपादनीये आमुष्मिकश्रेयस्साधने यज्ञकर्मणि सुमहदेवोपकरोति शुल्बसूत्रम्।।

अद्यावधि कुत्रापि मुद्रणप्रचाररहितस्य सव्याख्यस्य अस्य शुल्बसूत्रस्य यथाशक्ति संशोधनेन मुद्रणेन च प्रेक्षावतां अवश्यं भाविनमुपकारमाकलयन्तः श्रममिमं सफलयामः। प्रार्थयामश्च यज्ञकर्मनिष्ठानां शिष्टानां सदाशिष इति शम्।।

इत्यावेदयिता

सो. नरसिंहाचार्यः,

प्राच्यकोशागारपण्डितः, मैसूर.

एतत्सूत्रव्यवहृताः व्याख्यासु तत्रतत्र विवृताः

काश्चित् संज्ञाः दर्शयामः

अक्ष्णयारज्जुः–सपाद आयामः (अक्ष्णयेति निपातः कोणवाची) कोणगतरज्जुः–कर्णरज्जुरित्यर्थः।

अण् (कं) का–अणूकशब्दः पुरुषचतुर्थस्य वाचकः।

अपायम्य–अपकृष्य (अपसार्य)।

अभ्यसनम्–उपरि क्षेपः (आधिक्यसम्पादकः क्षेपः)।

अरत्निः–पुरुषस्य पञ्चमो भागः (पञ्चमभागीया इत्यप्यस्यैव नाम)।

अरत्निः–सकनिष्ठिकः करः।

आयामः–आयामशब्दो विस्तारप्रतियोगिवचनः।

ऊर्वस्थि–पुरुषस्य षष्ठो भागः (षड्भागीया इत्यप्यस्यैव नाम)।

करणं–क्रियन्तेऽनेष्टका इति करणं दारुमयम्।

तिर्यङ्भानी–तिर्यगवस्थिता रज्जुः (पादोनायामः)।

त्सरुः–सर्वस्याग्निक्षेत्रस्य दशमोंऽशः।

द्रोणः–अन्नाधारपात्रं (द्रोणशब्दो जलाधारस्य वाचकः दारुमयस्य सत्सरुकस्य चतुरश्रस्य च)।

निमित्तं–क्षेत्रकोटिज्ञानहेतुश्शङ्कुः।

नियम्य–प्रतिमुच्य।

प्रधिकं–गमनाय प्रधीयते इति प्रधिकं; तच्च प्रार्श्वधनुः।

पिशीलम्–मुष्टिकृतोऽरत्निः इति केचित्।

पिशीलम्–प्रादेशः इति केचित्।

पिशीलम्–बाह्वोरन्तरालं इति केचित्।

पुरीषम्–जलार्द्रा मृत्।

पुरुषः–पञ्चारत्निः (दशवितस्तिः) विंशतिशताङ्गुलयः।

पृष्ठम्–विमातव्यक्षेत्रस्य मध्यम्। तदवयवेषु शोण्यंसपार्श्वव्यपदेशात्। यथा श्रोण्यंसपार्श्वानां मध्यं पृष्ठं एवमिदमपि।

पृष्ठ्या–पृष्ठे भवा रेखा पृष्ठ्या।

प्रउगुम्–शकटस्य मुखभागः (त्रिकोणभागः) शकटस्य पूर्वभागः।

प्रतिमा–छाया (प्रतिकृतिः)।

प्रादेश–प्रसारिते अङ्गुष्ठप्रादेशिन्यौ इति केचित्।

प्रादेश–द्वादशाङ्गुलयोरैव वितस्तिप्रादेशयोः विधिभेदाच्छब्दभेदः इत्यन्ये।

लक्षणं–विमातव्यक्षेत्रस्य कोटिपरिज्ञानोपायभूतं चिह्नम्।

लेखासमरः–लेखासम्पातः।

विपथः–चरणरथः (चारणरथः)।

विहरणम्–विमातव्यवेद्यादिक्षेत्रस्य श्रोण्यंसानां विविधसम्पादनावच्छेदः,

विहारयोगाः–अग्र्यायतननिर्माणोपायमानरज्ज्वादयः

समाधिः–वेद्यादेस्सम्यगवस्थापनम्।

अङ्गुलसङ्ख्यापरिग्रहविशेषाः

तिलः	१४ अणवः
अङ्गुलः	३२ तिलाः
प्रादेशः	१२ "
वितस्तिः	१३ "
पदं	१५ "
अरत्निः	२४ "
जानुः	३२ "
शम्या	३६ "
युगम्	८६ "
पुरुषः	१२० "
अक्षः	४०० "

श्रीः

आपस्तम्बशुल्बसूत्रं

कपर्दिभाष्यसहितम्

उक्ता यज्ञाः तेषां अग्न्यायतनानि नियतप्रमाणानि नियतदेशानि तेषामायाम-विस्तारान्वक्तुकाम आह-विहार योगानिति-

विहारयोगान्व्याख्यास्यामः ।। १ ।।

विह्रियन्तेऽस्मिन्नग्नय इति विहाराः प्राग्वंशादयो गार्हपत्यादयश्च। युज्यतेऽनेनेति योगः रज्जुविशेषः। विहाराणां योगो विहारयोगः। [1]विहरणमेव वा विहारः। तेषां योगो विहारयोगः। तस्य कृत्स्नं प्रतिपादनमित्यर्थः। योगानिति बहुवचनं बहुभिः प्रकारैर्दर्शयितुम्। दर्शनं च प्राधान्य प्रतिपत्त्यर्थम्। यथा रथादयो नियताऽङ्गप्रमाणा एकस्मिन्नङ्गेऽपि मात्रया विहीयमाने सम्यक् न गच्छन्ति एवमग्न्यायतनादीन्यपि मात्रया विहीयमानानि साधनभावं न गच्छन्ति तस्माद्यत्नेन सम्पादनीयानि सर्वत्र विज्ञायत इति श्रुतीनामुपन्यासात्सर्वथा आयामादय उक्तैरेव मार्गैःसम्यक्सम्पादनीयाः। आयतनानां भ्रेषे च प्रायश्चित्तेन भवितव्यम्। अमुमेवार्थं प्रदर्शयितुं शुल्बान्तरे 'अथातः' शब्दौ प्रयुक्तौ-'अथातो विहारयोगान्' इति।

आदितस्तावद्दिशां ग्रहणं वक्तव्यमनेनायार्येण नोक्तम्। तच्छुल्बान्तरतो ग्राह्यम्। "कृत्तिकाः खल्विमाः प्राचीं दिशं न परिजहति। तासां दर्शनेन मापयेदित्येकम्। श्रोणादर्श-नेन मापयेदित्येकम्। चित्रास्वात्योरन्तराळेनेत्यपरम्।" इति भगवता बोधायनेन प्राग्वंशमानमधिकृत्योक्तम्। कृत्तिकादयो यत्र निलीयन्ते सा प्राची दिगिति चित्रास्वात्योर्मध्ये उदकमवपस्थाप्य प्रतिबिम्बं दृष्ट्वा ग्राह्यम्। अथ वा यत्र देवयजनं, मृज्जलेन तं देशं समीकृत्य मध्ये शङ्कुं निहत्य शङ्कुप्रमाणया रज्ज्वा मण्डलं परिलिख्य शङ्कुच्छा याग्रं पूर्वाह्ने यत्र मण्डललेखां स्पृशति तत्र शङ्कुं निहत्य निर्गमवेलायां चाऽपराह्ने। तौ पूर्वापरौ। सूक्ष्ममिच्छन् श्वोभूते पूर्वाह्ले शङ्कुच्छायाग्ररेखायामेव लक्षणं कृत्वा शङ्कुलक्षणयोरन्तरालं प्रतीच्यां दिशि यश्शङ्कुः तं प्रत्यपसारयेत् उपक्रमदेशं प्रति।

---

1. विहारसम्पादनार्थान् रज्जुविशेषान्व्याख्यास्यामः प्रतिपादयाम इत्यर्थः।

आपस्तम्बशुल्बसूत्रव्याख्या करविन्दीया

ओमित्येकाक्षराख्येयं वन्दे वाङ्मनसातिगम्।
पश्यन्ति[1] कवयो यद्धि तद्विष्णोः परमं पदम्।
लक्ष्मीसहायमतसीकुसुमच्छवि शाश्वतम्।
ज्योतिर्मे हृदये भूयात्सदा राजीवलोचनम्।
आपस्तम्बाय मुनये नमो वेदार्थभूमये।
यत्सूत्रसक्तास्तिष्ठन्ते[2] यज्ञश्रुतिकुमारिकाः।
तत्सूत्रशुल्बव्याख्येयमक्षरार्थावबोधिनी।
[3]करविन्दाधिपेनाद्य क्रियते भाष्यकृन्मते।।

यज्ञव्याख्याप्रतिज्ञां कुर्वता भगवताऽपस्तम्बेन व्याख्येयतया हविर्यज्ञाः सोमयज्ञाः पाकयज्ञाश्च प्रतिज्ञाता व्याख्याताश्च। तत्र तावदैष्टिकसौमिकपाशुबन्धिकदार्वीहोमिकाः समविषम धनुर्मण्डलचतुरश्रत्र्यश्रनानाश्रयो गार्हपत्यायतनप्रभृतिचित्येष्टकापर्यन्ता नियतपरिमाणदेशविशेषास्तत्रतत्रोक्ताः तेऽपि मातव्या इति तद्विमानं प्रति साधनभूतररज्ज्वादीनां साधनभूतस्यैतावती रज्जुरेतावतः क्षेत्रस्य करणीति स्वरूपमात्रेण ज्ञातुमशक्यत्वात्तत्प्रतिपादनमवश्यं कर्तव्यमिति यज्ञव्याख्यानानन्तरं विहारयोगव्याख्या क्रियते–

विहारो विहरणम्। योगस्तत्साधनम्। विहाराणांयोगाः विहारयोगा–स्तान्व्याख्यास्यामः प्रतिपादयिष्यामः विपूर्वो हरतिः क्रीडाप्रज्वलन–बन्धनसंचरणविमानाद्यनेकार्थकः। तत्क्रियाविशेषसम्बन्धादेव देशादिषु तत्रतत्रार्थे विहारव्यपदेशः। अत्र तुविमानवाची। युजिश्च द्विविधः–समाधिवाची संबन्धवाची च। अत्र तु समाधिवाची–वेद्यादेस्सम्यगवस्थानं समाधिः 'स समाधिः' इत्यत्र वक्ष्यते। युज्यन्ते एभिरिति योगाः विहरणोपायभूता रज्ज्वादयः। 'पृष्ठ्यान्तयोः' इत्यादिना विमातव्यस्य वेद्यादिक्षेत्रस्य श्रोण्यंसानां विविधसंपादनावच्छेदो विहरणम्। तत्साधनभूता रज्ज्वादयो विहारयोगाः तान्व्याख्यास्यामः। व्याख्यानं नाम सति सन्देहे बलवता हेतुनोपपाद्य विवरणं यथा–'सम चतुरश्रा अनुपपदत्वाच्छब्दस्य मानार्थेषु यथाकामीशब्दार्थस्य विशयित्वात् इत्येवमादिकम्। ननु कुतो विहारस्य भाववा चित्वं कुतो वा तस्य विमानपर्यायत्वं, कुतो विहरणस्य वेद्यादिसंबन्धः कुतो वा तत्र रज्ज्वादीनां

---

१. सूरयो।

२. यजुश्श्रुति।

३. करविन्दाभिधेयेन (करविन्दाधियतेनाभिधीयते).

करणत्वं कुतो वा युजेःसमाधिवचनता, कथं वा रज्ज्वादिषु योगव्यवहारः? उच्यते–उक्तं विहरणं 'व्याख्यातं विहरणम्' इति भावप्रत्ययनिर्देशात् भाववचनो विहारशब्दः 'तदेकरज्ज्वा विहरणं' 'रज्ज्वा वा विमाय' इति रज्जुकार्ये विमानविहरणयोरत्र दर्शनादुभयोः पर्याय त्वम्। 'एतावन्ति ज्ञेयानि वेदिविहरणानि भवन्ति' इत्यनेन विहरणस्य वेद्यादिसम्बन्धः। आगन्तुचतुर्थमायामश्चाक्ष्णयारज्जुः प्रमाणमात्री रज्जुं' इति तत्र तत्र करणीषु रज्जु व्यपदेशित्ववशात् पार्श्वमानी तिर्यङ्मानीति करण्यष्टादशकरणीति तत्रतत्र स्त्रीलिङ्गनिर्देशात् रज्ज्वेति तृतीयाश्रुतेश्च रज्जूनां विहरणे साधनत्वं अत एव हेतोरेतत्कर्म शुल्बमित्याचक्षते। आचार्या एतं ग्रन्थराशिं 'स समाधिः' 'अथाऽपरो योगः' इति वक्ष्यन्ति। तेन ज्ञायते युजेस्समाधिवचनता। युजेरर्थस्य समाधेर्विहरणसाध्यत्वात्। विहरणसाधनान्यपि योगसाधनानि भवन्तीति रज्ज्वादयो योगा इत्युच्यन्ते। विहारयोगपरतां ज्ञापयितुं विहरणसाधनेषु योगव्यवहारः। योगग्रहणं किमर्थं? साधनत्वप्रतीत्यर्थमित्युक्तम्। एवं तर्हि न वक्तव्यं दर्शपूर्णमासौ व्याख्यास्याम इत्यादिषु प्रतिज्ञानन्तरं साधनान्येव व्याख्येयतयाऽवगम्यन्ते। एवं तर्हि योगग्रहणं मानसाधनेषु प्राधान्यख्यापनार्थं। किं तत् प्राधान्यम्? यद्यपि पदवेण्वादीनि मानसाधनानि सन्ति, तथापि तैर्विमाने बहु प्रयत्नसाध्या सम्यग्वेद्यादिक्षेत्रसमाधिसिद्धिः, रज्जुसीरादिभिर्विमाने [१]तस्याः सिद्धिरीषत्करीत्येतदत्र प्राधान्यं। ननु रज्ज्वादीनां विहरणसाधनत्वं लोकतोऽपि सेत्स्यति, किमर्थमिदमुच्यते विहारयोगान्व्याख्यास्याम इति? उच्यते–सत्यं सेत्स्यति। तथाऽपि कालवद्देशस्याप्यङ्गत्वादुक्तप्रमाणस्य देशस्य [२]तिलमात्रप्रमाणादपि न्यूनाधिकभावे सत्यङ्गवैगुण्यं स्यादिति मन्यमान आचार्यो रज्ज्वादीनामसन्दिग्धमीषत्करमुपायभावं स्वयमेव प्रतिपादयितुमिदं ब्रूते। अतो न्यूनाधिकभावे परिहरणीये सति प्रमादादसामर्थ्याद्वा यदि भ्रेष उपजायते तत्रावश्यं प्रायाश्चित्तं कर्तव्यमित्येतदर्थमिदमुच्यते 'विहारयोगान्व्याख्यास्यामः' इति। अथवा विह्रियन्त इति विहाराः इति व्युत्पत्त्या वेद्यादयो देशविशेषा विहाराः। योगाश्च तत्संपादनोपायभूतास्त एव रज्ज्वादयः। अत्र केचिन्नियतदिक्संयोगादीनां वेद्यादीनामज्ञातदिग्विशेषैः पुरुषैर्विहरणं कर्तुमशक्यमिति दिग्विशेषज्ञापनार्थमादावेव दिशं लक्षणीकुर्वन्ति। यथाऽह भगवान् कात्यायनः–

> **"समे शङ्कुं निखाय शङ्कुसंमितया रज्ज्वा मण्डलं परिलिख्य यत्र लेखयोःशङ्क्वग्रवच्छाया निपतति सा प्राची। तत्र शङ्कुं निखाय तदनन्तरं**

---

१. सा.

२. मात्रयाऽपि.

रज्ज्वाऽभ्यस्य पाशौ कृत्वा शङ्क्वोः पाशौ प्रतिमुच्य
लक्षणेन दक्षिणापायम्य मध्यमशङ्कुरेवमुत्तरतस्सोदीची"

इति। अस्यार्थः–अथ यत्र शुचौ देशे देवयजनं करिष्यन् भवति तं देशं जलेन समीकृत्य मध्ये शङ्कुं निहत्य शङ्कुसंमितामेकतः पाशां रज्जुं कृत्वा शङ्कौ प्रतिमुच्य तया मण्डलं परिलिख्य मण्डलरेखायां पूर्वाह्णे यत्र शङ्क्वग्रच्छाया निपतति तत्र बिन्दुं कुर्यात्। अपराह्णे च लेखायां यत्र सा निपतति तत्र बिन्दुं कुर्यात् तौ पूर्वपरौ बिन्दू सा च प्रची दिक्। बिन्द्वोर्द्वयोश्शङ्कुं निखाय तदन्तरद्विगुणां रज्जुमुभयतःपाशां कृत्वा मध्ये लक्षणं कृत्वा शक्ङ्वोः पाशौ प्रतिमुच्य लक्षणेन दक्षिणापायम्य लक्षणे शङ्कुं कुर्या-देवमुत्तरतोऽपि लक्षणेनापायम्य शङ्कुं कुर्यात्। तौ शङ्कू दक्षिणोत्तरौ सा उदीची दिगिति। तथा ज्योतिर्ज्ञाने।

इष्टमण्डलमध्यस्थशङ्कुच्छायाग्रवृत्तयोः ।
योगाभ्यां कृतमत्स्येन ज्ञेये याम्योत्तरे दिशौ'

इति। एवमन्यैरपि बहुप्रकारं दिशां ग्रहणं तत्र तत्रोक्तमिति प्रसिद्धत्वादेवाचार्येणेह नोक्तं। प्रमीयतेऽनेनेति व्युत्पत्त्या पार्श्वमान्यादीनां प्रमाणत्वे सिद्धे प्रमाणमिति परिभाष्यते।।

आपस्तम्बशुल्बसूत्रव्याख्या
सुन्दरराजीया

आपस्तम्बेन योऽयं व्यरचि भगवता शुल्बसंज्ञो गभीरः
प्रश्नोऽर्थं तस्य भाष्यप्रभृतिषु कथितं विस्तृतं वीक्ष्य कृत्स्नम्।
संक्षिप्योद्बोधनार्थं कुशिककुलनिधेर्माधवार्यस्य यष्टुः
पुत्रश्शुल्बप्रदीपं विवरणमधुना सुन्दरो निर्मिमीते।।

विहारो विहरणं चतुरश्रादिरूपेण भूमेः करणम्। तस्य योगाः उपायाः।

कपर्दिभाष्यम्

यावदायामं प्रमाणम्।। २।।

यावदायाममित्यव्ययीभावः। यावदवधारण इति। किमत्रावधार्यते? आयामः। आयाम एव प्रमाणमिति न, तिर्यङ्मान्यक्ष्णया रज्जू। ताभ्यामपि विहरणस्य शक्यत्वात्। प्रमाणसंज्ञायाः प्रयोजनं 'प्रमाणं तृतीयेन वर्धयेदित्यायाम संप्रज्ञानार्थम्।

करविन्दीया व्याख्या

याव+माणम.

यावच्छब्द: परिमाणवाची आयामशब्दो विस्तारप्रतियोगिवचन:।'यावदवधारणे इति समास:। यावानायामस्तावत् प्रमाणं भवति, किमत्रावधार्यते? आयामपरिमाणमेव प्रमाणमिति। तदत्राऽयामस्य द्विगुणत्वात्तदाश्रयभूतरज्ज्वादिप्रमाणम् मिति। अस्य प्रमाणं तिर्यगादिषु प्रयोजनम्,

कपर्दिभाष्यम्

तदर्धमभ्यस्याऽपरस्मिंस्तृतीये षड्भागोने लक्षणं करोति।। ३।।

तदिति प्रमाणं परामृश्यते। तदर्धं अभ्यस्य प्रक्षिप्य प्रमाणस्योपरि अपरस्मिंस्तृतीये षड्भागोने लक्षणं करोति। अभ्याससहितं प्रमाणं उभयत: पाशौ कृत्वाऽपरस्मिन् भागे तृतीये लक्षणं निरञ्जनं करोति। आयामस्य षड्भागोने लक्षणं कुर्यात्।।

पृष्ठ्यान्तयोरन्तौ नियम्य लक्षणेन दक्षिणापायम्य निमित्तं करोति।। ४।।

पृष्ठे भवा पृष्ठ्या। तस्या अन्तयो:शङ्कू निहत्य तयो: पाशौ प्रतिमुच्य लक्षणेन दक्षिणापायम्य निमित्तं करोति, लक्षणेन दक्षिणा प्रसार्य यथा षड्भागोना तिर्यङ्मानी शिष्टाक्ष्णया रज्जु: एवमपसारयति। निमित्तं निहन्यात्।।

करविन्दीया व्याख्या

तदर्ध+करोति

इदानीं तावदैष्टिकसौमिकपाशुबन्धिकानां प्रायेण दीर्घचतुरश्रत्वात्तदनुरूपं विहरणमुच्यते–

प्रमाणमित्येव तच्छब्देनायामभूतं प्रमाणं परामृश्यते। तस्यार्धं तदर्धं, अभ्यसनमुपरिक्षेप:, अपरस्मिन् पश्चाद्धाविन्यागन्तौ, तृतीये प्रमाणार्धाभ्यां सह तृतीये, षड्भागोने–षष्ठो भाग:षड्भाग: तेन भागेन हीने तस्मिन्नेव तृतीये लक्षणं लक्ष्यते येन तल्लक्षणं विमातव्यक्षेत्रस्य कोटिपरिज्ञानोपायभूतं चिह्नं करोति कुर्यात्, पृष्ठ्यान्तयो:– विमातव्यक्षेत्रस्य मध्यं पृष्ठं, कुत एतदवगम्यते? तदवयवेषु श्रोण्यंसपार्श्वव्यपदेशाद्यथा श्रोण्यंसदेशपार्श्वानां मध्यं पृष्ठं एपमिदमपीति। तत्र भवा रेखा पृष्ठ्या। तदन्तयोश्शङ्कुं निखाय रज्ज्वन्तौ पाशौ कृत्वा तयोर्नियम्य प्रतिमुच्य लक्षणेन चिह्नेन दक्षिणापायम्य– दक्षिणतोऽपकृष्य रज्जुं तत्र निमित्तं क्षेत्रकोटिज्ञानहेतुं शङ्कुं कुर्यात।

कपर्दिभाष्यम्

एवमुत्तरतो विपर्यस्येतरतस्स समाधिः।।५।।

एवमुदगपसार्य पूर्ववत्कुर्यात्। विपर्यस्येतरतः पूर्वस्माच्छङ्कोः पाशमुन्मुच्यापरस्मिन् शङ्कौ प्रतिमुञ्चेत् अपरस्माच्छङ्कोः पाशमुन्मुच्य पूर्वस्मिन्प्रतिमुञ्चेत्। स विपर्यासः। तं कृत्वेतरतः अंसौ तेनैव प्रथमकृतेन षड्भागोनेन लक्षणेन दक्षिणमंसं उदगपसार्योत्तरमंसमिति स समाधिः। उक्तेन मार्गविशेषेणापादिताः पार्श्वमान्यादय इति समाधिः।

करविन्दीया व्याख्या

एवमुत्तरतोऽपि विकृष्य रज्जुं निमित्तं कुर्यात्, विपर्यासो रज्ज्वन्तयोः पूर्वं पाशं पश्चिमे शङ्कौ पश्चिमं च पूर्वस्मिन् कृत्वा इतरतः कृतनिमित्तात् प्रदेशादन्यत्र तत्र च दक्षिणत उत्तरतश्च विकृष्य निमित्ते कुर्यात्। एतदुक्तं भवति–अयामार्थं प्रमाणे प्रक्षिप्य प्रक्षिप्तं षोढा विभज्य तस्मिन् अन्तादारभ्य पञ्चसु भागेष्वतीतेषु लक्षणं विकर्षणार्थं बलवत्सूक्ष्मरज्ज्वादि बद्ध्वा साभ्यासस्य प्रमाणस्यान्तौ पाशौ कृत्वा पृष्ठ्यान्तयो[1]शङ्कुं निकाय तयोः प्रतिमुच्य लक्षणेन दक्षिणापायम्य शङ्कुं कुर्यात्, उत्तरतोऽप्येवमेव विकृष्य शङ्कुं कुर्यात्, रज्ज्वन्तौ विपर्यस्येतरस्मिन्नपि प्रदेशे शङ्कुद्वयं कुर्यादिति।

ननु अपरग्रहणं पूर्वतृतीये लक्षणव्यावृत्त्यर्थं किं न स्यात् तत्रापि तस्याविरोधादेव न स्यात्। तर्हि मध्यमतृतीयं व्यावर्त्य पूर्वापरयोः प्रदर्शनार्थं भविष्यतीति चेन्नैतत्–यद्येवमिष्टमभविष्यत्तर्हि स्पष्टतरम्मध्यमे तृतीय इत्येवावक्ष्यत्, न चासौ तत्तथोक्तवान्। अथ मन्यसे? तदर्थमभ्यस्यापरस्मिन्नइत्युक्तेऽभ्यासादन्यत्, प्रमाणमपरं प्रतीयते, सामर्थ्यात्तत्र तृतीये लक्षणं भवत्विति, नैतदपि युक्तं–यदयमागन्त्वायामाभ्यासः इति आगन्त्ववयवस्याक्ष्णयारज्जुशेषतां वक्ष्यति। [१]महावेदिमाने च षटत्रिंशिकाया–मष्टादशोप[२]शमस्येत्यादौ पञ्चदशिकेनैवापायम्य श्रोण्यंसानां विहरणं वक्ष्यति, तेनात्राभ्यासागन्तुरेवापरः, तत्र षड्भागोने निरञ्जनमिति विज्ञायते। ननु यद्यागन्तुपरोऽपरशब्दः तर्हि षड्भागोने लक्षणमित्येतावदेवालं, किमर्थः तृतीयशब्दः, नैवास्य प्रयोजनं पश्यामः, उच्यते–अस्त्येवास्य प्रयोजनं, [२]किं तत्, अत्रोच्यमा–नविहरणस्य सर्वाभ्यासविषयत्वख्यापनार्थं तत्कथं अत्र तावदाचार्येण सर्वज्ञेन सर्वानुग्रहकारिणा प्रयुक्तस्याक्षरावयवस्यापि नानर्थकता युक्ता, किं पुनः पदस्य। अतो

---

१. महावेदि विमाने.

२. किं चित्.

मुख्यया वृत्त्या यदि प्रयोजनं नोपलभामहे तदा गौण्या लक्षणया वा वृत्त्या यथा शब्दोऽर्थवान् भवति तथा व्याख्येयः। अत एवायं शब्द एवं व्याख्यायते– आगन्तुसमानाधिकरणीभूततृतीयशब्दस्यावयवभूतत्रिशब्दवाच्येन त्रित्वेन साभ्यासस्य प्रमाणस्यागन्तुपरिमिता यावन्तो भागास्संभवन्ति तावतां भागानां सङ्ख्या लक्ष्यते, तथा–षड्भागशब्दावयवभूतषट्छब्दवाच्येन च षट्त्वेन तदनुरूपत्वाय त्रित्वलक्षितसङ्ख्याद्विगुणीभूताभागसंङ्ख्या लक्ष्यते। एतेनायमर्थस्संपद्यते–सर्वेष्वभ्यासेषु साभ्यासस्य प्रमाणस्यागन्तुपरिमिता यावन्तो भागाःसम्पद्यन्ते तावद्द्विगुणभागमागन्तुं कृत्वा तस्मिन् भागेनैकेन हीने लक्षणकरणमिति। तद्यथा–अर्धाभ्यासे तावदर्धमेको भागः, प्रमाणन्तु तत्तुल्यौ भागौ अतस्साभ्यासस्य प्रमाणस्यागन्तुतुल्यास्त्रयो भागाः, आगन्तौ तद्द्विगुणच्छेदे तस्य षड्भागाः, तत्र भागेनैकेन हीने लक्षणम्, तथा आयामाभ्यासे आयाम एको भागः, च तत्सदृश एको भागः। तेन साभ्यासस्य प्रमाणास्य द्वौ भागौ तद्द्विगुणच्छेदे अभ्यासे चत्वारो भागाः। तत्र चतुर्भागोने लक्षणम्। तथा–तृतीयाभ्यासे अभ्यास एको भागः, प्रमाणं तत्तुल्यास्त्रयो भागाः, द्विगुणच्छेदेऽभ्यासेऽष्टौ भागाः तत्राष्टभागोने लक्षणम्, एवमेव तुरीयाद्यभ्यासेषु प्रमाणस्याभ्यासवशेनैव भागकल्पनम्, आगन्तौ तद्द्विगुणसङ्ख्यया भागकल्पनम्, भागोने लक्षणं च द्रष्टव्यम्। ननु यत्राभ्यासेऽभ्यासतुल्यता प्रमाणस्य न सम्भवति कथं तत्र प्रमाणे चागन्तौ च भागकल्पनं लक्षणं च, यथाधिकाभ्यासे छेदनं न्यूनाभ्यसे च?

उच्यते–तत्राप्ययमेव प्रकारः

किन्तु साभ्यासं प्रमाणमंशेन च सदृशच्छेदं कृत्वा आगन्तुमपि छेदसङ्ख्याद्विगुणसङ्ख्यया छेदं कृत्वा तत्र यावद्भिरंशैर्हीनैरेको भागो हीनो भवति तावद्भिरंशैर्न्यूनेऽभ्यासे निरञ्जनं कुर्यात्, अधिकाभ्यासे तावदिद्वगुणाभ्यासेऽभ्यास एको भागः, प्रमाणं भागार्थं, तत्रार्धेन च सदृशच्छेदे साभ्यासे प्रमाणे त्रयोऽर्धच्छेदाः, तत्सङ्ख्याद्विगुणच्छेदे तत्र षडर्धच्छेदाः तेषु द्वाभ्यामूनाभ्यामेको भागो हीयत इति तदूने लक्षणं स्यात्। त्रिगुणाभ्यासेऽभ्यास एको भागः, प्रमाणं तु तृतीयांशकः, [१]तत्सदृशा अभ्यासे त्रयस्तृतीयांशकाः, तेन साभ्यासस्य प्रमाणस्य चत्वारस्तृतीयांशाः, तद्द्विगुणच्छेदे आगन्तावष्टौ तृतीयांशाः, तत्र त्रिभिरंशैरूने लक्षणम्। एवं चतुर्गुणाभ्यासेषु भागानुन्नीय तदनुरूपमा गन्तौ लक्षणं कुर्यात्। तथा त्रिपादाभ्यासेऽभ्यास एको भागः, प्रमाणं तत्सदृश एको भागस्तृतीयांशश्च, अंशेन च सदृशच्छेदे साभ्यासप्रमाणे सप्त तृतीयांशाः, तैस्त्रिभिरूने तत्र लक्षणम्। एवम् एवान्येष्वपि सांशच्छेदेषु भागकल्पनं लक्षणं च द्रष्टव्यम्। [२]एतदपि

---

१. तत्सदृश एको भागः, त्रयस्तृतीयांशकाः।

२. एतदत्र न।

न विस्मर्तव्यं–सर्वेष्वभ्यासेष्वागन्तुभागैक्यं तद्वशेन प्रमाणे भागैक्यं भागानेकत्वं सांशत्वं केवलां[१]शत्वं चेति, एवमस्य विहरणस्य सर्वाभ्यासविषयत्वमवगन्तव्यम्। यद्येव-मुपपद्यते, कुतो ज्ञायते न्यायोऽङ्गीकृत इति उच्यते–आगन्तुचतुर्थमायामश्चाक्ष्णयारज्जुरिति आयामाभ्यासोऽभ्यासचतुर्थस्याक्ष्णयारज्जुविशेषत्वप्रतिपादनादर्धाभ्यासायामाभ्यां सिद्धस्य पञ्चदशिकाष्टिकयो:सप्तदशिकाक्ष्णयारज्जुरित्यादेर्विषमाभ्यासोपन्यासाच्च ज्ञायते न्यायोऽयमङ्गीकृत इत्यलमतिप्रसंङ्गेन। प्रकृतमनुसराम:। लक्षणकरणं किमर्थं, निरञ्छनार्थं, तिर्यङ्मान्यक्ष्णयारज्जुविवेकार्थं च, दक्षिणोत्तरग्रहणं किमर्थं, प्रदर्शनार्थं तिरश्च्या:, इतरथा सद:प्रभृतिषु विरोधात्।

[२]अस्य विहरणस्यान्तेऽन्यस्य प्रतिपादनायाह–स समाधि:।

द्विपदमिदम्। तच्छब्देन विहरणमुच्यते, समाध्यभिप्राय: पुंल्लिङ्गनिर्देश:, संशब्द: सम्यगर्थे समशब्दार्थे वा, आङ् समन्ततोभावे दधाति: करोत्यर्थे, सम्यगन्यूनातिरिक्तं क्षेत्रं समन्तादापादयतीति समाधि:, यद्वा–समानानामाधि: समाधि:। पार्श्वमान्यौ तिर्यङ्मान्यौ अक्ष्णयारज्जुश्च परस्परमन्योन्यसमा:संपादयतीति, चतुर्दिक्षु समं क्षेत्रमापादयतीति समाधि:, अयमर्थ:– विमीयमानक्षेत्रस्यान्यूनानतिरेकित्वेनावस्थानं समाधानम्, तच्च सम्यगुपायस्य विहरणस्य फलम्, तद्धेतुत्वाद्विहरणस्य, हेतुफलयोरभेदोपचारेण तदेव विहरणं समाधिरित्युच्यते, योग इति चेति, किमर्थमिदमुच्यते? श्रोतृणां [३]प्रतिपत्तिप्ररोचनार्थं, यदेददृक्तं विहरणं स समाधि:, समीच: श्रोण्यंसान् संपादयति तस्मादिदं नि:संदिग्दमनेन विहर्तव्यमिति।।

कपर्दिभाष्यम्

तन्निमित्तो निर्ह्रासो विवृद्धिर्वा।। ६।।

निमित्तं करणं प्रकृति: इति पर्याया:। तदेव निरञ्छनार्थं यस्य स तन्निमित्त:। निर्ह्रास: तिर्यङ्मान्या:। वृद्धिर्वा तिर्यङ्मान्या एव। किमुक्तं भवति? उक्तेन मार्गेण प्रागायता: तिर्यगायतास्समाश्चतुरश्रा: कृता इत्यर्थ:।

करविन्दीया व्याख्या

(तन्निमि+वा)

तदिति समाधिर्हेतुर्विहरणमुच्यते–निमित्तं कारणं हेतुरिति पर्याया: निर्ह्रासोऽपचय:,

---

१. केवलांशाङ्गत्वं

२. अर्थस्य विहरणस्य प्रांशस्य प्रतिपादनायाह। इति. पा।

३. प्रवत्ति।

विवृद्धिरुपचयः,[1] तौ तन्निमित्तौ स्यातां लाघवार्थमिदमुच्यते महति चतुरश्रे विहृते तदेकदेशभूतं चतुरश्रं संपादयितुमिच्छन् महतश्चतुरश्रस्य श्रोण्यंसादिसंस्थित[2] शङ्क्वनिरूपमभिमत प्रदेशेषु शङ्कून्निहत्य शङ्कुषु रज्जुं प्रबद्ध्य यावदभिमतं प्रसार्य ताभिरल्पं चतुरश्रं सम्पादयेत्, विवृद्धौ चतुरश्रपार्श्वमान्यादिभिर्यावदभिमता दीर्घरज्जूः प्रबद्ध्य तास्तत्कूटसंस्थितशङ्क्वनुरूपाः प्रसार्याभिमतप्रदेशेषु शङ्कुं निहत्य तदन्तरं गृह्णीयात्, पृष्ठ्यायां करणीषु चाभिमतप्रदेशेषु शङ्कुं निहत्य तदनुरूपाणि निमित्तान्तराणि कृत्वा रज्जुः प्रसार्य क्षेत्रस्यापचयमुपचयं वा कुर्यादित्यर्थः। निर्ह्रासोदाहरणं [3]महावेद्युत्तरवेदिधिष्ण्यादयः। विवृद्ध्युदाहरणं महावेद्यादयः।

सुन्दरराजीया

(तन्निमि+वा)

अभीष्टक्षेत्रायामसंमिता रज्जुः प्रमाणम्। सा सर्वमानेषूभयतःपाशा प्राची। सा पूर्वापरयोःशङ्क्वो[4]र्नियता भवति। सैव पृष्ठभवत्वात् पृष्ठ्येत्यपि व्यपदिश्यते। तद्यावदायामं तावदायामे शुल्बान्तरे [5]तस्यार्धमभ्यस्योपरि प्रक्षिण्य अन्तयोः पाशौ कुर्यात्। तत्र [6]त्रीणि प्रमाणार्धानि भवन्ति। तेषामपरभागभावितृतीयमर्ध्धं षोढा सम्भुज्य पाशादारभ्य पञ्चसु [7]भागेष्विति तेषु लक्षणं कुर्यात्। अस्य शुल्बस्यान्तौ पृष्ठ्यान्तयोर्नियम्य [8]कृतेन लक्षणेन दक्षिणा प्रसार्य निमित्तं करोति शङ्कुं निहन्ति। एवमुत्तरतः पाशौ विपर्यस्य पूर्वान्तेऽप्येवं शङ्कुम्। स समाधिः स एको विहारयोगः। अस्योदाहरणम्– 'षट्त्रिंशिकायामष्टादशे' त्यादि। एवं कृते यदि तिर्यङ्मान्या निर्ह्रासो विवृद्धिर्वेष्यते सोऽपि तन्निमित्तः। ये दक्षिणोत्तरा निमित्तभूताशङ्क्वः तानेव चिह्नीकृत्य कर्तव्याः।

निर्ह्रासस्योदाहरणम्–'पञ्चदशिकेनैवापायम्य द्वादशिकेशङ्कुम्' इत्यादि। विवृद्धेरपि 'पञ्चदशिकेनैकापायम्यार्धेन ततः' इत्यादि। प्राची तु सर्वत्र लोकत एव ग्राह्या। तत्र बोधायनः 'कृत्तिकाः खल्विमाः प्राचीं न जहति कदाचन। तासां सन्दर्शनेन मापयेदित्येकम्। श्रोणासन्दर्शनेन मापयेदित्येकम्। चित्रास्वात्योरन्तराळेन मापयेदित्यपरं' इति। एतानि लक्षणानि देशविशेषेषु व्यवतिष्ठन्ते, सर्वदेशसाधारणं लक्षणमाह कात्यायनः– 'सतमे क्षेत्रे शङ्कुं निखाय शङ्कुसम्मितया रज्ज्वा मण्डलं परिलिख्य यत्र

---

१. तौ निमित्तौ. (तस्मिन् निमित्तौ)।
२. शङ्क्वनुरूपमभितः।
३. वेद्यामुत्तर।
४. निहता।
५. तदर्ध।
६. त्रीणित्रीणि।
७. भागेषुलक्षणा।
८. कृ, इत्यधिकम्।

लेखयोश्शङ्क्वग्रच्छाया निपतति सा प्राची' इति। लेखयोरिति। मण्डलरेखया: पूर्वापर भागयोरित्यर्थः।।

कपर्दिभाष्यम्

आयामं वाभ्यस्यागन्तुचतुर्थमायामस्याक्ष्णयारज्जुस्तिर्यङ्मानीशेषः। व्याख्यातं विहरणम्।।७।।

प्रमाणं वाभ्यस्य आयाममात्रीं रज्जुमायामे प्रक्षिप्य आगन्तोश्चतुर्थमभ्यस्तचतुर्थं भागं आयामे संयोज्य लक्षणं कृत्वा सपाद आयामोऽक्षणया रज्जुः। शेषः—पादोनायामः। सा तिर्यङ्मानी। व्याख्यातं विहराणं। विहरणविधिरुक्तः इयांस्तु विशेषः अंसौ पूर्वं मापयितव्यौ। विपर्यस्य श्रोणी सममन्यत्। वाचोयुक्तिभेदेन विदानस्यैतत् प्रयोजनम्— आयामतृतीयमभ्यस्य पूर्वस्मिंश्चतुर्थेऽष्टभागोने लक्षणमित्येवमादीनामुपसङ्ग्रहार्थम्। तत्र श्लोकः—

आगन्त्वर्धेन चिह्नं यद्भागानत्र करोति च।
ध्रुवं स यावदागन्तु कृत्वैकोने निरञ्जनम्।।

विकल्पविधिनोक्ते सिद्धे 'व्याख्यातं विहरणम्' इति किमर्थमुक्तम्? शुल्बान्तरोक्तानां सप्तममण्डलादीनां गौरवप्रतिपादनार्धमुक्तमेव विहरणं लघीय इति प्रतिपादयितुम्।

करविन्दीया व्याख्या

अस्यैव विहरमस्यापातदर्शनायाभ्यासान्तरमाह—(आयामं-शेषः)

आयामप्रमाणं कृत्स्नमभ्यस्य[१] किमतः कर्तव्यं पूर्वोक्त प्रकारेण लक्षणादि कुर्यादित्यभिप्रायः। अयमर्थः—आयाममभ्यस्यापरस्मिन् द्वितीये चतुर्थभागोने लक्षणं कुर्यादिति। एवं कृते सत्यागन्तुचतुर्थमागन्तौ चतुर्थं प्रतीकमायामश्चाक्ष्णयारज्जुःस्यात्। अक्ष्णयेति निपातो विभक्तिप्रतिरूपकः कोणवाची। कोणगता रज्जुरक्ष्णयारज्जुः, कर्णरज्जुरित्यर्थः। शेषः अक्ष्णयारज्जुभूतप्रतीकादन्यानि त्रीणि प्रतीकानि। तिर्यक् मीयते अनयेति तिर्यङ्मानी तिर्यगवस्थिता रज्जुः। रज्ज्वभिप्रायः स्त्रीलिङ्गनिर्देशः। वा शब्दोऽभ्यासान्तरसमुच्चयार्थः। आयामं वा द्विगुणं वा त्रिगुणं वा तृतीयं वा तुरीयं वेत्येवमाद्यभ्यासविशेषार्थं वाग्रहणम्। अयमर्थः—यावती रज्जुः प्रमाणं तस्मात् न्यूना तदधिका वा तत्समा वाऽभ्यस्यते तत्र तत्र पूर्वोक्तप्रकारेण तावतस्तावतो वर्गान् कृत्वा

१. किमर्थे।

भागेनैकेन हीने लक्षणं कृत्वा पृष्ठ्यान्तयोरन्तौ नियम्येत्यादिना प्रकारेण विहरेदिति। एषामुदाहरणान्युत्तरसूत्रे दर्शयिष्यन्ते। ननु च [१]लक्षणनिमित्तार्थं रज्ज्वामपायतायां लक्षणपूर्वभाविनः [२]प्रमाणादनन्तरस्य एकस्य भागस्याक्ष्णयारज्जुता, भागान्तराणां तिर्यङ्मानिता च स्पष्टैव, किमर्थमिदमुच्यते, आगन्तुचतुर्थ-मायामश्चाक्ष्णयारज्जुस्तिर्यङ्मानी शेष इति। उच्यते–प्रथमभूतेऽर्धाभ्यासे षड्भागोने लक्षणमित्येतावन्मात्रमित्यभि[३]मतम्, तावतार्ध [४]ऊनभागः किमर्थः किमभ्यासो मूलतो हीयते उतान्ततः, अन्ये च भागाः किमर्थं, ते च कुत इति न ज्ञायते, तत्र नियमहेतोरभावात्। अप्रवृत्तिरनियमो वा स्यादिहागन्तुचतुर्थमायामश्चाक्ष्णयारज्जुः तिर्यङ्मानी शेष इति अतस्स एको भागोऽभ्यासमूलतः, इतरे भागास्तदन्तत इतीह सिद्धं तत्रोप[५] जीव्यत्वं [६]तत्र सिद्धम्, नन्वेकस्य भागस्याक्ष्णयारज्जुत्वे भागान्तराणां तिर्यङ्मानित्वे च [७]पृथग्भूताभ्यास एव वक्तव्ये कस्मात्तद्विपरीतं कृतं, उच्यते– अर्धाभ्यासार्धायामाभ्यासयोरेक-विहरणस्थविषयज्ञापने तृतीयाश्रुतिसामर्थ्यात्सूचितमभ्यासन्यायमभ्यासविषये सूत्रावयवैर्द्रढयितुं विपरीतं कृतम्। किंचात्राभ्यासस्य षोढा विभागे चतुर्धा विभागे च एकस्य भागस्याक्ष्णयारज्जुता भागान्तराणां सर्वेषां तिर्यङ्मानिता च प्रतिपद्यते। व्याख्यातं विहरणमित्यत्र व्याख्यातमेव विहरणं नान्यद्विहरणमित्ययमर्थः, आगन्तौ न्यूनाधिकभावेन साभ्यासस्य प्रमाणस्यागन्तौ भागानामनेकविषयत्वेऽपि पूर्वोक्तमेव, विहरणं [८]नान्यद्विहरणमिति तत्र श्लोकाः–

भागास्साभ्याससमानस्य यावन्तोऽभ्याससम्मिताः।
द्विस्तावन्तस्स्युरागन्तौ तदेकोनेऽत्र लक्षणम्।। १।।

ते चेत् साभ्याससमानस्य सांशास्स्युस्सांशसंख्यया।
छिन्द्यादिद्विगुणयाऽगन्तुं भागोने[९]ऽत्रैव लक्षणम् ।। २।।

ऊनेऽधिके वा [१०]त्वागन्तौ कथं साभ्याससमानके।
भागानां परिक्लिप्तिस्स्यात् कथं वा स्यान्निरञ्जनम् ।। ३।।

समता न्यूनताधिक्योऽप्या [११]गन्तौ स्यात्सदैकता।
तद्वशेन प्रमाणे स्युर्भागैक्याने [१२]कतांशता।। ४।।

---

१. लक्षणेन।
२. प्रमाणान्तरस्य।
३. हितम्।
४. षडूनो।
५. जीवित्वम्।
६. न तत्र।
७. प्रथमभूता।
८. न तोऽन्य।
९. अत्रापि।
१०. प्यागन्तौ।
११. याऽऽगन्तौ।
१२. देकतांगता।

आगन्तावधिके मानं [१]केवलांशो भवेत्सदा।
न्यूने भागैक्यनानात्वे स्यातां सांशे च केवले ।।५।।

त्रिपादोने तु सांशत्वमर्धोने स्या[२]न्निरञ्जनम्।
समे भागैक्यमेव [३]स्यादित्येवं भागकल्पना।।६।।

सांशेंऽशसदृशच्छेदं कृत्वा साभ्यासमानकम्।
तच्छेदसङ्ख्याद्विगुणच्छेदमागन्तुमप्यथ ।।७।।

यावद्भिरंशैरूनेऽत्र भागेनैकेन हीयते।
तावद्भिरंशैरूने स्यादागन्तौ लक्षणक्रिया।।८।।

यावतां पूरणेऽभ्यासो येन भागेन हीयते।
लक्षणार्थं स भागस्तद्द्विस्तावद्भागपूरणम् ।।९।।

तृतीयग्रहणं कुर्वन् षड्भागसहितं मुनिः।
साभ्यासमानगान् भागान् द्विकाभ्यासेऽत्र मन्यते ।।१०।।

साभ्यासस्य प्रमाणस्य त्रेधाकरणपूर्वकम्।
अभ्यासस्य तृतीयत्वमुक्त्वा षड्भागिनं मतम् ।।११।।

अङ्गीकृत्य तु तत्रैकभागोने लक्षणं व्यधात्।
यदयं तेन साभ्यासमानभागस्थसङ्ख्यया ।।१२।।

भिन्द्यादिद्वगुणयाऽऽगन्तुं भागोने स्यान्निरञ्जनम्।
अनन्तरं त्रिसङ्ख्यायां षट्सङ्ख्यां वदताऽमुना।।१३।।

साभ्यासमानभागीया सङ्ख्याऽऽगन्तौ द्विरिष्यते।
तृतीयषड्भागोक्ते द्वे यतस्साभ्यासगोचरे ।।१४।।

साभ्यासमानादभ्यासं द्विगुणच्छेदमाहतुः।
यद्वैकसङ्ख्यासंयुक्तमूनभागस्थसंङ्ख्यया ।।१५।।

द्विगुणीकृतया या स्यादागन्तौ भागकल्पना।
यद्वाभ्यासार्धसदृशभागं साभ्यासमानकम्।।१६।।

कृत्वा तत्संख्ययाऽऽगन्तुं छित्त्वैकोनेऽत्र लक्षणम्।
तृतीयशब्दसामर्थ्यादयं न्याय उदीर्यते।।१७।।

---

१. केवलं यो।

२. निरंशता।

३. स्यादितियिम्।

पञ्चदशिकाष्टिकयोरित्यादेरुक्तिरेव च।
पञ्चदशिकाष्टिकयोरिति यत्साम्यमानकम्।।१८।।

यद्द्वादशिकपञ्चत्रिंशकयोरिति वा परम्।
त्रिगुणागन्तुतत्पूर्वत्र्यंशाभ्या [1]मथवान्वितं।।१९।।

परयुक्तं पञ्चमाभ्यां यद्वा पञ्चगुणान्वितम्।
एते विहरणार्थायायामाभ्यासस्य गोचरे।।२०।।

यतस्ते न भवेतां ते अभ्यासन्यायहेतुके।
अर्धाभ्यासे तथाऽऽयामाभ्यासाय तु परस्परम्।।२१।।

सापेक्षाङ्गविधिस्तद्वन्न्यायस्यास्य निबन्धनम्।
नानाभूतेऽपि वाऽगन्तौ तद्भागे च तथाविधे।।२२।।

निरञ्जनं विधिः कस्माद्भागेनैकेन वर्जिते।
अर्धभ्यासे तु भागोने लक्षणं य[2]त्तृतीयके।।२३।।

तद्दूरीकृत्य चायामाभ्यासे तत्फलभागिनः।
त्रिर्यङ्मान्यक्ष्णयारज्जुविवेकस्यैकभागकम्।।२४।।

आश्रित्य निर्णयं ब्रूते तेनैकोनेऽत्र लक्षणम्।
अलमतिविस्तरेण

सुन्दरराजीया

(आयामंवा+विहरणम्)

अथ योगान्तरमाह–

प्रमाणमात्रे शुल्बे [3](प्रमाणमेवाभ्यस्य तां रज्जुं चतुर्धा संभुज्य तृतीयचतुर्थयोर्मध्ये लक्षणं कृत्वा पूर्वापरयोः पाशौ प्रतिमुच्य चतुर्थमायामश्च) विहरणकालेऽक्ष्णयारज्जुः कार्या। शेषः पादोन आयामस्तिर्यङ्मानीस्थानीयः। एतदुक्तं भवति–आयामं द्विगुणं कृत्वान्यतरस्मिन्नर्धे चतुर्थभागोने लक्षणमिति। यथा गार्हपत्यचितेरायतने चतुररत्नौ चतुररत्निमभ्यस्य त्रिष्वरत्निषु लक्षणमिति कृत्वा विहरेत्। व्याख्यातमिति। पृष्ठ्यान्तयोरन्तावित्यादिना।। अत्रेमावभीष्टाभ्यासया रज्ज्वा विहरणार्थौ श्लोकौ–

---

१. भ्यासमथा।

२. यद्विधीयते।

३. कुण्डलितग्रन्थस्थाने–तस्यागन्तुचतुर्थमायामश्च। इति कोशान्तरे दृश्यते।

इष्टायां पृष्ठ्यायामिष्टामागन्तुरज्जुमभ्यस्येत्।
अभ्यासार्धसमाना यावन्तोंऽशाःसहाधिकायामे।। १।।
अभ्यासं तावद्धा संभुज्यैकोनितेऽत्र चिह्नं स्यात्।
एकोंऽशस्सायामः कर्णस्तर्यङ्क् शेषस्स्यात्।। २।।

कपर्दिभाष्यम्

दीर्घस्याक्ष्णयारज्जुः पार्श्वमानी तिर्यङ्मानी च यत् पृथग्भूते कुरुतस् तदुभयं करोति।।

दीर्घचतुरश्रस्येत्यर्थः। सममण्डलस्य पार्श्वमान्यादीनामभावाद्-विषमचतुरश्राच्चायामाः परिगृह्यन्ते। पार्श्वमानी तिर्यङ्मानी कुरुत इति निर्देशादक्षण-यारज्जुरित्येकवचननिर्देशाच्च यस्य चतुरश्रस्य पार्श्वमान्येका तिर्यङ्मान्येकैवाक्ष्ण-यारज्जुस्सङ्गृह्यते पार्श्वमान्या कृते चतुरश्रे यावत् क्षेत्रं भवति तिर्यङ्मान्या च तदुभयमक्ष्णयारज्जुः करोति–पार्श्वमानीक्षेत्रं तिर्यङ्मानीक्षेत्रं च करोतीत्यर्थः। वक्ष्यति च 'त्रिकचतुष्कयोः' इत्यादिना। त्रिकस्य वर्गो नव (3^2=9); चतुष्कस्य वर्गः षोडश (4^2=16)। षोडशसु नवके क्षिप्ते (16+9=25)पञ्चविंशतिः। पञ्चका वर्गाः पञ्चविंशतिः (5=$\sqrt{25}$)एवं सवत्र द्रष्टव्यम्। पृथग्ग्रहणं संसर्गो मा भूदित्येवमर्थम्। भूतग्रहणं किमर्थं? पृथक्कुरुत इत्युच्यमाने संसर्गविशेषोऽपि स्यात्। भूतग्रहणे सत्येतद्दोषो न भवति।

ताभिर्ज्ञेयाभिर् उक्तं विहरणम्।।

ताभिरुक्ताभिस्तसृभिरुक्तं विहरणम्। ज्ञेयाभिः ज्ञातुं शक्याभिः–मनसा परिकल्पिताभिः। उक्तेन मार्गेण विहरेदित्यर्थः। प्रउगादिषु करणपरिज्ञानार्थमेत-त्सूत्रमिहाप्युपकरिष्यतीत्यत्रोक्तम्।

करविन्दीया व्याख्या

एतद्विहरणं क्षेत्रसमाधानात् समाधिरित्युक्तम्। अस्य समाधिहेतुत्वं दर्शयन्नाह–

(दीर्घस्य+विहरणम्)

दीर्घस्य–दीर्घचतुरश्रस्य समस्येति च सामर्थ्याल्लभ्यते, तदत्त्रैवं व्याख्यास्यते–अक्ष्णयारज्जुस्तिर्यङ्मानी चोक्ता, पार्श्वं यया मीयते सा पार्श्वमानी, यत् पृथग्भूते–नानाभूते, कुरुतः–संपादयतः तदुभयमुभयक्षेत्रपरिमितं एकं क्षेत्रं करोति–संपादयतीत्यर्थः, दीर्घस्य चतुरश्रस्य पार्श्वमानी स्वयमेव पाश्वमानी तिर्यङ्मानी च भूत्वा यत्क्षेत्रं करोति तिर्यङ्मानी स्वपमे न पार्श्वभानी तिर्यङ्मानी च भूत्वा

यत्क्षेत्र करोति अक्षणया रज्जुस्स्वयमेव पार्श्वमानी तिर्यङ्मानी च भूत्वा तदुभयक्षेत्रपरिमितं क्षेत्रं करोति। ताभिर्ज्ञेयाभिरुक्तं विहरणं–या एवंभूताः पाश्वमानीतिर्यङ्मान्यक्षणयारज्जवः ताभिर्ज्ञेयाभिर्ज्ञातुं शक्याभिः, उक्तप्रकारपार्श्वमानीतिर्यङ्मान्यक्षणयारज्जूनामन्यतरयोः परिमाणज्ञानेनान्यतरा ज्ञातुं शक्येति ता ज्ञेयाः। तत्कथं, यथा इयत्करणी पार्श्वमानी इयत्करणी तिर्यङ्मानीति ज्ञातेऽक्षणयारज्जुस्तदुभयफलक्षेत्रकरणीति ज्ञायते। एवमियत्करणी पार्श्वमानी इयत्करण्यक्षणयारज्जुरिति ज्ञातेऽक्षणयारज्जुफलभूतक्षेत्रात् पार्श्वमानीफलभूतक्षेत्रे शोधिते शिष्टक्षेत्रस्य करणी तिर्यङ्मानीति ज्ञायते तथेयत्करणी तिर्यङ्मानी इयत्करण्यक्षणयारज्जुरिति ज्ञातेऽक्षणयारज्जुफलभूतक्षेत्रात्तिर्यङ्मानीफलभूतक्षेत्रे शोधिते शिष्टक्षेत्रस्य करणी पार्श्वमानीति ज्ञातुं शक्यते। एवमेता ज्ञेयाः, ताभिर्ज्ञेयाभिरुक्तं विहरणं–यदुक्तं विहरणं तत्ताभिर्ज्ञेयाभिर्नाज्ञेयाभिरित्यर्थः, एवमुक्तस्य विहरणस्यसमाधिहेतुत्वमवगन्तव्यमित्यभिप्रायः। अथवा ज्ञेयाभिः मनसि कल्पितुमुचिताभिः पूर्वोक्तं विहरणं कर्तव्यम्। अयमर्थः– पार्श्वमानीतिर्यङ्मान्यक्षणयारज्जूनां प्रमाणं ज्ञात्वा तिर्यङ्मान्यक्षणयारज्जूभयप्रमाणामेकां रज्जुं मीत्वा तिर्यङ्मान्यन्ते लक्षणं कृत्वा तया पूर्वोक्तं विहरणं कर्तव्यमिति। पूर्वोक्तानामर्धाभ्यासादीनां कानि चिदुदाहरणान्यत्रोच्यन्ते। अर्धाभ्यासे यथा–द्वादशाङ्गुलप्रमाणे षडङ्गुलमभ्यस्ते तदष्टादशाङ्गुलम्। तत्रागन्तुना षडङ्गुलेन प्रमाणे परिच्छिन्ने साभ्यासस्य प्रमाणस्य षडङ्गुलास्त्रयो भागाः। तत्र भागसङ्ख्यास्तिस्रः, ताभिस्तिसृभिः द्विगुणाभिःषड्भिरागन्तौ षडङ्गुलेच्छिन्ने तस्यैको भाग एकैकमङ्गुलं। तत्र षड्भागोने लक्षणे कृते भागेनैकेन सहित आयामः त्रयोदशाङ्गुलं अक्षणयारज्जुः शेषाः पञ्च भागाः। पञ्चाङ्गुली तिर्यङ्मानी, तत्र द्वादशाङ्गुलं प्रमाणम्, चतुरश्राणि चतुश्चत्वारिंशच्छतमङ्गुलिक्षेत्राणि करोति। पञ्चाङ्गुला तिर्यङ्भानी पञ्चविंशति मङ्गुलिसेत्राणि करोति। तथा त्रयोदशाङ्गुलाक्षणयारज्जुः तदुभयमेकोनसप्तत्यधिकशतमङ्गुलिक्षेत्राणि करोति। आयामाभ्यासे यथा–आयामो द्वादशाङ्गुलः। आगन्तुश्च तावानेव। साभ्यासस्य प्रमाणस्यागन्तुपरिमितो द्वौ भागौ। तद्द्विगुणसङ्ख्ययाऽगन्तौ छिन्ने त्र्यङ्गुलाश्चत्वार आगन्तौ भागाः। तत्रागन्तुचतुर्थमायामश्चाक्षणयारज्जुः पञ्चदशाङ्गुला, शेषतिर्यङ्मानी नवाङ्गुला, तत्र नवाङ्गुलैकाशीतिमङ्गुलिक्षेत्राणि करोति, आयामः पूर्ववदेव, पञ्चदशाङ्गुला अक्षणयारज्जुः तदुभयं पञ्चविंशत्यधिकशतमङ्गुलिक्षेत्राणि करोति। आयामद्विगुणाभ्यासे यथा–[१]आयामो द्वादशाङ्गुलः, द्विगुणश्चतुर्विंशत्यङ्गुलः, तत्राभ्यासेन प्रमाणे परिच्छिद्यमाने अभ्यास एको भागः, प्रमाणं तदर्धं, अर्धेनैकस्मिन् परिच्छिद्यमाने त्रीण्यर्धानि तद्द्विगुणच्छेदाः, तत्रैकैकमर्धं चतुरङ्गुलं द्वे अर्धे अष्टाङ्गुले एको भागः, तदनेलक्षणं, तेन युक्तं प्रमाणं,

१. स एव.

विंशत्यङ्गुलमक्षणयारज्जुः, तदून आगन्तौ चतुरङ्गुलं पार्श्वचतुष्टयं षोडशाङ्गुलं, सा तिर्यङ्मानी तत्र षोडशाङ्गुला षट्पञ्चाशच्छतद्वयमङ्गुलिक्षेत्राणि करोति, आयामो द्वादशाङ्गुलः चतुश्चत्वारिंशच्छतं तदुभयं [1]चत्वारिंशच्छतानि विंशत्यङ्गुलाक्षणयारज्जुः करोति, यद्वाऽभ्यास एको भागः प्रमाणं तदर्धमेकस्मिन् भागे द्विगुणे द्वे संख्ये, अर्धे द्विगुणिते द्वे अर्धे। तत्रैका संख्या त्रिसंख्ययाऽऽगन्तौ चतुर्विंशत्यङ्गुले छिन्ने तस्यैकैको भागः अष्टाङ्गुलः, तेनैकेन सहितं प्रमाणं, विंशत्यङ्गुलाऽऽक्षणयारज्जुरित्याति पूर्वोक्तमेव। तृतीयाभ्यासे यथा–प्रमाणं चतुर्विंशत्यङ्गुलं तस्यतृतीयमष्टाङ्गुलं, तस्मिंश्चतुर्विंशत्यङ्गुलं तस्मिंश्चतुर्विंशत्यङ्गुले प्रक्षिप्ते साभ्यासं प्रमाणं द्वात्रिंशदङ्गुलं, तत्र साभ्यासस्य प्रमाणस्यागन्तुसहिताश्चत्वारो भागाः, तदिद्वगुणच्छेदे आगन्तुरष्टभागाः, [2]तत्रैको भाग एकाङ्गुलं, तत्र भागेनैकेन सहितं प्रमाणं पञ्चविंशत्यङ्गुलं, अक्षणयारज्जुः सप्ताङ्गुलानि तिर्यङ्मानी सैकोनपञ्चाशत्करोति। चतुर्विंशत्यङ्गुलं प्रमाणषट्सप्ततिं पञ्चशतानिः च करोति। तदु भयं पञ्चविंशत्यङ्गुला पञ्चविंशतिः षट् शतानि च करोति एवमेवाभ्यासान्तरेष्वपि द्रष्टव्यम्। त्रिकचतुष्कयोरित्यादिना कानिचिदुदाहरणान्युत्तरत्र स्वयमेव वक्ष्यति अलमति प्रसङ्गेन।

सुन्दरराजीया

(दीर्घस्याक्ष्ण+विहरणम्)

अथ सनिदानमनेकप्रकारं विहरणमाह–

दीर्घस्य चतुरश्रस्य पार्श्वमान्या समचतुरश्रे कृते यत् क्षेत्रं संपद्यते, यच्च तिर्यङ्मान्या तदुभयं अक्षणयारज्ज्वा समचतुरश्रे कृते संपद्यते क्षेत्रं। त्रिकचतुष्कयोरित्याद्युदा हरणम्।

एवंचासां द्वयोर्ज्ञातयोस्तृतीया ज्ञातुं शक्यते। यथा पार्श्वमानीतिर्यङ्मान्योर्ज्ञातयोः ते पृथग्वर्गयित्वा संयोज्य तद्वर्गमूलमक्षणयारज्जुः। तथा पार्श्वमान्यक्षणयारज्ज्वोर्ज्ञातयोः अक्षणयारज्जुवर्गात्पार्श्वमानीवर्गं विशोध्य (वि) शिष्टस्य मूलं तिर्यङ्मानी। एवं तिर्यङ्मानीवर्गं विशोध्य पार्श्वमानी। एवं भूताभिर्ज्ञेयाभिः पूर्वोक्तं विहरणम्। त्रिकचतुष्कयोरित्यादीन्येवोदाहरणानि। पूर्वयोगावप्यस्यैव प्रपञ्चौ।।

कपर्दिभाष्यम्

चतुरश्रस्याक्षणयारज्जुर्द्विस्तावतीं भूमिं करोति। समस्य

1. चत्वारि शतानि
2. तत्रैकैको

द्विकरणी। प्रमाणं तृतीयेन वर्धयेत्तच्चतुर्थेनात्मचतुस्त्रिंशोनेन स विशेषः।।

समस्य द्विकरणी। समस्य चतुरश्रस्य अक्ष्णयारज्जुः समचतुरश्रस्य क्षेत्रं यावद्भवति तस्य द्विगुणं करोति[1]। समस्य ग्रहणं किमर्थम्। दीर्घनिवृत्त्यर्थमिति चेन्न, उक्तार्थत्वात्। अक्ष्णयारज्जोरभावान्मण्डलस्याप्रसङ्गः। सर्वात्मना समस्य प्रतिपत्त्यर्थमिति, तदप्यप्रयोजकम्। अक्ष्णयारज्जुरित्येकवचननिर्देशात्। प्रमाणं तृतीयेन वर्धयेत्– प्रमाणं तृतयिं प्रक्षिपेत्। तच्चतुर्थेन। तदिति प्रक्षिप्ततृतीयं परामृश्यते। तृतीयं स्वचतुर्थेन वर्धयेदिति शेषः। आत्मचतुस्त्रिंशोनेन– एतत् चतुर्थस्य विशेषणम् तच्चतुर्थं चतुस्त्रिंशद्धा विभज्यैकं भागमुत्सृज्य शिष्टेनेत्यर्थः।

$$(1+\frac{1}{3}+\frac{1}{34}-\frac{1}{3\times4\times34}=1.4142156)$$

सविशेषः–सविशेष इति संज्ञा। एवं संवर्गितस्य सह विशेषण वर्तत इति अन्वर्था संज्ञा। [2]द्वादशे चत्वारि चतुर्षु एकं चतुस्त्रिसद्धा विभज्य एकं भागमुत्सृज्य, एवं तिलोनसप्तदशाङ्गुलं भवति। द्वादशाङ्गुलस्य तिलवर्गः; एकं नियुतं षडयुतानि षट् सहस्राणि चत्वारि शतानि षष्टिः चत्वारीति (१६६४६४) तिलप्रमाणानि.[3] सप्तदशाङ्गुलमानस्य तिलोनस्य तिलवर्गः– त्रीणि नियुतानि त्रीण्ययुतानि द्वे सहस्रे नव शतानि विंशतिर्नव च (३३२९२९) अत्रैकत्रिकयोश्शेषो न भवतीति वेणोस्सविशेषे गृह्यमाणे दशतिलक्षेत्राण्यतिरिक्तानि। तेन नीवारशूकार्धमात्रमप्यतिरिक्तं भवति। तस्माद्विशेष इति व्यवहारार्थमेव भविष्यतीति प्रगणय्य संज्ञा कृताचार्येण।।

अथापरम्

विहारं वक्ष्याम इति शेषः।

प्रमाणमात्रीं रज्जुमुभयतः पाशां करोति।

यत्प्रमाणं चतुरश्रं कर्तुमिच्छति तावत्प्रमाणां रज्जुमुभयतःपाशां कृत्वा–

---

1. पार्श्वमानी तिर्यङ्मनी चैका चेत्, अक्ष्णा = $\sqrt{2}$ अतः $\sqrt{2}\times2=2$. क्षेत्रम्.
2. द्वादशाङ्गुलप्रमाणे तृतीयं, चतुरङ्ग चतुर्थं तिलोनैकाङ्गुलं, एवं तिलोनसप्तदशाङ्गुलं भवति।। इति पाठान्तरम्।।
3. अङ्गुलमेकं = 34 तिलानि. अतः द्वादशाङ्गुलानि = 12×34=408. अस्य वर्गः = 408×408 =1,66,464. इत्थमेव सप्तदशाङ्गुलस्य तिलानि =17×34=578. तिलोनमेतत्=577. अस्य वर्ग=332929. एतच्च 2×166464 संख्यायास्सममेवेति

मध्ये लक्षणमर्धमध्यमयोश्च पृष्ठयायां रज्जुमायभ्य पाशयोर्लक्षणेष्विति शङ्कुं निहत्योपान्त्ययोः पाशौ प्रतिमुच्य मध्यमेन लक्षणेन दक्षिणापायम्य शङ्कुं निमित्तं करोति। मध्यमे पाशौ प्रतिमुच्य उपर्युपरि निमित्तं मध्यमेन लक्षणेन दक्षिणापायम्य शङ्कुं निहन्ति। तस्मिन्पाशं प्रतिमुच्य पूर्वस्मिन्नितरं मध्यमेन लक्षणेन दक्षिणमंसमायच्छेत्। उन्मुच्य पूर्वस्मादपरस्मिन्प्रतिमुच्य मध्यमेनैव दक्षिणां श्रोणिमायच्छेत्। एवमुत्तरौ श्रोण्यंसौ।।

प्रथमःखण्डः

मध्ये लक्षणमर्धमध्यमयोश्च-पाशलक्षणयोर्मध्य इत्यर्थः। पाशयोर्लक्षणेष्विति शङ्कुं निहत्य, उपान्त्ययोर्द्वितीयचतुर्थयोः पाशौ प्रतिमुच्य मध्यमेन लक्षणेन दक्षिणापसार्य निमित्तं साध्यनिमित्तं काकपदं कृत्वा, मध्यमे पाशौ प्रतिमुच्य, उपर्युपरि काकपदं तेनैव लक्षणेन दक्षिणापसार्य शङ्कुं निहत्य, तस्मिन्नेकतरं पाशं प्रतिमुच्य पूर्वस्मिन् शङ्कावितरं पाशं तेनैव लक्षणेन दक्षिममंसमायच्छेत्। तत्र शङ्कुं निहन्यात् स दक्षिणांसः। एवमुत्तरतः पूर्वस्मात्पाशमुन्मुच्यापरस्मिन् प्रतिमुच्य तेनैव लक्षणेन दक्षिणां श्रोणिमायच्छेत्। तत्र शङ्कुं निहन्यात्। सा दक्षिणा श्रोणी। एवमुत्तरतः पक्षः। तत्र इयान्विशेषः-श्रोणी पूर्वं पश्चादंसः।

करविन्दीया व्याख्या

ननु चतुरश्रस्येति कथं लभ्यते तत्करणीभूतपार्श्वमान्यादिदर्शनात्। समस्येति कथं? कुरत इति द्विवचननिर्देशात् अक्ष्णयारज्जुरित्येकवचननिर्देशाच्च। कुरुत इति द्विवचननिर्देशे कृते सति एकप्रकारा पार्श्वमानी तिर्यङ्मानी चेति गम्यते। तथाक्ष्णयारज्जुरित्येकवचननिर्देशात् [1]साचाप्येकप्रकारेति ज्ञायते। विषमोऽपि दीर्घचतुरश्रो विद्यत एव। यस्याक्ष्णयारज्जू अन्योयं समे भवतः स निवर्त्यते। समस्येति लभ्यते। पृथग्ग्रहणं किमर्थं? पार्श्वमानीतिर्यङ्मान्यो संसर्गनिवृत्यर्थम्। भूतग्रहणं पृथग्ग्रहणस्य संसर्गविशेणत्वनिवृत्त्यर्थम्। दीर्घचतुरश्रस्याक्षणयारज्जुरियत्करोतीत्युक्तं समस्य सा कियत्करोतीत्यत आह-

(चतुरश्च +करोति)

समस्य चतुरश्रस्याक्ष्णयारज्जुर्द्विस्तावतीं-द्विगुणां। यस्या भूमेरियमक्ष्णयारज्जुः

---

1. सर्वा

तावद्द्विगूणां भूमिं करोति। द्विगुणाया भूमेः करणी भवतीत्यर्थः। द्विस्तावतीति मयूरव्यंसकादिलक्षणस्समासः। नन्वक्ष्णयारज्जुरित्येकवचननिर्देशात् समचतुरश्रा 'अनुपपदत्वा च्छब्दस्येति' न्यायाच्च द्वितीयापि तादृश्येवेति विज्ञायते। तेन समस्येयं न विषमस्येति गम्यते। अतः किमर्थं [1]समशब्दः। उच्यते-एवं तर्हि मिश्रणार्थ[2] स्समशब्दः। समस्य-मिश्रीकृत्य एकीकृत्ये[3]त्यर्थः। समचतुरश्रस्याक्ष्णयारज्जुः द्विस्तावतीं भूमिं युगपदेव एकीकृत्य करोतीति। उत्तरार्थो वा सम[4]शब्दः। ननु पूर्वसूत्र एव दीर्घशब्दमपहाय चतुरश्रस्येत्यस्तु तेनास्यापि सिद्धिर्भवत्येव, सत्यं- तथासत्युक्तन्यायेन समस्यैव तत्स्यान्न दीर्घस्य, तस्मात् पृथगेवमेव वक्तव्यम् प्रकृतोपजीवनेन संज्ञां विधातुमाह-

(सविसेषः)

समस्य चतुरश्रस्याक्ष्णयारज्जुः सा द्विकरणीसंज्ञा भवति। अन्वर्थैषा संज्ञा, द्वयोःकरणी द्विकरणीति। ननु पूर्वसूत्रेणैव द्विकरणीत्वे सिद्धे अयुक्ता संज्ञा, सत्यं, द्विकरणीत्वं सिद्धं तथापि दीर्घत्रिकोणादीनामपि द्विकरण्यसन्ति, तत्र द्विकरणीत्युक्ते अस्या एव ग्रहणं यथा स्यादित्येवमर्थं संज्ञा। ननु सा द्विकरणीत्येव वक्तव्यं, समग्रहणं किमर्थं? वक्ष्यमाणापि संज्ञा समद्विकरणीविषया यथा स्यादिति। समग्रहणस्य पूर्वसूत्रविषयत्वे अत्र सामर्थ्यात्तत्सिद्धिः। द्विकरण्या एव प्रकारान्तरमाह-समचतुरश्रस्य प्रमाणमायामं [5] तत्तृतीयेन वर्धयेद्वृद्धिं गमयेत्, तच्च तृतीयं स्वचतुर्थेन तृतीयस्य[6] चतुर्थभागेनेत्यर्थः। आत्मचतुस्त्रिंशोनेन आत्मशब्देन[7] चतुर्थो भागः परामृश्यते। वर्धयेदित्येव स विशेषः-तस्य विशेष इति संज्ञा। तृतीयादिना येन वृद्धं प्रमाणं तस्य विशेषसंज्ञा। यथा-द्वादशाङ्गुलं प्रमाणं चतुरङ्गुलेन वर्धयेत्। तच्चतुरङ्गुलमेकाङ्गुलेन तिलोनेन वर्धयेत्। चतुर्विंशत्तिलाः पृथुसंश्लिष्टा अङ्गुलिरिति प्रमाणविदो मन्यन्ते। वक्ष्यति, 'अर्धे तद्विशेषमभ्यस्य बाह्यविशेषाभ्यां परिगृह्णीयात्' [8]इत्यादि। कथं, मध्यमे सविशेषं प्रतिमुच्य चतुर्थेन चतुर्थसविशेषेणेत्येवमादि। अत्र सह विशेषेण वर्तत इति स विशेषः। विशेषसहितं प्रमाणमेव सविशेष इत्यवगन्तव्यम्। किमर्थं महती संज्ञा, अन्वर्थैषा यथा स्यादिति, तत्कथं विपूर्वश्शिषिरतिशयवाची, 'शिषिरसर्वोपादाने, विपूर्वोऽतिशये'

1. समस्य
2. समस्य
3. ति यावत्
4. समस्य,
5. मं स्वतृतीयेन.
6. चतुर्भागे.
7. चतुर्थस्यात्मा.
8. दित्येवमादीनि.

इत्युपदेशात्। अक्ष्णयारज्जुभूतद्विकरण्याः प्रमाणातिरिक्तादंशात् किञ्चिद्विशिष्यते अतिरिच्यत इति विशेषः। यद्वा ततः किञ्चित् क्षेत्रं विशेषयति अतिरेचयति मानकाल इति वा विशेषः। तथाहि–चतुस्त्रिंशत्तिला अङ्गुलिरित्युक्तम्। द्वादशाङ्गुलस्य तिलवर्गः– एकं नियुतं षडयुतानि षट् सहस्राणि चत्वारि शतानि षष्टिचत्वारि च तिलप्रमाणानि चतुरश्रक्षेत्रप्रमाणानि। तिलोनसप्तदशाङ्गुलस्य तिलवर्गःत्रीणि नियुतानि त्रीण्ययुतानि द्वे सहस्रे नव शतानि विंशतिर्नव च तिलप्रमाणानि चतुरश्रक्षेत्राणि अत्रैकं तिलं चतुरश्रक्षेत्रद्विगुणादतिरिच्यते। ततस्तस्य विशेष इति संज्ञा। वेणुना सविशेषेण मीयमानेऽग्नौ प्रमीयमाने त्वात्मनि यत् क्षेत्रमतिरिच्येत तेन नीवारशूकमात्रमपि सर्वथातिरिक्तं न भवति तन्न्यूने ततोऽल्पतरमिति द्विकरणीकार्ये सविशेषव्यवहारः। इदानीं प्रासङ्गिकमेकं विहरणं व्याख्याय विहरणान्तरमाह–

(अथापरं+श्रोण्यंसौ)

अथापरं विहरणं–व्याख्यास्याम इति शेषः, प्रमाणमात्रीं अयाममात्रीं रज्जुं उभयतःपाशां आद्यन्तयोः पाशयुक्तां, मध्ये लक्षणं निरञ्जनार्थं, अर्धमध्ययोः पूर्वार्धमध्ये अपरार्धमध्ये च लक्षणद्वयं[1] निरञ्जनं कृत्वा पृष्ठ्यायां मातव्यभूतलमध्यलेखायां रज्जुमायम्य–प्रसार्य पाशयोर्लक्षणेष्विति पञ्च शङ्कून्निहन्ति इतिशब्दश्चार्थे। उपान्त्ययोः अन्त्यसमीपस्थितयोः शक्वोः पाशौ प्रतिमुच्य मध्येन निरञ्जनभूतेन दक्षिणापायम्य, निमित्त–चिह्नं करोति। निमित्तं दिक्संदर्शनार्थम्। मध्यमे शङ्कौ पाशौ प्रतिमुच्य, उपर्युपरि निमित्तं तस्योपरिष्टादासन्नतरं दक्षिणापायम्य, रज्जुं तदन्ते शङ्कुं निखाय, मध्यमाच्छङ्कोः पाशावुन्मुच्य, दक्षिणशङ्कावेकं पाशं प्रतिमुच्य,[2] पूर्वस्मिन् शङ्कावितरं पाशं प्रतिमुच्य, निरञ्जनेन दक्षिणमंसं प्रत्यायच्छेत्। रज्जुं यथा दक्षिणांसःसंपद्यते तथाऽऽयच्छेत्। एवमेव दक्षिणां श्रोणिमायच्छेदित्येवमादीनि उन्मुच्य पूर्वस्मादित्यादीन्युत्तराणि सूत्राणि। पञ्चशङ्कुरयं योगस्समचतुरश्रविषयः।।

इति प्रथमः खण्ड

सुन्दरराजीया

(चतुरश्र +करोति)

चतुरश्रस्येत्यविशेषात् समस्येत्यत्रापि संबध्यते। अथवा उत्तरसूत्रगतं समस्येति पदमत्रापि संबध्यते।

1. चिह्नं.
2. पञ्चानां.

समस्य द्विकरणी

अनन्तरोक्ता समस्य चतुरश्रस्याक्ष्णयारज्जुः द्विकरणीसंज्ञिका। तावतोर्द्वयोः क्षेत्रयोः करणात्। तस्य ज्ञानोपायमाह–

(प्रमाणं+शोनेन)

यथा–द्वादशाङ्गुलस्य प्रमाणस्य तृतीयं चतुरङ्गुलं, तस्य चतुर्थमङ्गुलिः अङ्गुलेश्चतुस्त्रिंशो भागस्तिलमात्रम्। एवं द्वादशाङ्गुलस्याक्ष्णयारज्जुस्तिलोनसप्तशाङ्गुला। तथा अष्टाचत्वारिंशदङ्गुलस्याक्ष्णयारज्जुः चतुस्तिलोना अष्टषष्ट्यङ्गुलेत्यादि।

(सविशेषः)

योऽक्ष्णयारज्ज्वा प्रमाणादतिरिक्तोऽंशः स विशेषसंज्ञः।'अर्धे तद्विशेषमभ्यस्य' इत्याद्युदाहरणम्।।

(अथापरं+श्रोण्यंसौ)

अर्धयोर्मध्ये अर्धमध्ये। उपान्त्ययोः–द्वितीयचतुर्थयोःशङ्क्वोः। निमित्त–चिह्नम्। स्पष्टमन्यत्। एष योगसमचतुरश्रविषयः एवमुत्तरतः।।

कपर्दिभाष्यम्

अथापरोयोगः

विहरणविशेषः इत्यर्थः

पृष्ठ्यान्तयोर् मध्ये च शङ्कू निहत्यार्धेऽर्धे तद्विशेषम् अभ्यस्य लक्षणं कृत्वार्धमागमयेत्। अन्त्ययोः पाशौ कृत्वा मध्यमे सविशेषं प्रतिमुच्य पूर्वस्मिन्नितरं लक्षणेन दक्षिणमंसमायच्छेत्। उन्मुच्य पूर्वस्माद-परस्मिन् प्रतिमुच्य लक्षणेनैव दक्षिणां श्रोणिम् आयच्छेत्। एवम् उत्तरौ श्रोण्यंसौ।।

चतुरश्रप्रमाणान्तयोःशङ्कुं निहत्य तयोर्मध्ये च शङ्कुं निहत्य अर्धे–प्रमाणार्धे, तद्विशेषं–तस्यार्धस्य विशेषं, प्रमाणं तृतीयेन वर्धयेदिति न्यायेन लक्षणं कृत्वा पुनरागमयेत् प्रक्षिपेत्। अन्त्ययोः पाशौ कृत्वा मध्यमे शङ्कौ सविशेषं पाशं प्रतिमुच्य पूर्वस्मिन् शङ्कौ इतरं पाशं प्रतिमुच्य लक्षणेन दक्षिणेनापसार्य शङ्कुं निहन्यात्। स दक्षिणांसः। पूर्वस्माच्छङ्कोः पाशमपरस्मिन् शङ्कौ प्रतिमुच्य तेनैव लक्षणेन दक्षिणं श्रोणिमायच्छेत्। तेनैवोदगपसार्य उत्तरां श्रोणिं विपर्यस्योत्तरमंसम्।।

योगद्वयमिदं समचतुरश्रस्य सम्यक् ।।

करविन्दीया व्याख्या

(अथापरो + श्रोण्यंसौ)

प्रमाणमात्रीं रज्जुमित्येव, [1]विहरणोपायो योग इत्युक्तं, पृष्ठ्यान्तयोः मध्ये च शङ्कुं निहत्य। व्याख्यातमेतत्। [2]अर्धेप्रमाणामात्र्या रज्ज्वा अर्धे तद्विशेषमभ्यस्य संयोज्य लक्षणं कृत्वा सूत्रसविशेषार्धान्ते अर्धं आगमयेत् शिष्टं यथा प्रमाणं भवति तथाऽगमयेत् अयमर्थः–अर्धद्विकरणीमात्रीं केवलार्धमात्रीं च एकां रज्जुं मीत्वार्धद्विकरणी[3] मात्रे लक्षणं कृत्वा रज्ज्वन्तौ पाशौ कृत्वा मध्यमे शङ्कौ सविशेषमर्धं प्रतिमुच्य पूर्वस्मिन् शङ्कौ केवलमर्धं प्रतिमुच्य लक्षणेन दक्षिणमंसमायच्छेत्–कुर्यात्। उन्मुच्य पूर्वस्मादिति स्पष्टार्थः। अयमपि योगःसमचतुरश्रविषय एव। अर्धे तद्विशेषमिति प्रमाणसविशेषयोः प्रस्तुतत्वात् प्रसङ्गेनोच्यते।

सुन्दरराजीया

(अथापरो + श्रोण्यंसौ)

[4]अर्धे–प्रमाणार्धमात्रे शुल्बे। तद्विशेषं–अर्धस्यैव विशेषं अभ्यस्य तद्विशेषान्ते लक्षणं कृत्वा[5] अन्यदर्धं निर्विशेषमागमयेत्। यथा–गार्हपत्यचितेः षण्णवत्यङ्गुलाया अन्तयोर्मध्ये च शङ्कून्निहत्य अर्धेऽष्टाचत्वारिंशदङ्गुले तद्विशेषं चतुस्तिलोनं विंशत्यङ्गुलमभ्यस्य लक्षणं कृत्वान्यदर्धं अष्टाचत्वारिंशदङ्गुलं संयोजयेत्। एवं चतुस्तिलोनषोडशकोत्तरशताङ्गुलं शुल्बम्। अन्तयोरित्यादि स्पष्टम्।

कपर्दिभाष्यम्

प्रमाणं तिर्यग् द्विकरण्यायामः तस्याक्ष्णयारज्जुस्त्रिकरणी।।

प्रमाणं–प्रक्रमादेस्तिर्यङ्मानी। द्विकतणी–पार्श्वमानीतस्यैव प्रक्रमादेः। तस्यैवंभूतस्य दीर्घचतुरश्रस्याक्ष्णयारज्जुस्त्रिकरणी–त्रिगुणां भूमिं करोति। तस्य तिर्यङ्मानीभूदस्य कथं? प्रमाणमेकं करोति पार्श्वमानी द्विकरणी सा द्वौ करोति। तदुभयमक्ष्णयारज्जुः करोति। तदुक्तं–

---

1. विहरणपर्यायो।
2. अर्धे तद्विशेषमभ्यस्य।
3. मात्र।
4. अर्धप्रमाणमात्रे।
5. अन्यदनिर्विशेष।

दीर्घस्याक्ष्णयारज्जुः। इति–

तृतीयकरण्येतेन व्याख्याता। विभागस्तु नवधा।।

एतेनैव मार्गेण तृतीयकरणी व्याख्याता। अनयैव त्रिकरण्या तृतीयकरण्यप्यवगन्तुं शक्येत्यर्थः। कथमित्याह–त्रिकरणीक्षेत्रं नवधा विभज्य एकं भागं गृह्णीयात्। प्रमाणतृतीयं भवति त्रिकरण्याः तृतीयं करोति तत्र श्लोकः–

अक्ष्णारज्जुस्त्रिकृत्प्रोक्ता प्रमाणसविशेषयोः।
अस्या एव तृतीयं तु तृतीयकरणीं विदुः।।

करविन्दीया व्याख्या

(प्रमाणं+त्रिकरणी)

प्रमाणद्विकरण्यक्ष्णयारज्जव उक्तः। यस्य चतुरश्रस्य प्रमाणं तिर्यङ्मानी द्विकरणी पार्श्वमानी तस्य चतुरश्रस्याक्ष्णयारज्जुः प्रमाणपार्श्वमानी तिर्यङ्मानी क्षेत्रस्य त्रिकरणीभवति।।

तृतीयकरण्येतेन व्याख्याता।

त्रिकरणीव्याख्याने तृतीयकरण्यपि व्याख्याता कथं? तृतीयं तिर्यग्द्विकण्यायामः, तस्याक्ष्णयारज्जुस्तृतीयकरणी।

तृतीयकरण्यवगमायाह

(विभागस्तु + नवधा)

तृतीयकरण्यवगमे इयांस्तु विशेषः। क्षेत्रस्य नवधा विभागः कार्यः, कस्य क्षेत्रस्य? प्रमाणक्षेत्रस्य त्रिकरणीक्षेत्रस्य वा। अयमर्थःयस्य क्षेत्रस्य तृतीयकरणी साध्यते तत् क्षेत्रं नवधा विभज्य तत्रैकस्य भागस्य पार्श्वमानीं तिर्यङ्मानीं कृत्वा तस्यैव भागस्याक्ष्णयारज्जुं पार्श्वमानीं कृत्वा ताभ्यां चतुरश्रे कृते तस्याक्ष्णयारज्जुमादाय तया चतुरश्रे कृते तत्क्षेत्रप्रमाणं पार्श्वमानीतिर्यङ्मानीकृतक्षेत्रस्य तृतीयं भवति। यद्वा त्रिकरण्या कृते चतुरश्रे नवधा विभक्ते तत्रैकस्य भागस्य करणीप्रमाणचतुरश्रक्षेत्रस्य तृतीयकरणी भवति। स च विभागः प्रमाणक्षेत्रतृतीयमिति प्रदर्शनम्। एतेन चतुष्करणीचतुर्थ-करणीप्रभृतीनामपि। तथाहि–प्रमाणं तिर्यक् त्रिकरण्यायामस्तस्याक्ष्णयारज्जुश्चतुष्करणी। तथाप्रमाणं तिर्यकं चतुष्करण्यायामस्तस्याक्ष्णयारज्जुः पञ्चकरणी। तथा प्रमाणं तिर्यक्पञ्चकरण्यायामस्तस्याक्ष्णयारज्जुः। षट्करणीत्यादि द्रष्टव्यम् तथाहि–द्विकरणी तिर्यङ्मानी त्रिकरण्यायामः तस्याक्ष्णयारज्जुः पञ्चकरणी तिर्यङ्मानी

दशकरण्यायामस्तस्याक्ष्णयारज्जुः पञ्चदशकरणीत्याद्यपि द्रष्टव्यम् तथा तुरीयं तिर्यक् त्रिकरण्यायामस्तस्याक्ष्णयारज्जुस्तुरीयकरणी। तथा पञ्चमं तिर्यक्चतुष्करण्याया-मस्तस्याक्ष्णयारज्जुः पञ्चमकरणीत्यादि द्रष्टव्यम्। त्रिकरणीतृतीयकरण्योः-सौत्रामण्यादावुपयागेः। ननु दीर्घस्याक्ष्णयारज्जुरित्यनेन त्रिकरणीतृतीयकरणीप्रभृतयः सिद्धाः। तत्किमर्थं त्रिकरण्यादिकरणीविधिरारभ्यते। उच्यते–द्विप्रकाराः करण्यः, शुद्धमूला अशुद्धमूलाश्च। शुद्धं मूलं यासां ताश्शुद्धमूलाः। द्वाभ्यां चत्वारि, त्रिभिर्नवेत्यादिवक्ष्यमाणाश्चतुष्करणीनवकरणीप्रभृतयः शुद्धमूलाः पुनर्नैव कदाचिन्मूलेन व्यपदेशार्हाः। तासां तु सर्वदा द्विकरणी त्रिकरणी पञ्चकरणीत्येव व्यपदेश इति प्रदर्शयितुमिदमुच्यते, द्वयोः करणी द्विकरणी त्रयाणां करणी त्रिकरणी चतुर्णां करणी चतुष्करणी पञ्चानां करणी पञ्चकरणीति। किञ्च दीर्घस्याक्ष्णयारज्जुरित्यनेन सामान्येन नाञ्जसा त्रिकरणीप्रभृती नामवगतिर्भवति। उक्तप्रकारेण संपन्नानां करणीनां तेन संवादमात्रं भवति। तद्युज्यत एव द्विकरण्यादिकरणीविशेषविध्यारम्भः।

सुन्दरराजीया

अथ त्रिकरणीमाह

(प्रमाणं+त्रिकरणी)

यथा द्वादशाङ्गुला तिर्यङ्मानी तद्द्विकरणी तिलोनसप्तदशाङ्गुला पार्श्वमानी। एवं दीर्घचतुरश्रे कृते तस्याक्ष्णयारज्जुर्विंशत्यङ्गुलयस्सप्तविंशतितिलाश्च। सा त्रिकरणी प्रमाणपरिमितं क्षेत्रं त्रिगुणं करोति।।

(तृतीयकरण्येतेन+नवधा)

तृतीयकरण्या चतुरश्रे कृते नवधा विभागः कार्यः। तस्यैको भागः प्रमाणक्षेत्रस्य तृतीयं भवति। त्रिकरण्यास्तृतीयं तस्य करणी।।

कपर्दिभाष्यम्

तुल्ययोश्चतुरश्रयोरुक्तस्समासः। नानाप्रमाणयोश्चतुरश्रयोस्समासः।।

समास एकीकरणम् चतुरश्रस्याक्ष्णयारज्जुरिति सूत्रेण स्पष्टः। नानाप्रमाण-योश्चतुरश्रयोःसमासः उच्यत इति शेषः। दीर्घस्य समस्य चतुरश्रस्य समास एकीकरणम्।

ह्रसीयसः करण्या वर्षीयसो वृद्ध्रमुल्लिखेत्। वृद्ध्रस्याक्ष्णयारज्जुर् उभे समस्यति। तदुक्तम्।।

ह्रसीयसः अल्पीयसः क्षेत्रस्य करण्या प्रमाणेन वर्षीयसः वर्षीयसेत्यर्थः। वृद्ध्रं

दीर्घमुल्लिखेत्। यथाल्पीयसः करणी तिर्यङ्मानी वर्षीयसः करणी पार्श्वमानी, तथा दीर्घचतुरश्रमुल्लिखेत्। वृद्धस्याक्ष्णयारज्जुरुभे समस्यति। उक्तं–दीर्घचतुरश्रस्याक्ष्णयारज्जुरिति।

करविन्दीया व्याख्या

(तुल्ययोः+समासः)

तुल्ययोरिति। समासो नाम समसनं मिश्रणं एकीकरणं करणीतुल्यप्रमाणयोस्समासः। करण्युक्ता चतुरश्रस्याक्ष्णयारज्जुर्द्विस्तावतीं भूमिं करोति समस्येति। उक्तमनुभाषणं वक्ष्यमाणार्थं इदमत्र परिशिष्यते तदिदं वक्ष्यामीति।

(नाना+तदुक्तं)

नानाप्रमाणयोर्भिन्नप्रमाणयोस्समासः करण्युच्यते, ह्रसीयसः अल्पीयसश्चतुरश्रस्य करण्या–करणीप्रमाणेन, वर्षीयसः–महतश्चतुरश्रस्य, वृद्धं चिह्नमेकदेशमुल्लिखेत् वृद्धस्याक्ष्णयारज्जुरुभे नानाप्रमाणे चतुरश्रे समस्यति एकीकरोति। एतदुक्तं भवति–नानारप्रमाणे चतुरश्रे समस्य अल्पीयसश्चतुरश्रस्य करणीप्रमाणेन महतश्चतुरश्रस्य एकस्यां तिर्यङ्मान्यां परिच्छिन्द्यात्। तत आरभ्योर्ध्वां लेखां यथा परस्यां तिर्यङ्मान्यां तावति प्रदेशे निपतति तथा लिखेत् लेखाविभक्तस्याल्पीयसः करणीप्रमाणं तिर्यङ्मानी। कस्य? महतः करणीप्रमाणपार्श्वमानीकस्य दीर्घचतुरश्रस्याक्ष्णयारज्जुरुभे नानाप्रमाणे चतुरश्रे समस्यति। चतुरश्र इति वर्तमाने पुनश्चतुरश्रग्रहणं मण्डलयोरपि चतुरश्रं कृत्वैव समासस्सुकर इति ज्ञापयितुं। तदुक्तं–दीर्घस्येत्यादिना। अस्योपयोगो विद्याभ्यासादिषु।

सुन्दरराजीया

(तुल्ययोः+समासः)

द्विकरण्या यथा द्विपुरुषेऽग्नौ पुरुषद्विकरण्या द्वयोः पुरुषयोःसमास इत्यादि। त्रिकरण्या त्रयाणां पुरुषाणां समासस्याप्येतदुपलक्षणं भवति। [1]दीर्घचतुरश्रयोस्तु समासे अयं विशेषः। तिर्यङ्मान्या द्विकरणी तिर्यङ्मानी, पार्श्वमान्याश्च द्विकरणी [2]पार्श्वमानीति। यथा द्विस्तावायामाश्वमेधवेद्यां षट्त्रिंशिकायाः पृष्ठ्याया द्विकरणी पृष्ठ्या। तिर्यङ्मान्योस्त्रिंशिचतुर्विंशकयोः द्विकरण्यौ तिर्यङ्मान्यौ। एतदेव तत्र प्रकारान्तरेण वक्ष्यते। प्रक्रमस्य द्विकरणी प्रक्रमस्थानीया भवतीति। [3]एवं दीर्घचतुरश्राणां समासे

---

1. दीर्घचतुरश्रयोः।
2. पार्श्वमानी।
3. एवं त्रयाणां दीर्घ

तिर्यङ्मान्यास्त्रिकरणी तिर्यङ्मानीति। पार्श्वमान्याश्च पार्श्वमानी। यथा–त्रिस्तावेऽग्नौ पक्षयोः पुरुषमात्रयाः तिर्यङ्मान्यास्त्रिकरणी अष्टाधिकशतद्वयाङ्गुला पञ्चतिलोना तिर्यङ्मानी भवति। पार्श्वमान्याश्च षडरत्नेः त्रिकरणी पञ्चाशद्द्विशताङ्गुला विंशतितिलोना पार्श्वमानी भवति। पुच्छस्य पार्श्वमान्या एकादशप्रादेशायाः त्रिकरणी अष्टाविंशतिद्विशताङ्गुला सैकविंशतितिला पार्श्वमानी। एवमन्यत्र।

नाना + समासः

उच्यत इति शेषः।।

(ह्रसीयसः+तदुक्तं)

ह्रसीयसः करणीं तिर्यङ्मानीं कृत्वा वर्षीयसःसंबन्धिनं वृध्रं दीर्घचतुरश्रमुल्लिखेत्, वर्षीयसः करण्येव पार्श्वमानी। एवं कृतस्य दीर्घचतुरश्रस्याक्ष्णयारज्जुःसमस्योः करणी भवति। तदुक्तं 'दीर्घस्याक्ष्णयारज्जुः' इत्यादिना। यथा पञ्चविधेऽग्नौ क्रियमाणे द्विपुरुषेण चतुरश्रे कृते चतुष्पुरुषो भवति। तत्र पुरुषमात्रश्चतुरश्रः प्रक्षेप्तव्यः। तत्र द्विपुरुषकरणिके चतुरश्रे तदायामं पुरुषव्यासं दीर्घचतुरश्रमुल्लिखेत्। तस्याक्ष्णयारज्जुरष्टषष्टिशताङ्गुला सैकादशतिला सा पञ्चविधाग्नेः करणी भवति।

कपर्दिभाष्यम्

चतुरश्राच्चतुरश्रं निर्जिहीर्षन् यावन्निर्जिहीर्षेत्तस्य करण्या वृध्रमुल्लिखेत्।

पूर्वस्माच्चतुरश्राच्चतुरश्रं निर्जिहीर्षन् चतुरश्रप्रमाणेन वृध्रमुल्लिखेत्।

वृध्रस्य पार्श्वमानीमक्ष्णयेतरत्पार्श्वमुपसंहरेत्।।

संयोजयेत्

सा यत्र निपतेत्तदपच्छिन्द्यात्।।

सा पार्श्वमानी इतरस्मिन् पार्श्व यत्र निपतति स्पृशति तत्रापच्छिन्द्यात्।।

छिन्नया निरस्तम्।।

छिन्नया निरस्तीकृते तन्निरस्तं भवति।

करविन्दीया व्याख्या

चतुरश्रात्+छिन्नया निरस्तम्

चतुरश्रादिति। इदमपि करणीविधानमेव। महतश्चतुरश्रादल्पं चतुरश्रं निर्जिहीर्षन्

विहर्तुमिच्छन् यावत् प्रमाणं चतुरश्रमपनेतुमिच्छति तस्याल्पस्य करण्या महतश्चतुरश्रस्यैकदेशं यथा छिन्नं भवति तथोल्लिखेत्। एवं कृते छिन्नं निरसितव्यक्षेत्रप्रमाणतिर्यङ्मानीकं महत्क्षेत्रपार्श्वमानीकं प्रमाणपार्श्व मानीकं दीर्घचतुरश्रं भवति। अस्य क्षेत्रस्य पार्श्वमानीमक्ष्णयेतरत् पार्श्वमुपसंहरेत् गमयेत् सा पार्श्वमानीमक्ष्णयोपसंहृता यत्रेतरस्याः पार्श्वमान्याः प्रदेशे निपतति तदपछिन्द्यात् पार्श्वमानीमपच्छिद्याधिकं त्यजेत्, छिन्नया निरस्त–छिन्नं पार्श्वमानीनिरसितव्यक्षेत्रस्य करणी भवति। तया पार्श्वमान्या चतुरश्रे कृते निरसितव्यक्षेत्रं निरस्तं भवतीत्यर्थः।

सुन्दरराजीया व्याख्या

चतुरश्रात+छिन्नया निरस्तम्

निर्हारो–निरसनम्। यथा त्रिविधेऽग्नौ क्रियमाणे द्विपुरुषेण चतुरश्रे कृते चतुष्पुरुषो भवति। तत्रैकपुरुषत्यागार्थं पुरुषमात्रतिर्यङ्मान्या वृध्रमुल्लिख्य तस्योत्तरां पार्श्वमानीं दक्षिणां प्राचीमितरत्पार्श्वं गमयेत्। सा च तत्र द्विपुरुषप्रमाणायां चत्वारिंशच्छत–द्वयाङ्गुलप्रमाणायां पञ्चतिलोने अष्टशतद्वये निपतति। ततःपुरस्तात् द्वात्रिंशदङ्गुलं पञ्चतिलाश्चापच्छिन्द्यात्। परिशिष्टया करण्या चतुरश्रे कृते पुरुषो निरस्तो भवति।

कपर्दिभाष्यम्

यथा स्वयमेव दर्शयति–

उपसंहृताऽक्ष्णयारज्जुस्सा चतुष्करणी छिन्ना चेतरा च यत्पृथग्भूते कुरुतः तदु भयं करोति।।

उपसंहृता पूर्वं पार्श्वमानी। इदानीमक्ष्णयारज्जुश्चतुरश्रस्य सा चतुष्करणी द्विपुरुषात् छिन्ना पार्श्वमानी इतरा तिर्यङ्मानी यत्पृथग्भूते कुरुतः तदुभयं द्विपुरुषाक्ष्णयारज्जुः करोति।

कथमित्याह–

तिर्यङ्मानी पुरुषं शेषस्त्रीन्।।

तिर्यङ्गानी गुरुषं करोति। शेषस्त्वक्ष्णयारज्जुर्द्वौ। तदुभयं तस्याक्ष्णयारज्जुरिति त्रीन्करोति।।

तदुक्तम्।।

तच्चाप्युक्तम् ।।

करविन्दीया व्याख्या

इमं प्रकारमुदाहरणमुखेन स्पष्टीकरिष्यन्नाह–

उपसंहृता + तदुक्तम्

उपेति। सर्वतो द्विपुरुषप्रमाणं चतुष्पुरुषं चतुरश्रं विषयीकृत्योदाहरति। एकस्य चतुरश्रस्यावयवभूते दीर्घचतुरश्रे या पार्श्वमान्यक्ष्णयोपसंहृता सा चतुष्करणी चतुष्पुरुषकरणीति प्रतिज्ञाता। अस्य तिर्यङ्मानी च पुरुषमात्रकरणीति। अस्य दीर्घचतुरश्रस्य छिन्ना पार्श्वमानी कियत्करणीति न ज्ञाता, सैवात्रावगन्तव्या। अत्र पुरुषप्रमाणं तिर्यङ्मान्या पृथग्भूतया यत्क्रियते छिन्नया पार्श्वमान्या पृथग्भूतया यत्क्रियते अक्ष्णयारज्जुः तदुभयक्षेत्रकरणीति न्यायतोऽवगता। तत्राक्ष्णयारज्जुफलभूताच्च-तुष्पुरुषाच्चतुरश्रादेकप्रमाणं तिर्यङ्मानीफले त्वेकस्मिन्नपनीते त्रयः पुरुषाः परिशिष्यन्ते छिन्ना तु पार्श्वमानी तेषां करणीति पारिशेष्यात् सा त्रिपुरुषकरणीत्यवगन्तव्या। अत इदमुक्तं तिर्यङ्मानी पुरुषं करोति शेषः छिन्ना पार्श्वमानी। त्रीन् पुरुषान् इति पुल्लिङ्गनिर्देशः पुरुषाभिप्रायः। पुरुषनिर्देशश्चाग्नौ पुरुषेण विमानं पुरुषाभ्यासापचयौ समासनिर्ह्रासयोः उदाहरणमिति। अयमर्थः–सर्वतो द्विप्रमाणाच्चतुष्पुरुषाच्चतुरश्रादेकं पुरुषमपनीय त्रिपुरुषं समचतुरश्रं कर्तुमिच्छन् तच्चतुरश्रं पुरुषप्रमाणया रज्ज्वा मध्ये परिच्छिद्य द्विधा कृत्वा तदर्धस्यैकां पार्श्वमानीमपरां पार्श्वमानीं प्रत्यक्ष्णयोपगमयित्वा तयोर्यत्र संपातः तत्रावस्थितां पार्श्वमानीं छित्त्वाऽवशिष्टं निरस्य शिष्टया पार्श्वमान्या समचतुरश्रे कृते तच्चतुरश्रं त्रिपुरुषचतुरश्रं भवति। तथा सर्वतश्चतुष्पुरुषाच्चतुरश्राच्चतुरः पुरुषानपनीय द्वादशपुरुषं समचतुरश्रं कर्तुमिच्छद्द्विपुरुषप्रमाणया तिर्यङ्मान्या समचतुरश्रं विभज्यार्धस्यैकां पार्श्वमानीमन्यां प्रति गमयित्वा तयोस्सन्निपातेऽवस्थितां पार्श्वमानीमवच्छिद्य छेदं निरस्य शिष्टया पार्श्वमान्या चतुरश्रे कृते तत् क्षेत्रं द्वादशपुरुषसमचतुरश्रं भवति। छिन्नशिष्टा पार्श्वमानी तत्करणी भवतीत्यर्थः। एवं प्रमाणक्षेत्रे तृतीयद्विकरणीमपनीय तृतीयकरणीं ग्रहीतुभिच्छन् तृतीये द्विकरणा व्रध्रमुल्लिखेदित्यादिकृते तृतीय करणी भवति। एवमेव सर्वत्र चतुष्करणीचतुर्थकरणीप्रभृतयः करण्योऽवगन्तव्याः। तदुक्तं दीर्घस्याक्ष्मया-रज्जुरित्यनेन। अस्योपयोगो द्रोणादिषु,

सुन्दरराजीया व्याख्या

तदेवोदाहरति–

उपसंहृता + तदुक्तम्

या अक्ष्णयोपसंहृता–एकीभूता रज्जुस्सा चतुष्करणी द्विपुरुषापच्छिन्ना पार्श्वमानी अपच्छिन्ना पञ्चतिलोनाऽष्टशतद्वयाङ्गुला। इतरा–पुरुषमात्री तिर्यङ्मानी च यत्पृथग्भूते

कुरुतस्तदुभयं करोति कर्णरज्जुत्वात्। तत्र तिर्यङ्मानी स्पष्टमेव हि पुरुषमात्रं करोति। पारिशेष्यात्पार्श्वमानी त्रीन् पुरुषान् करोतीति ज्ञातुं शक्यते। तदुक्तं दीर्घस्याक्ष्णयारज्जुः' इत्यादिना।

कपर्दिभाष्यम्

दीर्घचतुरश्रं समचतुरश्रं चिकीर्षन् तिर्यङ्मान्यापच्छिद्य शेषं विभज्योभयत उपदध्यात्।।

दीर्घचतुरश्रं समचतुरश्रं कर्तुमिच्छन् तिर्यङ्मान्या तिर्यङ्मानीप्रमाणेनापच्छिद्य शेषं विभज्यि–द्वधा कृत्वा तदुभयतः अग्रतः पार्श्वतश्चोपदध्यात्–निक्षिपेत् ।

खण्डमागन्तुना संपूरयेत्।।

खण्डमागन्तुनाऽतिरिक्तेन पूरयेत्। पूरयित्वा तदतिरिक्तं त्यजेत् ।

तस्य निर्ह्रास उक्तः।।

तस्य त्यागविधिरुक्तः।

इति द्वितीयः खण्डः

करविन्दीया व्याख्या

दीर्घचतुरश्रं+निर्ह्रास उक्तः

दीर्घेति–सर्वतस्तुल्यप्रमाणं समचतुरश्रं एकत आयामतोऽधिकं दीर्घचतुरश्रं समचतुरश्रं कुर्वन् तिर्यङ्मान्या तिर्यङ्मानीप्रमाणया रज्ज्वा परिमिते प्रदेशे मध्ये दक्षिणोत्तरमपच्छिद्य शेषं पूर्वभागं मध्ये तिर्यक् द्विधा विभज्य तयोः पश्चिमं भागं तथैवावस्थाप्य पूर्वभागं प्रथमस्योत्तरतः प्राचीनमुपदध्यात्। उत्तरपूर्वभागं शून्यभूतं खण्डमागन्तुना संपूर्य समचतुरश्रं संपाद्य अधिकमागन्तुभूतं खण्डं ततो निहरेत्–निर्गमयेत्। तस्य निर्हार उक्तः चतुरश्राच्चतुरश्रं निर्जिहीर्षन्' इति। तस्योपयोगो रथचक्रादिषु।

इति द्वितीयः खण्डः

सुन्दरराजीया व्याख्या

दीर्घचतुरश्रं+निर्हार उक्तः

तिर्यङ्मानीप्रमाणेन पार्श्वमानीमपच्छिद्य समचतुरश्रं कृत्वा शेषं विभज्य पुरस्तादुत्तरतश्चोपदध्यात् यथोत्तरपूर्वकोणे समचतुरश्रं आगन्तुः खण्डो भविष्यति। तस्य निर्हार उक्तः 'चतुरश्राच्चतुरश्रं' इति।।

इति द्वितीयः खण्डः

कपर्दिभाष्यम्

समचतुरश्रं दीर्घचतुरश्रं चिकीर्षन् यावच्चिकीर्षेत् तावतीं पार्श्वमानीं कृत्वा यदधिकं स्याद्यथायोगमुपदध्यात्।।

समचतुरश्रं दीर्घचतुरश्रं कर्तुमिच्छन् यावता दीर्घभूतेन प्रयोजनं तावत्पार्श्वमालिख्य यदधिकक्षेत्रं तद्यथायोगं यथा तत्क्षेत्रं युज्यते तथा क्षिपेत्। चतुरश्रं विभज्य उभयतःप्रउगे विनियोगः अवकीर्णिपशौ च।

करविन्दीया व्याख्या

समचतुरश्रं द्विधा कृत्वा तस्यैकस्मिन् भागे भागान्तरस्योपर्युपरि निहिते दीर्घचतुरश्रं भवतीति मन्वानस्तस्य प्रकारमाह–

समचतुरश्रं +उपदध्यात्

समेति तिर्यङ्मान्या अपच्छिद्य शेषं विभजेदित्येव। समचतुरश्रं दीर्घचतुरश्रं कर्तुमिच्छन् समचतुरश्रं त्रिभागाद्विभागार्धादीनामन्यतमेनैकांशेन परिमिततिर्यक्प्रमाणं दीर्घचतुरश्रं कर्तुमिच्छति तावत्या तिर्यङ्मान्या समचतुरश्रमेकतोऽपच्छिद्य शेषस्य समचतुरश्रकरणीसमां पार्श्वमानीं तावतीमुक्तया तिर्यङ्मान्या समचतुरश्रं कृत्वा तत्र शेषं विभज्य यदधिकं स्यात्तद्यथायोगमुपदध्यात्। अधिकस्य यथा विभागे कृते विभागा एकैकशो वा सर्वाः संहत्य वा भागान्तरस्योपरि निधीयमानास्तद्विस्तारं व्याप्यान्योन्यसंघटितास्तद्दीर्घं संपादयन्ति तथा विभज्य सर्वं शेषं भागान्तरस्योपरि निदध्यादिति। अयमर्थः–समचतुरश्रं दीर्घचतुरश्रं चिकीर्षन् क्रियमाणस्य चिकीर्षितविस्तारप्रमाणया तिर्यङ्मान्या समचतुरश्रमेकतोऽवच्छिद्य शिष्टस्य च पार्श्वमानीं तावतीं कृत्वा तदधिमेकयाऽनेकया वा विभज्य ते सर्वे भागा दीर्घचतुरश्रं यथा संपादयन्ति तथा सर्वशेषं भागान्तरस्योपर्युपरि निदध्यादिति। अत्राधिकृते शेषशब्दे कर्मवाचिन्यपि सन्निधेस्सामर्थ्याच्च तस्य षष्ठ्यर्थोऽपि प्रतीयते तावतीमित्यादिशब्दस्य शेषसंबन्धित्वे सामञ्जस्याद्यावच्चिकीर्षेदित्यपि दीर्घविस्तारविषयस्यात्। एक एव न्यायो दीर्घस्यापि दीर्घविधाववगन्तव्यः।

तत्र श्लोकाः–

चतुरश्रं समं द्वैधं कृत्वा भागान्तरोपरि।
क्षिप्ते भागान्तरे दीर्घचतुरश्रं तु तद्भवेत्।।
करिष्यमाणदीर्घस्य विस्तारसमपार्श्वकम्।
विभज्य शेषमधिकं यथायोगं हि तत्क्रिया।।

तावती पार्श्वमान्याश्च शेषस्याञ्जस्यभागतः।
करिष्यमाणदीर्घस्य तिर्यग्यावच्चिकीर्षितम्।।

सुन्दरराजीया

(समचतुरश्रं +उपदध्यात्)

अयमत्र प्रकार:– यावदिच्छं पार्श्वमान्यौ प्राच्यौ वर्धयित्वा उत्तरपूर्वां कर्णरज्जुमायच्छेत्, सा दीर्घचतुरश्रमध्यस्थायां समचतुरश्रतिर्यङ्मान्यां यत्र निपतति तत उत्तरं हित्वा दक्षिणांशं तिर्यङ्मानीं कुर्यात्, तद्दीर्घचतुरश्रं भवति। दीर्घस्य दीर्घकरणेऽप्ययमेव प्रकारः।।

कपर्दिभाष्यम्

चतुरश्रं मण्डलं चिकीर्षन् मध्यात्कोट्यां निपातयेत्।।

यच्चतुरश्रं मण्डलं कर्तुमिच्छेत्। रथचक्रचिदादौ विनियोगः। मध्यात्कोट्यां निपातयेत्–मध्यमे शङ्कौ पाशं प्रतिमुच्य कोट्यामायच्छेत् कर्णेनाऽयच्छेत्। अपसार्य तत्र लक्षणं कृत्वा–

पार्श्वतः परिकृष्यातिशयतृतीयेन सह मण्डलं परिलिखेत्।

तेनैव लक्षणेन पार्श्वतः आकर्षेत्। परिकृष्टं यावच्चतुरश्रमतीत्य शेते सोऽतिशयः। तस्यातिशयस्य तृतीयेन सह चतुरश्रार्धेन मण्डलं परिलिखेत्–सर्वतो लिखेत्।

सा नित्या मण्डलम्।

साऽनित्या मण्डलं करोति। अनित्या स्थूला।।

यावद्धीयते तावदागन्तु।

स्रक्तिषु यावद्धीयते तावत्पार्श्वे न गच्छति। एतच्च वचनमासन्नतरत्वख्यापनार्थम्।

करविन्दीया व्याख्या

(चतुरश्रं मण्डलं+तावदागन्तु)

समचतुरश्रं मण्डलं चिकीर्षन कर्तुमिच्छन् तस्य चतुरश्रस्याक्ष्णयारज्ज्वर्धप्रमाणात् किञ्चिदधिकामेकतःपाशां रज्जुं मीत्वा तत्पाशं चतुरश्रस्य मध्यमे शङ्कौ प्रतिमुच्य तामक्ष्णयाकोट्यां निपात्य तत्र लक्षणं कृत्वा पार्श्वप्रदेशादतिरिक्तलक्षणयोरन्तरालं त्रेधा विभज्य अन्ततो द्वौ भागावुत्सृज्य भागेनैकेन सहितायां चतुरश्रार्द्धप्रमाणया रज्ज्वा यथा

भूमिमण्डलं भवति तथा परितस्सर्वतो लिखेत्। एवं कृते सा नित्या मण्डलं-चतुरश्रक्षेत्रतुल्यक्षेत्रं भवति। सा नित्या-सा भूमिर्नित्या, यावत् चतुरश्रे भूमिः मण्डलेऽपि सा भवती त्यर्थः। तत्र हेतुमाह-यावद्धीयते तावदागन्तु-यावत्प्रमाणं क्षेत्रं हीयते हीयमानतया[1] (इति) दृश्येत चतुरश्रभक्तिषु तावन्मण्डलस्य पार्श्वेष्वागन्तु दृश्यते, तस्मान्नित्येति। ननु विष्कम्भार्धेन परिणाहार्धमभ्यस्य फलावगतिरित्यनेन न्यायेन भूमेः नात्यन्ततुल्यता तत्कथं नित्येति? उच्यते-यद्यप्यनित्या, तथाप्यन्येषामुपायान्तराणामतिस्थूलत्वादस्य चोपायस्यासन्नत्वात् सम्यगुपायस्य वहुप्रयत्नसाध्यत्वेन अशक्यत्वाच्चैवं वदत आचार्यस्यायमेवोपायस्साधुरित्यभिप्रायः। यावदिह हीयते तावदागन्तु इति तयोरल्पवैषम्यात्तावदेवेति। प्रवृत्तिरोचनार्थमनित्याऽपि नित्येत्युक्तेत्यदोषः। अथवा या रज्जुर्मण्डलं करोति सा रज्जुरिति रज्ज्वभिप्रायोऽपि तच्छब्दः।

सुन्दरराजीया व्याख्या

(चतुरश्रं मण्डलं+तवदागन्तु)

चतुरश्रमध्ये शङ्कुं निहत्य तस्मिन् रज्जुं प्रतिमुच्य कोट्यामक्ष्णया निपात्य चिह्नं कृत्वा पार्श्वं च परिकृष्य तस्मिन् चिह्नं कृत्वा चिह्नयोरन्तरालं त्रेधा कृत्वा एकभागसहितेन चतुरश्रार्धेन मण्डलं परिलिखेत्सा रज्जुरनित्या मण्डलं करोति यावद्धीयते कोटिषु तावत्प्रमाणं पार्श्वेष्वागच्छति।

कपर्दिभाष्यम्

मण्डलं चतुरश्रं चिकीर्षन् विष्कम्भं पञ्चदश भागान् कृत्वा द्वावुद्धरेत्। त्रयोद्दशावशिष्यन्ते। सानित्या चतुरश्रं।।

मण्डलं चतुरश्रं कर्तुमिच्छन् मण्डलस्य विष्कभ्यं व्यासं पञ्चदशधा विभज्य द्वौ भागौ त्यजेत्। त्रयोदशभागाःशिष्यन्ते। तैस्त्रयोदशभिर्मिता रज्जुः तावत्क्षेत्रं चतुरश्रं करोति। सा चानित्या स्थूलतरा। त्रयोदशावशिष्यन्त इति वचनं शुल्बान्तरोक्तादपि मानसं वरमिति ख्यापनार्थम्। तीव्रसुतसोमे विनियोगः। तत्र प्राच्येकादशिनी मातव्या तत्राङ्गुलेन प्रादेशमात्रं वेदिखण्डमुपादातव्यम्। यदि द्वादशाङ्गुला उपरवाः अर्धप्रादेशाङ्गुलहीनां षट्त्रिंशत्प्रक्रमां प्राचीं वेदि विमाय यूपावटीयाच्छङ्कोर्दक्षिणतःषडङ्गुले शङ्कुं निहत्य तावद्व्यास चतुस्त्रिंशत्प्रक्रमायामा प्राची वेदिर्मातव्या। दशानां क्षेत्रम्। सूत्रकारोपदेशेन पञ्चशतानि चत्वारिंशदधिकानि अङ्गुलक्षेत्राणि। तदर्धाङ्गुलं गृह्यते। तेन वेदिच्छेदोऽधर्मानेषु। पूर्वार्धानां वेदिसंस्कारो न क्रियते। अतिरिक्तक्षेत्रं निरस्तं भवति। वेदेश्चावटेषु विच्छित्तिर्भवति-

1. इति शब्दोऽयमधिक इति भाति।

करविन्दीया व्याख्या

(मण्डलं चतुरश्रं चिकीर्षन्+चतुरश्रम्)

मण्डलस्य विस्तारप्रमाणं विष्कम्भः। तत्पञ्चदशधा विभज्य द्वौ भागावपनयेत्। शिष्टास्त्रयोदश भागाश्चतुरश्रस्य करणी भवति। अत्रापि सा नित्येत्यादि समानं। तावेव चोद्यपरिहारौ।

सुन्दरराजीया व्याख्या

(मण्डलं चतुरश्रं चिकीर्षन+चतुरश्रम्)

त्रयोदश भागाः करणी चतुरश्रस्य अनित्या चतुरश्रं करोति। अनयोरनित्यत्वं विज्ञायते गणितविरोधात्परस्परविरोधाच्च। तथाहि–सप्तविधस्य सारत्निप्रादेशस्य रथचक्रचितावग्नेः क्षेत्रं लक्षमष्टौ च सहस्राण्यङ्गुलयः, तस्य चतुरश्रीकृतस्य करणी त्रीणि शतान्यष्टाविंशतिश्चाङ्गुलयोऽर्धद्वाविंशाश्च तिलाः। तस्मिन्नुक्तेन मार्गेण मण्डले कृते त्रीणि शतानि चतुःसप्ततिश्चाङ्गुलयो विष्कम्भो भवति। तस्य परिणाहस्सहस्रं पञ्चसप्ततिशताङ्गुलयः। यथाऽऽहुः–

चतुरधिकं शतमष्टगुणं द्वाषष्टिस्तथा सहस्राणाम्।
अयुतद्वयविष्कम्भस्यासन्नो वृत्तपरिणाहः ।।

इति। अस्य मण्डलस्य फलं लक्षं नवसहस्रमष्टौ शतानि षष्टिश्चाङ्गुलयो दृश्यन्ते उक्तं च–

समपरिणाहस्यार्धं विष्कम्भार्धहतमेव वृत्तफलम्।

इति। एवमग्निक्षेत्रे रथचक्रचिदादौ मण्डले कृते षष्ट्यधिकानि अष्टशतानि सहस्रं चाङ्गुलयोऽतिरिच्यन्ते। तथा च परस्परविरोधः। अर्धद्वाविंशतितिलसहिताष्टाविंशति-शतत्रयाङ्गुलकरणीकस्याग्नेर्मण्डलीकृतस्य विष्कम्भः चतुस्सप्ततिशतत्रयाङ्गुल उक्तः। तस्यैव मण्डलस्योक्तेन मार्गेण चतुरश्रीकरणे त्रीणि शतानि चतुर्विंशतिश्चा-ङ्गुलयोऽर्धपञ्चमाश्च तिलाः करणी भवतीति पूर्वोक्तायाः करण्यास्साष्टादश-तिलाश्चतस्रोऽङ्गुलयो हीयन्ते। तस्मात्सूक्ष्ममिच्छता चतुरश्रस्य मण्डलकरणे सूत्रोक्तादतिशयतृतीयभागसहिताद्विष्कम्भार्धादष्टादशशतांशस्त्याज्यः। एवं कृते रथचक्रचितौ विष्कम्भः षट्तिलोनैकसप्ततिशतत्रयाङ्गुलो भवति। परिणाहश्च पञ्चषष्टिशतसहस्राङ्गुलयः। तस्य मण्डलस्य समपरिणाहस्येत्यादिना पूर्वोक्तेन आनीतं फलं लक्षमष्टौ सहस्राणि भवन्ति। मण्डलस्यापि चतुरश्रकरणे सूत्रोक्ते विष्कम्भे स्वस्मात् त्रिगुणात् त्रयस्त्रिंशच्छतांशं युञ्ज्यात्। तत्र श्लोकाः–

चतुरश्रमण्डलकृतौ त्यक्तव्योऽष्टादशशतांशः।
सूत्रोक्ताद्व्यासार्धाद्व्यासार्धं मण्डलस्यैतत्।।१।।
चतुरश्रव्यासे वा त्रिंशशतांशं समभ्यस्य।
पुनरष्टमं च युञ्ज्याद्विष्कम्भो मण्डलस्यैषः।।२।।
मण्डलचतुरश्रकृतौ विष्कम्भे सूत्रचोदिते युञ्ज्यात्।
त्रिगुणात्स्वकात्त्रयस्त्रिंशत्सातिशयान्मण्डलस्यैतत्।।३।।
मण्डलविष्कम्भादद्वात्रिंशशतांशकं परित्यज्य।
शिष्टान्नवमं जह्याच्चतुरश्रस्यैष विष्कम्भः।।४।।
एवं कृते हि वह्नावेकशतविधेऽपि वृत्तविष्कम्भे।
स तिलद्वितयविशेषो न च भवति परस्परविरोधः।।५।।

कपर्दिभाष्यम्

प्रमाणेन प्रमाणं विधीयते।।

चतुरश्रं प्रमीयते क्षेत्रमनेनेति प्रमाणं प्रक्रमादि। यत्र प्रमाणेनैव चोदना तत्र तेनैव चतुरश्रं विधीयत इति प्रत्येतव्यम्। पुरुषं दक्षिणे पक्ष इत्यादिषु च संख्या विवक्षिता।

करविन्दीया व्याख्या

द्विकरणीप्रभृतयः करण्य उक्ताः तासां फलावगमायाह–प्रमाणेनेति।

(प्रमाणेन प्रमाणं विधीयते)

यत्र प्रमाणेनैकेन विमानं तत्र सर्वतस्तेनैकेन परिमितं चतुरश्रं फलं भवति यथा 'पुरुषं दक्षिणे पक्षे' इत्यादि,

सुन्दरराजीया व्याख्या

चतुरश्राणां फलक्षेत्रमाह–

(प्रमाणेन प्रमाणं विधीयते)

प्रमाणमात्रेण दण्डेन प्रमाणमात्रं क्षेत्रं विधीयते–क्रियते।

कपर्दिभाष्यम्

आदेशादन्यत्।

आदिशतीत्यादेशो विधिः। विधेरन्यद्भवति–यत्र विधीयते तत्रान्यदपि भवति तेनैव प्रमाणेन गार्हपत्यचित्युपरवादिषु

करविन्दीया व्याख्या

(चतुरश्रमादेशादन्यत्)

आदिशतीत्यादेश:–उपदेश:। तेनान्यच्चतुरश्रात् प्रागादिफलत्वमवगम्यते। अथवा आदिशतीत्यादेशो–गणितशास्त्रम्। ततो विषमादीनां फलमवगन्तव्यमिति। उक्तं च तत्र सर्वेषां क्षेत्राणां प्रसार्य पार्श्वफलं तदभ्यासे इति, अस्यार्थ:–सर्वेषां विषमक्षेत्राणां पार्श्वे–पार्श्वमानीतिर्यङ्मान्यौ प्रसार्यसंपाद्य। तदभ्यासे–तयोरन्यान्यगुणकाले फलमवगन्तव्यमिति। त्रिकं द्विधा प्रच्छिद्यान्यतरच्छेदमन्यत्रोपदध्यात्। तत्र सा दीर्घा चतुरश्रा। 'तथायुक्तां संचक्षते' वक्ष्यमाणेन न्यायेन फलावगम:, दीर्घचतुरश्रस्य पार्श्वमानीप्रमाणेन तिर्यङ्मानीप्रमाणमभ्यस्य फलावगम:। वृत्तस्य परिणाहार्धेन विष्कम्भार्धमभ्यस्य फलावगम:। शरार्धप्रमाणेन धनुरर्धमभ्यस्य धनुष: फलावगम इत्यादि गणितशास्त्रादवगन्तव्यमिति। प्रकृतमनुसराम:।।

सुन्दरराजीया

(चतुरश्रमादेशादन्यत्)

सर्वत्र चतुरश्रमेव क्रियते तद्विधानादेव मण्डलादि।

कपर्दिभाष्यम्

द्वाभ्यां चत्वारि।।

द्वाभ्यां प्रक्रमाभ्यां चतुरश्रे कृते चत्वारि पुरुषप्रमाणानि भवन्ति। मण्डलानां चतुरश्रकरणमुक्तम्। चतुरश्राणां मण्डलकरणमिदं नोक्तं इयत्या रज्ज्वा इयत् क्षेत्रं भवतीति। अत इदमुच्यते

त्रिभिर्नव।

त्रिभि: प्रक्रमै: चतुरश्रे कृते नव पुरुषक्षेत्राणि भवन्ति। तथा भूमावालिख्य द्रष्टव्यम्।

करविन्दीया व्याख्या

(द्वाभ्यां+नव)

उपलब्धि: यत्र द्वाभ्यां द्विगुणप्रमाणेन विमानं तत्र सर्वतो द्विप्रमाणे चतुरश्रे द्विप्रमाणपरिमितानि चत्वारि चतुरश्राणि फलं भवति। त्रिप्रमाणे चतुरश्रे त्रिप्रमाणपरिमितानि नव चतुरश्राणि फलम्।

सुन्दरराजीया व्याख्या

(द्वाभ्यां+चत्वारि)

द्विप्रमाणेन दण्डेन चत्वारि प्रमाणक्षेत्राणि भवन्ति।

कपर्दिभाष्यम्

यावत्प्रमाणा रज्जुस्तावतस्तावतो वर्गान् करोति।

यावत्प्रमाणा–यावदायामा रज्जुः तावतो वर्गान्करोति–पङ्क्तीः करोति–यावत्संख्यायुक्तं प्रमाणं तावत्संख्यायुक्ताः पङ्क्तीः करोति। पञ्चमानां पञ्चसख्या-युक्तान्वर्गान्करोति। एवं सर्वत्र योजनीयम्।

तथोपलब्धिः

भूमावालिख्य प्रेक्षिते तथैवोपलभ्यते। द्याभ्यां कृते उभयतो लिखिते चत्वारि शृङ्गाणि भवन्ति, पञ्चभिः कृते पञ्चधा, उभयतो लिखिते पञ्चविंशतिशृङ्गाणि भवन्ति। एवं सर्वत्र द्रष्टव्यम्।

करविन्दीया व्याख्या

(यावत्प्रमाणा + यथोपलब्धिः)

यावन्ति प्रमाणानि यस्या रज्ज्वाः सा रज्जुस्तावतस्तावतः प्रमाणसंख्यायुक्तान् तावतः–तत्संख्यागुणितान्वर्गान् समचतुरश्रान् करोति। 'वर्गसमचतुरश्रः' इति गणितशास्त्रेषु व्यवहारः। तथा चतुष्प्रमाणा रज्जुश्चतुर्भिर्गुणिताश्चतुरो वर्गान् षोडश करोति। पञ्चप्रमाणा पञ्चभिर्गुणितान् पञ्च वर्गान् पञ्चविंशतिं, षट्प्रमाणा एकोनपञ्चाशतं, अष्टप्रमाणा चतुष्षष्टिं नवप्रमाणा एकाशीतिं, दशप्रमाणा शतं एकादशप्रमाणा एकविंशोत्तरशतं द्वादशप्रमाणा चतुश्चत्वारिंशच्छतमित्यादि द्रष्टव्यम्। प्रमाणमाह–उपलब्धिस्तथा–तथोपलभ्यते। उक्तेष्वर्थेषु प्रत्यक्षं प्रमाणमित्यर्थः। तथा द्विप्रमाणं चतुरश्रं द्विधाऽपच्छिद्य चत्वार्युपलभ्यन्ते। त्रिप्रमाणं त्रिधापच्छिद्य नव चतुष्प्रमाणं चतुर्धापच्छिद्य षोडश, एवं पञ्चप्रमाणादिष्वपि तथा दीर्घस्याक्ष्णयारज्जुरित्यादिषु तथातथोपलभ्यन्ते। द्वाभ्यामेकमभ्यस्य फले द्वे उपलभ्येते। त्रिभिर्द्वे अभ्यस्य षट। चतुर्भिर्द्वे अभ्यस्याष्टौ। तथाहि–द्विप्रमाणपार्श्वमानीकमेकप्रमाणतिर्यङ्मानीयकं द्विधाऽपच्छिद्य द्वे उपलभ्येते। द्विप्रमाणपार्श्वमानीकं त्रिप्रमाणतिर्यङ्मानीकं प्राग्द्विधोदक त्रिधापच्छिद्य षडुपलभ्यन्ते एवमन्येष्वपि पार्श्वमानीप्रमाणसङ्ख्ययोदगवच्छेदः तिर्यङ्मानीप्रमाणसङ्ख्यया प्रागवच्छेद इति कृत्वा फलावगमः।

सुन्दरराजीया व्याख्या

(यावत्प्रमाणा + तथोपलब्धिः)

चतुर्भिः षोडश पञ्चभिः पञ्चविंशतिरित्यादि। अत्र प्रमाणम्–

तथोपलब्धिः।

कपर्दिभाष्यम्

अध्यर्धपुरुषा रज्जुर्द्वे सपादौ करोति।

अधि–उपर्यर्धं यस्यास्सा अध्यर्धा, तया कृते चतुरश्रे सवादौ द्वौ करोति ($1\frac{1}{2} \times 1\frac{1}{2} = \frac{9}{4} = 2\frac{1}{4}$) एकस्य वर्गः एकः (12=1) तस्याग्रतः पार्श्वतश्च द्वावर्धौ पूर्वेण सह द्वौ, अर्धेन यच्चतुरश्रं कृतं कोट्यां सपादम्। तेन, पादौ द्वौ करोति। एवमेवोत्तरसूत्रं योजयितव्यम्।।

अर्धतृतीयपुरुषा षट् सपादान्,अथात्यन्त प्रदेशः।। २०।।

सार्वत्रिको विधिः ($\frac{5}{2} \times \frac{5}{2} = 6\frac{1}{4}$)

यावता यावताऽधिकेन परिलिखति तत्पार्श्वयोर् उपदधाति। यच्च च तेन चतुरश्रं क्रियते तत् कोट्याम्, अर्धप्रमाणेन पादप्रमाणं विधीयते।। १०।।

यावता छेदेनाधिकेन परिलिखिति तत्पार्श्वयोरग्रतश्चोपदधाति। यत्तेन चतुरश्रं क्रियते तत्कोट्यां–एवं विहितेन यच्चतुरश्रं कोट्यां तेनैव सह साख्या बोद्धव्येति। [1]मण्डलपूरणे चैकेनै कं भवति। अर्धे चार्धमिति कस्यचिद्भ्रान्तिःस्यात् अतस्तं प्रत्याह–

अर्धप्रमाणेन पादप्रमाणं विधीयते।

प्रमाणस्यार्धप्रमाणेन पादप्रमाणं विधीयते। अस्यैव कारणमाह–

अर्धस्य द्विप्रमाणायाः पादपूरणत्वात्।। २२।।

तृतीयेन नवमी कला।। २३।।

अर्धस्य द्विप्रमाणा पुरुषमात्री। पादानां पूरणं यतः। तदुक्तं–'द्वाभ्यां चत्वारि' इति। तृतीयेन नवमी कला, प्रमाणतृतीयेन नवमी कला– नवमोंऽश इत्यर्थः। तदप्युक्तं– त्रिभिर्नवेति.

इत्यापस्तम्भसूत्रविवरणे कपर्दिभाष्ये शुल्बाख्यप्रश्ने प्रथमः पटलः तृतीयः खण्डः

1. मण्डलद्रुद्विकरणे–A

करविन्दीया व्याख्या

इदानीं सच्छेदप्रमाणमुच्यते–अध्यर्धेति

(अध्यर्धपुरुषा + नवमी कला)

अध्यर्धपुरुषप्रमाणेनाध्यर्धपुरुषमभ्यस्य फलं द्वौ सपादौ–पादसहितौ द्वौ पुरुषौ करोति। अर्धतृतीयपुरुषा षट् सपादान्, अर्धं तृतीयं येषां ते अर्धतृयीया: ते च प्रमाणं यस्या: साऽर्धतृतीयपुरुषा सा येनाभ्यस्ता: फलं सपादान् षट्पुरुषान् करोति। उपलब्धिरपि तथा अध्यर्धपुरुषचतुरश्रस्यार्धेन चैकेन चापच्छेद: प्राक्चोदक्च एकमेकेन द्वावर्धौ पादश्च, एवमन्यदपि उभयत: सच्छेदे सपादरज्जुमध्यर्धं षोडशांशं करोति। चतुरश्रक्षेत्रविवृद्धौ वृद्धक्षेत्रपरिज्ञानप्रकारमाह–अन्तसमीपं प्रकरणं तदतीत्य वर्तत इत्यत्यन्त: अत्यन्त: प्रदेश: विधिर्यस्य सोऽत्यन्तप्रदेश:–सार्वत्रिक इत्यर्थ:। समचतुरश्र विषयोऽयम्। यावता–यावत्प्रमाणेन यावताधिकेन–यावत्प्रमाणोनाधिकेन। एको यावच्छब्द: प्रमाणमात्रविषय: अन्यो यावच्छब्द आगन्तुविषय:। यावता प्रमाणेन यावन्मात्राधिकेनेत्यर्थ:। परिलिखति यच्चतुरश्रकरणार्थं परिलिखति तत्र तत् अधिकमागन्तुमूलचतुरश्रक्षेत्रं पार्श्वयो: प्राची चोदीची च क्षेत्रमुपदधाति–संयोजयति। यच्च तेनाधिकमात्रेण चतुरश्रं क्रियते तत्क्षेत्रं कोट्यां संयोजयति। एतदुक्तं भवति–सर्वत्र समचतुरश्रक्षेत्रविवृद्धौ विवृद्धस्य चतुरश्रस्य च दक्षिणपश्चिम भागे मूलप्रमाणकृतचतुरश्रं परिकल्प्य तस्यतस्य पूर्वोत्तरपार्श्वयो-स्तत्पार्श्वमितपार्श्वमानीकं प्रमाणाधिकमात्र- तिर्यङ्मानीकं क्षेत्रं परिकल्प्य यच्च तेनाधिकमात्रेण एकेनैकं द्वाभ्यां चत्वारि त्रिभिर्नवेत्यादिफलकरणं चतुरश्रं क्रियते तत्क्षेत्रं प्रागुदक्कोट्यां परिकल्पयेदिति। एवं सर्वत्र समचतुरश्रस्य क्षेत्रवृद्धौ क्षेत्रस्य परिगणनं कुर्यादित्यर्थ:।

अर्धप्रमाणेन–प्रमाणार्धेनापादप्रमाणं–पादोऽत्र चतुर्थोभाग:, तत्प्रमाणं विधीयते संपाद्यते प्रमाणार्धमितं क्षेत्रं प्रमेयस्य चतुर्थभागो भवति। कुत:? अर्धस्य द्विप्रमाणाया: पादपूरणत्वात् अर्धस्य द्विप्रमाणकतया भूमेश्चतुर्भाग: पूर्यते।

तृतीयेन नवमी कला–प्रमाणतृतीयेन क्षेत्रस्य नवमोंऽश: पूर्यते। उपलब्धिस्तथा। एकप्रमाणाया भूमेरर्धेन प्राचोदक्चापच्छेदे कृतेऽर्धप्रमाणकृता भूमिरेकप्रमाणाया: पादो दृश्यते तस्या एवं प्राक्चोदक्चापच्छेदे प्रमाणतृतीयमिता भूमिरेकप्रमाणाया नवमांशो दृश्यते। तथा चतुर्थेन षोडश कला पञ्चमेन पञ्चविंशतिकला, षष्ठेन षट्त्रिंशोंऽश: पूर्यते एवमन्यान्यपि छेदफलानि द्रष्टव्यानि।।

इति श्रीकरविन्दस्वामिकृतायां शुल्बप्रदीपिकायां प्रथम: पटल:

सुन्दरराजीया व्याख्या

अथ सच्छेदानां फलमाह–

(अध्यर्धपुरुषा + षट् सपादान्)

एवं अर्धचतुर्थपुरुषाद् द्वादश सपादान्, अर्धपञ्चमपुरुषा विंशतिं सपादानित्यादि। सपादपुरुषा अध्यर्धं षोडशभागं चेत्यादि द्रष्टव्यम्।

सार्वत्रिकोऽयं विधिः कृत्स्नं चतुरश्रं वर्धयितुमिच्छन् यावता प्रमाणेन वर्धयितुमिच्छति तत्पुरस्तादुत्तरतश्चोपदधाति। अधिकप्रमाणेन यच्चतुरश्रं क्रियते तदुत्तरपूर्वस्यां कोट्याम्। इदानीं तच्छेदानां फलमाह–

(अथात्यन्तप्रदेशः)

द्विप्रमाणाया रज्ज्वाः अर्धस्य प्रमाणमात्रस्य पादपूरणत्वात् द्विप्रमाणाया रज्ज्वाः फलं चत्वारि। तस्य पाद एकम्, तस्य पूरणत्वादित्यर्थः।।

(तृतीयेन नवमी कला)

कलाभागस्त्रिप्रमाणायास्तत्तृतीयस्य नवमपूणत्वादिति गम्यमानत्वान्नोक्तम्। चतुर्थेन षोडश, पञ्चमेन पञ्चविंशतिरित्यादि द्रष्टव्यम्।

इति सुन्दरराजीये आपस्तम्बशुल्बसूत्रव्याख्याने शुल्बप्रदीपे प्रथमः पटलः

कपर्दिभाष्यम्

पूर्वमविशेषेण मानमुक्तम् अस्येयानायामः इयान्विस्तर एवं च विहर्तव्यमिति। विशेषविधानार्थमाह–

आग्न्याधेयिके विहारे गार्हपत्याहवनीययोरन्तराले विज्ञायते।।

गार्हपत्याहवनीययोरन्तरालं यथा स्यान्नाहवनीयदक्षिणाग्नयोः दक्षिणाग्निगार्हपत्ययोर्वा मा भूदित्येवमर्थं गार्हपत्याहवनीयग्रहणम्। विज्ञायते–श्रूयते श्रुतिर्वक्ष्यमाणा।

अष्टासु प्रक्रमेषु ब्राह्मणोऽग्निमादधीत। एकादशसु राजन्यः। द्वादशसु वैश्यः।।

चतुर्विंशत्यामपरिमिते यावता वा चक्षुषा मन्यते तस्मान्नातिदूरमाधेय इति सर्वेषामविशेषेण श्रूयते।।

प्रक्रमेण प्रमाणं वक्ष्यति। अष्टौ प्रक्रमानतीत्य गार्हपत्यादाहवनीयं प्रतिष्ठापयति।

एवमेकादशसु राजन्यस्य। वैश्यस्यद्वादशसु। चतुर्विंशत्या वा परिमिते वा यावता वा चक्षुषा मन्यते। तस्मान्नातिदूरमाधेयः इति सर्वेषामविशेषेण श्रूयते। यावता वेति सर्वेषां विधिर्विकल्पेन। इयतान्तरालेन विहारसंपत्तिर्भवतीति मननम्। अतिदूरप्रतिषेधो व्यवायपरिहारार्थः। यद्यतिदूरमाधीयते तदा श्वादयो व्यवेयुः।

करविन्दिया व्याख्या

उक्तास्सामान्यतो विहाराः। इदानीं दर्शपूर्णमासादिषु विशेषविवक्षया प्रथमभूताग्न्याधेयविहारयोगविधिरुच्यते। अग्नय अधीयन्तेऽस्मिन् कर्मणीति तदग्न्याधेयं। तद्भव आग्नया धेयिकः। विह्रियन्तेऽस्मिन् अग्नय इति विहारः, देवयजनेदशः, तमधिकृत्य। गार्हपत्याहवनीययोरन्तराले–गार्हपत्याहवनीय शब्दाभ्यां तत्तदायतने लक्षणा अन्तराळश्रुतिसामर्थ्यात्, अन्तराले अन्तरालं प्रस्तुत्य विज्ञायते श्रूयते। सर्वत्र विज्ञायत इत्यस्यायमेवार्थः गार्हपत्याहवनीयग्रहणात् तयोरेवान्तराले। श्रुतिरेवं पठ्यते–

अष्टासु प्रक्रमेषु ब्राह्मणोऽग्नीनादधीतैकादशसु राजन्यो द्वादशसु वैश्यः चतुर्विंशत्यामपरिमिते यावता वा चक्षुषा मन्यते तस्मान्नातिदूरमाधेय इति।। सर्वेषामविशेषेण श्रूयते। प्रक्रमं वक्ष्यति द्विपदस्त्रिपदो वेति। अष्टप्रक्रमादयोऽन्तरालविशेषणं। अष्टासु प्रक्रमेष्वन्तराळे इत्यादि। अपरिमितसंख्यायां तच्चतुर्विंशतेः परतः तदानन्तर्यात्, अपरिमितं प्रमाणात् भूयः, इति कात्यायनः। यावता वा चक्षुषा मन्यते तावता प्रमाणेन चक्षुषा गृहीतेन मन्यते यथा इयांश्चतुर्विंशति प्रक्रम इति चक्षुषा मानं। यद्यपि चतुर्विंशतेः परत एव पठ्यते तथाऽपि द्वादशसु विक्रमेष्वित्यारभ्य यं द्वादशसु विक्रामेषु इत्यादितैत्तिरीयकश्रुत्यनुरोधादष्टप्रक्रमादीनमपि सर्वेषां ग्राह्यं, तेन इयानष्टप्रक्रम इयानेकदश इयान्द्वादशप्रक्रम इति संभवति। तस्माच्चतुर्विंशतेर-दूरमतिदूरेनाधेयं। अनेनापरिमितवचनप्राप्ताऽतिदूरता निषिध्यते। चतुर्विंशतिविधानादेवेतः प्रागतिदूरा योगाः। चतुर्विंशत्यादि विधिचतुष्टयं सर्वेषां ब्राह्मणादीनामविशेषेण भवति। द्वादशसु विक्रमेष्वित्यपि सर्वेषामविशेषेण लभ्यते।।

सुन्दरराजीया व्याख्या

आग्न्याधेयिके + वैश्यः

गार्हपत्यस्य पुरस्तादेतेषु प्रक्रमेष्वतीतेष्विति विज्ञायते अथ सावर्णिकी श्रुतिः।

(चतुर्विंशत्या +श्रूयते)

अपरिमितं 'प्रमाणाद्भूय' इति कल्पान्तरम्। चक्षुषा मन्यत इति

दण्डादिमाननिषेधः।[1]इयानष्टौ प्रक्रमाः, इयानेकादश इयान् द्वादशेति चक्षुषा यावन्तं देशं मन्यते तस्मान्नातिदूरं तस्यावधेःसमीप आधेयः। एतत्सर्वं प्रयोगकाल एवोक्तमनूद्यते।

कपर्दिभाष्यम्

दक्षिणतः पुरस्ताद्वितृतीयदेशे गार्हपत्यस्य नेदीयसि दक्षिणाग्नेर्विज्ञायते।।

दक्षिणतः पुरस्तात् दक्षिणाप्राक्कोणे देशे वितृतीयदेशे–ईषदूनतृतीयदेशे–कस्य वितृतीयदेशः–गार्हपत्याहवनीययोरन्तरालस्य नेदीयसि आसन्नतृतीयदेशे पार्श्वादित्यर्थः। तत्र दक्षिणाग्नेरायतनमिति श्रूयते।

करविन्दीया व्याख्या

(दक्षिणतः+विज्ञायते)

दक्षिणतः पुरस्तात् दक्षिणाप्राक्कोणदेशे तस्य गार्हपत्यस्य नेदीयसि सन्निकृष्टे तस्यैव वितृतीयदेशे विशब्दो हीनवचनः किञ्चिद्धीनतृतीयदेशान्तराले दक्षिणाग्नेरायतनं श्रूयते।।

सुन्दरराजीया व्याख्या

दक्षिणाग्नयायतनविधानार्थमाह।

(दक्षिणतः+विज्ञायते)

वितृतीयदेशे विकलतृतीयदेशे ईषदूनतृतीयदेश इत्यर्थः। गार्हपत्यस्य दक्षिणतः पुरस्तात्तस्यैव नेदीयसि वितृतीयदेशे दक्षिणाग्नेरायतनमिति।।

कपर्दिभाष्यम्

तत्कथं गृह्यत इत्याय।

गार्हपत्याहवनीययोरन्तरालं पञ्चधा षड्धा वा संविभज्य षष्ठं सप्तमं वा भागं आगन्तुमुपसमस्य समं त्रैधं विभज्यापरस्मिंस्तृतीये लक्षणं कृत्वा गार्हपत्याहवनीययोरअन्तौ नियम्य लक्षणेन दक्षिणापायम्य निमित्तं करोति तद्दक्षिणाग्नेरायतनम्। श्रुतिसामर्थ्यात्।। ४।।

गार्हपत्याहवनीययोरन्तरालं पञ्चधा विभज्य षड्धा वा विभज्येत्यन्वयः। यदि पञ्चधा तदा षष्ठो भाग आगन्तुः। षष्ठं सप्तमं वा भागं आगन्तुमुपसमस्य समं त्रैधं

1. इयमष्टप्रक्रमा इयमेकादशप्रक्रमा, इयं द्वादश प्रक्रमा इति।

विभज्य। यदि षोढा तदा सप्तमो भागः आगन्तुः। तमुपसमस्य संयोज्य, समं त्रैधं विभज्य; आगन्तुना सह विषमं माभूदिति समग्रहणम्। अपरस्मिंस्तृतीये लक्षणं कृत्वा गार्हपत्यावहनीययोरन्तौ नियम्य पाशौ प्रतिमुच्य लक्षणेन दक्षिणापायम्य शङ्कुं निहन्यात्। दक्षिणाग्निस्थानं श्रुतिसामर्थ्यात्। सामर्थ्यमभिधानशक्तिः अस्यारश्रुतेरयमेवार्थं इति। तेन गार्हपत्याहवनीय योरन्तराळं, त्रिप्रथमविस्तारायामानि त्रीणि चतुरश्राणि कृत्वाऽपरस्मिन् चतुरश्रे उत्तरस्यां श्रोण्यां गार्हपत्यं दक्षिणेंऽसेदक्षिणाग्नयायतनं पूर्वस्मिन् चतुरश्रे, उत्तरेंस आहवनीयमित्येवमादयो निरस्ता भवन्ति। सर्वत्राग्न्यायतनानि चतुरश्राणि मण्डलानि वा। इह तु मण्डलं गार्हपत्यमर्धमण्डलाकारमन्वाहार्यपचनं। चतुरश्रमाहवनीयमिति स्मरन्ति मण्डलचतुरश्रयोरुक्तो विधिः। इदानीं दक्षिणाग्नेः धनुराकार उच्यते–पिशीलद्विकरण्या चतुरश्रं कृत्वा पूर्वोक्तेन विधानेन मण्डलं कुर्यात्। तस्य मण्डलस्य विष्कम्भचतुर्भागं दक्षिणाऽग्नेः पूर्वनिहताच्छङ्कोरुदगपसार्य शङ्कु निहत्य तस्मिन्पाशं प्रतिमुच्य विष्कम्भार्धेन मण्डलं परिलिख्योत्तरमर्धं त्यजेत्। तत्र श्लोकौ भवतः–

दक्षिणाग्नेर्हताच्छङ्कोरुदक्छङ्कुर्दशाङ्गुले ।
एकादशतिलैरूने कार्यस्य धनुषा समः।।
तस्मिन्पाशं प्रतिमुच्य विंशत्यायतया लिखेत्।
ऊनया तु द्वाविंशतितिलैरर्धं त्यजेदुदक् ।।

इति।

करविन्दीया व्याख्या

गार्हपत्याहवनीययोः–श्रुतिसामर्थात्

एतस्य विहरणमाह–

गार्हपत्याहवनीययोरन्तराळमष्टप्रक्रमादिकं दञ्चधा षोढा वा संभुज्य गुणयित्वा षष्ठं सप्तमं वा भागमागन्तुमुपसमस्य पञ्चधा गुणने षष्ठं षोढा गुणने भागमुपसमस्य संयोज्यागन्तुना सह त्रैधं विभज्यापरस्मिन् तृतीये गार्हपत्यसन्निहिते तृतीये लक्षणं निरञ्जनं कृत्वा गार्हपत्याहवनीययोरन्तौ नियम्य रज्ज्वन्तौ पाशौ गार्हपत्यस्य पूर्वशङ्कौ पश्चिमं पाशमाहवनीयस्य पश्चिमशङ्कौ पूर्वं पाशं प्रतिमुच्य लक्षणेन दक्षिणापायम्य निमित्तं चिह्नं तत्र कुर्यात्। तन्निमित्तं धनुराकृतेर्दक्षिणाग्नेर्मध्यमं विशेषाश्रवणात्। गार्हपत्याहवनीययोर्मध्यमशङ्क्वोरन्तौ नियम्येति केचित्। श्रुतिसामर्थ्यात्। 'दक्षिणतः पुरस्तात्' इत्यादि श्रुतिबलादित्यर्थः। अत्र पञ्चधापक्षे गार्हपत्याहवनीययोरन्तराळस्य

दक्षिणाग्नयायतनमध्योपक्रान्ताद्दक्षिणोत्तरलम्बात् पश्चिमो भाग एकत्रिंशदङ्गुलयः त्रिभागोनसप्ततिलाश्च। पूर्वभागोऽष्टाविंशतिरङ्गुलयः त्रिभागाधिकसप्तविंशतितिलाश्च। लम्बकः षट्त्रिंशदङ्गुलयः पादोनषोडशतिलाश्च। षड्धापक्षे द्वात्रिंशदङ्गुलयः सार्धसप्तविंशतितिलाश्च पूर्वभागः। लम्बकस्त्रिंशदङ्गुलयः सप्ततिलाश्च। पादाष्टकमितेऽन्तरालवत् प्रक्रमिते एकादशादिषु च भागयोर्लम्बकस्य प्रमाणमुन्नेयं, उन्नयनप्रकारं चात्रैव वक्ष्यामः। अत्राप्यायतनानि पिशीलमात्राणि, अथवा अस्यैष धिष्ण्यो लीयत इति प्राजहितस्यापि धिष्ण्यत्वदर्शनादायतनानां चतुरश्रमण्डलत्वयोरनियमेन प्राप्तयोरपि मण्डलमेव गार्हपत्यायतनं अग्नयो वै त्रयी विद्येत्यत्रानुवाकपर्याये तस्य पृथिवीस्तुतेः तदाकारत्वाच्च तस्याः अर्धमण्डलाकारं धनुराकारं दक्षिणाग्नयायतनं, तत्रैवान्तरिक्षस्तुतेः तदाकारत्वाच्च नभसश्चतुरश्रमाहवनीयम्, तत्रैव द्युलोकस्तुतेः चतुरश्रमैन्द्रस्थानमिति शास्त्रान्तरे दर्शनाच्च सभ्यावसथ्ययोरपि चतुरश्रमेव, तयोस्तद्विद्वकारत्वात्। अत्रयोगः गार्हपत्यायतने पिशीलमात्रं चतुरश्रं विहृत्य मण्डलं कुर्याद्दक्षिणाग्नेरपि वचनात्, पिशीलद्विकरण्या चतुरश्रं विहृत्य मण्डलीकृत्य मण्डलविष्कम्भचतुर्भागेन दक्षिणाग्न्यायतनं तन्निमित्तादुत्तरतःशङ्कुं निहत्य तत्र शङ्कौ तद्विष्कम्भमध्यं नियम्यान्तौ समौ कृत्वा मण्डलं विलिख्य मण्डलध्ये प्राचीं लेखां विलिख्य उदगर्धं त्यजेत्। दक्षिणार्धं आयतनं गार्हपत्यस्य पुरस्तादष्टप्रक्रमादीनतीत्य पिशीलमात्रं चतुरश्रमाहवनीयं कुर्यात् तत्पुरस्तात् सञ्चरमवशिष्य आहवनीयवत् सभ्यं तत्पुरस्तादावसथ्यमपि। तद्वत् पिशीलप्रमाणं च। द्विप्रादेशं पिशीलम्। मुष्टिकृतोऽरत्निः पिशीलमित्येके। बाह्वोरन्तरालं पिशीलमित्येक इति केचित्। प्रक्रम्यत इति पक्रम इति पदस्यापि प्रक्रमतामिच्छन्ति। तथापि लभ्यते, अयमत्र विमानक्रमः– गार्हपत्याहवनीयधिष्णियौ विमाय गार्हपत्याहवनीययोरन्तराळमित्यादि दक्षिणापायम्य नियम्य निमित्तं कृत्वा तेनैव लक्षणेनोत्तरतश्च निमित्तं विपर्यस्य दक्षिणत उत्तरतश्च निमित्तं कृत्वा पिशीलद्विकरणीचतुरश्रमण्डलविष्कम्भचतुर्थांशेन दक्षिणयोर्निमित्तयोरुदक्कृत-निमित्तद्वयानुकूल्येन शङ्कुं निखनेत्। अनयोः पश्चिमशङ्कौ पिशीलद्विकरणी चतुरश्रमण्डलविष्कम्भार्धेन मण्डलमालिख्य पूर्वशङ्क्वानुकूल्येन प्राचीं ज्ञात्वा मण्डलस्योत्तरार्धं त्यजेत्। दक्षिणार्धो दक्षिणाग्निधिष्णियो भवति।

सुन्दरराजीया व्याख्या

गार्हपत्याहवनीययोः+श्रुतिसामर्थात्

तत्कथं ग्राह्यमित्यत आह–

समं सर्वं, गार्हपत्याहवनीययोः गार्हपत्यस्य पौरस्त्ये शङ्कौ आहवनीयस्य पाश्चात्ये शङ्कौ च दक्षिणतो दक्षिणाग्न्यायतनम्। तदायतनमध्यमित्यन्ये। तस्मिन् पक्षे गार्हपत्याहवनीययोरपि मध्ययोरेव ग्रहणम्। सर्वाण्येवाग्रयायतनानि पिशीलमात्राणि चतुरश्राणि परिमण्डलानि वा धिष्णियानमण्डलं गार्हपत्यस्य। अर्धमण्डलं दक्षिणाग्नेश्चतुरश्रमाहवनीयस्येत्यैतिहासिकास्सर्वाणि चायतनानि क्षेत्रतस्तुल्यानीत्याहुः। तत्रोक्तो मण्डलविधिः आहवनीयस्याक्ष्णयारज्ज्वा चतुरश्रं विहृत्य विधानेन मण्डलं कृत्वा उत्तरार्धं जह्यात्तद्दक्षिणाग्न्यायतनम्।

कपर्दिभाष्यम्

यजमानमात्री प्राच्यपरिमिता वा यथासन्नानि हवींषि संभवेदेवं तिरश्चीप्राञ्चौ वेद्यंसावुन्नयति। प्रतीची श्रोणी पुरस्तादंहीयसी पश्चात्प्रथीयसी मध्ये संनततरैवमिव हि योषेति दार्शिक्या वेदेर्विज्ञायते।।५।।

यजमानमात्रीत्यादि दार्शिक्यावेदेश्श्रुतिः। अस्याश्श्रुतेरर्थं विमानविधिनैव व्याचष्टे।

करविन्दिया व्याख्या

आयतनविहरणानन्तरं प्रकृतिभूतयोर्दर्शपूर्णमासयोर्विहरणमुच्यते।

(यजमानमात्री–वेदेर्विज्ञायते)

यजमानमात्रीति। यजमानमात्री षण्णवत्यङ्गुला प्राक्त्वेनापरिमिता। तदधिका[1] प्राची प्राङ्मुखा, संभवो व्याप्तिः यथा हवींषि परस्परसंबन्धेन आसन्नानि भवन्ति तथा तिरश्ची तिर्यङ्मानी स्यात्, आयामस्य त्रिभागोना पश्चात्तिरश्ची। 'आयामास्यार्धेन पुरस्तात्तिरश्ची' इति बोधायनः। पशुबन्धे च तथा दृश्यते अरत्निभिर्वा चतुर्भिः पश्चात् षड्भिः प्राची त्रिभिः पुरस्तादिति, विकृतिषु वहुहविष्षु भहुविस्तारा, अल्पहविष्षु प्रकृतिवत्। प्राञ्चौ वेद्यंसावुन्नयति प्राक्त्वेन पूर्वान्तमतीतावंसौ कुर्यात् प्रतीची श्रोणी तथा पृथक्त्वेन श्रोण्याकुर्यात् अंहीयसी–तन्वी प्रथीयसी– विस्तीर्णा सन्नततरा अतिशयेन तनुः, एवमिव हि योषेति। एवमिवहीति शब्दो निपातसमुदायः प्रसिद्धवचनः। यथा– एवमिव हि पशुः एवमिव ह्यन्नमद्यत इति। एतदेव हि योषा सादृश्यमस्याः। यन्मध्ये कृशत्वं पृथ्वंसत्वं पृथुतरश्रोणीत्वं च। एतत् 'चतुशिखण्डा युवतिस्सुपेशा' इति मन्त्रवर्णाच्च लभ्येत, दार्शिक्या वेदेः दर्शपूर्णमासयोःसाधारणाऽपि वेदिः दर्शे पूर्वेद्युर्दृश्यतया दार्शिकीत्युच्यते। यद्वादर्शपूर्णमासयोरेकशेषं कृत्वा निर्देशः,

1. अधिका।

सुन्दरराजीया व्याख्या

(यजमानमात्री + विज्ञायते)

यजमानमात्री चतुररत्निः पञ्चारत्निर्वा' यथाऽसन्नानि हवींषि संभवेत् संगृह्णीयात्। एवं तिरश्ची अर्धलक्षणं तिर्यगित्यर्थः। उन्नयति दीर्घं नयति। प्रतीची प्रतीच्या योषासादृश्यं च 'चतुश्शिखण्डा' इति मन्त्रवर्णात् दर्शिक्याः–दर्शपूर्णमासिक्याः।

कपर्दिभाष्यम्

अपरेणाहवनीयं यजमानमात्री दीर्घं चतुरश्रं विहृत्य तावतीं रज्जु-मायम्य मध्ये लक्षणं कृत्वा दक्षिणयोश्श्रोण्यंसयोरन्तरौ नियम्य लक्षणेन दक्षिणापायम्य निमित्तं करोति। निमित्ते रज्जुं नियम्यान्तौ समस्येत्। दक्षिणायाश्श्रोणेर्दक्षिणमंसभालिखेत्। एवमुत्तरतः। तिर्यङ्मानीं द्विगुणां तथा कृत्वा पश्चात् पुरस्ताच्चोपलिखेत्। विमितायां पुरस्तात् पार्श्वमान्या उपसंहरेत्। श्रुतिसामर्थ्यात्।। ६ ।।

इति चतुर्थखण्ड :

कपर्दिभाष्यम्

अपरेणाहवनीयं एकरज्ज्वादिभिदीर्घं चतुरश्रं विहृत्य संपाद्य यजमानमात्री पार्श्वमानी यथा सन्नानि हवींषि संभवेत् परस्परासंघटितानि तिष्ठन्ति तथा तिर्यङ्मानी। तस्यास्त्रिभागोन वा तिरश्चीति बोधायनीये शुल्बान्तरे प्रतिपादितम्। तावतीं रज्जुमभ्यस्य उभयतः पाशौ कृत्वा दक्षिणयोःश्रोण्यंसयोरन्तौ नियम्य पाशौ प्रतिमुच्य लक्षणेन दक्षिणापायम्य निमित्तं शङ्कुं निहत्य तस्मिन् शङ्कौ रज्जुं संयोज्य पाशावुन्मुच्य तेन हस्तेन गृहीत्वा दक्षिणां श्रोणिमारभ्य यावद्दक्षिणां समालिखेत्। एवमुत्तरपार्श्वमालिखेत्। एतत्सन्नतत्वं वेदेः। तिर्यङ्मान्याप्येवं कुर्यात्। तिर्यङ्मानीप्रमाणां रज्जुमभ्यस्य मध्ये लक्षणं कृत्वा श्रोण्योरन्ते पाशौ प्रतिमुच्य पार्श्वादपसार्य तत्र शङ्कुं निहत्य तत्र रज्जु प्रबध्यान्तौ समस्य दक्षिणां श्रोणिमारभ्य यावदुत्तरा क्षोणी तावदालिखेत्। एवं पुरस्तादपि करोति। एवमुन्नयनं श्रोण्यंसौ। एवंप्रकारा हि योषा। हिशब्दो रूपप्रसिद्धौ प्राक्छिरास्स्त्री एवमेवेत्यर्थः। विमिताया मेवं चतुरश्रमापादितायां पुरस्तात्पार्श्वमान्यावुपसंहरेत्, सङ्कोचयेत्। श्रुतिसामर्थ्यात्–'पुरस्तादंहीयसी' इति यैषा श्रुतिः तस्यास्सामर्थ्यात्। इतरथा योषासादृश्यमपि न स्यात्।

इति चतुर्थःखण्डः

करविन्दीया व्याख्या

एताद्विहरणेन व्याचष्टे

अपरेणाहवनीयम् +एवमुत्तरतः

अपरेणेति। अपरेणाहवनीयं आहवनीयस्य पश्चात्समीपे। गार्हपत्याहवनीययोर्यद्यपि महदन्तराळं तथाप्याहवनीयसमीप एव वेदिः। केचिद्विस्तारद्विगुणायामं दीर्घमिच्छन्ति। उक्तप्रमाणं दीर्घचतुरश्रमाहवनीयमपरेण विहृत्य श्रोण्यंसेषु शङ्कून्निहत्य यावदायामः तावतीं रज्जुमभ्यस्य आयामद्विगुणां रज्जुं कृत्वा मध्ये लक्षणं निरञ्जनं कृत्वा दक्षियोरश्रोण्यंसयोरन्तौ नियम्य निरञ्जनेन दक्षिणापायम्य शङ्कुं निहत्य तस्मिन् रज्जुं प्रतिमुच्य पाशावेकीकृत्य श्रोण्या आरभ्य यावदंसं वृत्तमार्गेणालिखेत्। उत्तरपार्श्वे उत्तरतोऽपायम्य एवमेव कुर्यात्।।

(तिर्यङ्मानीं द्विगुणां–लिखेत्)

तिर्यङ्मानीमिति। पूर्वां तिर्यङ्मानीं पूर्ववद्द्विगुणां कृत्वा पुरतोऽपायम्य दक्षिणस्मदंसात् प्रक्रम्य उत्तरमंसमालिखेत् पश्चिमया तिर्यङ्मान्या पश्चादप्येवमेव कुर्यात्, वेदिप्राचीमितां रज्जुं गार्हपत्याहवनीययोरन्तराळमित्युक्तप्रकारेण वेद्या दक्षिणोत्तरमायम्य पूर्ववद्द्वितृतीयदेशे लक्षणं कुर्यात् उदग्बहिर्वेदेरुत्तरतः उत्तरार्थं लक्षणं च कृत्वा वेद्याः पश्चादप्यवेमेव वितृतीये लक्षणं कुर्यात् गार्हपत्याहवनीययोर्मध्यंमध्यदेशः तत्र लक्षणं कुर्यात्।।

(विमितायां+श्रुतिसामर्थ्यात्)

विमितायामिति। विमितायां चतुरश्रीकृतमात्रायां लेखाकरणात् प्रागेव पार्श्वमान्यौ पुरस्तात्पुरत उपसंहारेत्–संकोचयेत्।

इति चतुर्थः खण्डः

सुन्दरराजीया व्याख्या.

(अपरेण +श्रुतिसामर्थ्यात्)

तस्या विहरणमाह–

निमित्ते [1]रज्जुं रज्जुमध्यं नियम्य प्रतिमुच्य दक्षिणायै दक्षिणस्याः श्रोणेरारभ्य दक्षिणमंसं प्रत्यालिखेत्। तिर्यङ्मान्योरपि मध्ये लक्षणं कृत्वा श्रोण्योरंसयोश्चान्तौ नियम्य पश्चात्पुरस्ताच्चापायम्येत्यादि द्रष्टव्यम्। एतदेव श्रोण्यंसयोरुन्नयनम्। विमितायां

---

1. रज्जुं मध्ये नियम्य

चतुरश्रीकृतायां संनमनात्पूर्वमेव किञ्चिदुपसंहरेत् पुरस्तादंहीयसी' इति श्रुतिसामर्थ्यात्। अत्र बोधायनः-

'यजमानमात्री प्राची तस्या एवार्धं पुरस्तात्तिरश्ची, त्रिभागोना पश्चात्तिरश्ची, त्रिंशत्पदानि' इति।।

कपर्दिभाष्यं

त्रिंशत् पदानि प्रक्रमा वा पश्चात्तिरश्ची भवति। षट्त्रिंशत् प्राची चतुर्विंशतिः पुरस्तात्तिरश्चीति सौमिक्या वेदेर्विज्ञायते। षट्त्रिंशिकायामष्टादशोपसमस्य अपरस्मादन्ताद्द्वादशसु लक्षणं पञ्चदशसु लक्षणं पृष्ठ्यान्तयोरन्तौ नियम्य पञ्चदशकेन दक्षिणापायम्य शङ्कुं निहन्त्येवमुत्तरतश्श्रोणी। विपर्यस्यांसौ पञ्चदशिकेनैवापायम्य द्वादशिके शङ्कुं निहन्ति। एवम् उत्तरतस्तावंसौ।

पदानीत्यस्मदीया श्रुतिः। त्रिंशत्पदानि प्रक्रमा वा पश्चात्तिरश्चीति। तिर्यङ्मानी भवति। षट्त्रिंशत्पृष्ठ्या प्राची चतुर्विंशतिः पुरस्तात् तिर्यङ्मानी भवतीति सौमिक्या वेदेः सोमे श्रुतिः। षट्त्रिंशिकायां रज्ज्वां अष्टादशोपसमस्य प्रक्षिप्यान्तयोः पाशौ कृत्वापरस्मादन्ताद्द्वादशसु लक्षणं पञ्चदशसु लक्षणं निरञ्जनं कृत्वा पृष्ठ्यान्तयोः प्राग्वंशस्य मध्यमाल्ललाटिकात्त्रीन्प्राचः प्रक्रमान् प्रक्रम्य शङ्कुं निहत्य तस्माच्च पुरस्तात् षट्त्रिंशत्प्रक्रमे शङ्कू निहत्य तयोः पाशौ प्रतिमुच्य पञ्चदशकेन दक्षिणापायम्य शङ्कुं निहन्यात्। सा दक्षिणा श्रोणी। एवमुत्तरतोऽपसार्य शङ्कुं निहन्यात्। सोत्तरा श्रोणी। विपर्यस्तयांसौ। पञ्चदशिकेनैवापायम्य द्वादशके शङ्कू निहन्त्यैवमुत्तरतस्तावंसौ। शङ्कोः पाशावुन्मुच्य पूर्वपाशमपरस्मिन्प्रतिमुञ्चेत्। अपरं पूर्वस्मिन्प्रतिमुञ्चेत्। स विपर्यासः। विपर्यस्तया-एवं कृतया रज्ज्वांऽसौ मातव्यौ। तेनैव निरञ्जनेन दक्षिणाऽपसार्य द्वादशके शङ्कुं निहन्यात्। तेनैवोदगपसार्य द्वादशके शङ्कुः। तावंसौ। महावेद्या मानं किमिर्थमिदमुच्यते। यावता सिद्धमेतत्? अनेकरज्जुविहरणविवक्षयोक्तमिति केचित्परिहरन्ति। आयामं वेत्यस्मिन् पक्षे द्वादशके लक्षणम्। पञ्चदशके लक्षणे च सप्तविंशतौ निरञ्जनमिति लक्षणबाहुल्यप्रतिपादनार्थमित्यपरे। समचतुरश्राणां दीर्घचतुरश्राणां च विहरणमुक्तम्। इह तु दीर्घविषमचतुरश्रस्येत्यन्ये।

तदेकरज्ज्वा विहरणम्। त्रिकचतुष्कयोः पञ्चिकाक्ष्णयारज्जुः।। ३।।

ताभिस् त्रिरभ्यस्ताभिरंसौ। चतुरभ्यस्ताभिश्श्रोणी।। ४।।

यस्य चतुरश्रस्य त्रिका तिर्यङ्मानी चतुष्का पार्श्वमानी तस्या अक्ष्णया रज्जुः पञ्चिका। ताभिरंसौ मातव्यौ। त्रिकं त्रिरभ्यासयुक्तं द्वादश भवन्ति। चतुष्कं (षोडश पञ्चिका) विंशतिः। युपावटीयाच्छङ्कोः पश्चात् षोडशसु शङ्कुं निहत्य तस्मिन् पञ्चिकां साभ्यासं प्रतिमुच्य यूपावटीये साभ्यासं त्रिकं प्रतिमुच्यांसावायच्छेत्। चतुरभ्यस्ताभिश्श्रोणी। ताभिरेव चतुरभ्यासयुक्ताभिः श्रोणी मातव्यौ। विंशेषु शङ्कुं निहत्य तस्मिन् पञ्चिकां साभ्यासं पञ्चविंशतिं प्रतिमुच्य पञ्चदशिकां प्रतिमुच्य ताभिश्श्रोणी विहरेत्।।

करविन्दीया व्याख्या

दर्शपूर्णमासवेदिविहरणानन्तरं प्रकृतौ सौम्यवेदिविमानमुच्यते।

त्रिंशत्पदानि प्रक्रमा वा + वेदेर्विज्ञायते

त्रिंशदिति।। त्रिंशत्पदानि पश्चात्तिरश्ची भवतीति तैत्तिरीयकश्रुतिः। त्रिंशत्प्रक्रमेति शाखान्तरीया, अतो विकल्पः, यद्यपि कर्मोपदेशः प्रक्रमशब्देन प्राग्वंशस्य मध्यमाल्ललाटिकात्त्रीन् प्राचः प्रक्रमानिति तत्रापि श्रुत्योर्वैकल्पिकत्वेन प्रदर्शनार्थः प्रक्रमशब्दः। तत्र प्रक्रम्यत इति प्रक्रमशब्दः। पश्चात्तिरश्ची पश्चात्तिर्यङ्मानी प्राची आयामः पुरस्तात्स्तिरश्ची तिर्यङ्मानी विमानमुच्यते।।

(षट्त्रिंशि–वंसौ)

षट्त्रिंशिकायामिति।। षट्त्रिंशिका षट्त्रिंशत्प्रमाणा रज्जुः, तस्यामष्टादशोपसमस्य संयोज्यापरस्मात् पश्चिमादन्तादारभ्य द्वादशसु लक्षणमंसार्थं, पञ्चदशसु लक्षणं श्रोण्यर्थं, प्राग्वंशस्य मध्यमाल्ललाटिकात्त्रीन् प्राचः प्रक्रमानतीत्य ततः पुरस्तात् षट्त्रिंशत्प्रमाणां प्राचीं लेखामालिखेत् सा पृष्ठ्या तदन्तयोश्शङ्कु निहत्य तयोः पाशौ प्रतिमुच्य पञ्चदशिकेन लक्षणेन दक्षिणापायम्य शङ्कुं निहन्ति सा दक्षिणा श्रोणी, एवमुत्तर तोऽपायम्य शङ्कुः, सोत्तरा श्रोणी, विपर्यस्तयांसौ विपर्यस्तपा शयांऽशौ मातव्यौ। पञ्चदशिकेनैवापायम्य द्वादशिके शङ्कुः दक्षिणतः उत्तरतश्च तावंसौ। ननु 'तदर्थमभ्यस्यापरस्मिन्' इत्य नेनैव विहरणेनास्मिन्विहरणे सिद्धे किमर्थमिह पुनर्वचनम्, उच्यतेसङ्ख्यापूर्वागमार्थमिति केचित्परिहरन्ति, अनेकरज्जुविवक्षया इत्यन्ये, आयामाभ्यासेषु द्वादशसु लक्षणं पञ्चदशसु लक्षणं सप्तविंशत्यादौ निरञ्जनमिति लक्षणबाहुल्यप्रतिपादनार्थमित्यपरे। दीर्घचतुरश्राणां च तत्र विहरणमुक्तं। इह तु विषमदीर्घचतुरश्रस्येत्यपरे।

(तदेकरज्ज्वा विहरणम्)

तदिति।। एका चासौ रज्जुश्चेत्येकरज्जुः, एकयैव रज्ज्वा श्रोण्यंसानां विहरणं

एकरज्जुविहरणं। द्विशङ्कुना त्रिशङ्कुना पञ्चशङ्कुना वा योगेन यद्विहरणमुक्तं तदिदमित्युक्तमनुभाषते अनेकरज्जुविधित्सया।।

(त्रिकचतुष्कयोः–पञ्चिकाऽक्ष्णयारज्जुः)

त्रिकेति।। त्रिका त्रिप्राणा चतुष्का चतुष्प्रमाणा पञ्चिका पञ्चप्रमाणा। त्रिकचतुष्कयोरिति आयामाभ्यासप्राप्तमनूद्यते, तदभ्यासेन श्रोण्यंसविधानार्थं एवमुत्तरेष्वभ्यासेषु।।

(ताभिस्त्रिरभ्यस्ताभिरंसौ)

ताभिः पृथक्पृथकत्रिरभ्यस्ताभिः त्रिरुपरि निक्षेप्ताभिः, त्रिकात् त्रिरभ्यस्तात् द्वादश, चतुष्कात्त्रिरभ्यस्तात् षोडश, पञ्चकात्त्रिरभ्यस्तात् विंशतिः, ताभिरंसौ मातव्यौ।।

(चतुरभ्यस्ताभिश्श्रोणी)

त्रिकाच्चतुरभ्यस्तात् पञ्चदश, चतुष्काद्विंशतिः, पञ्चकात् पञ्चविंशतिः, ताभिश्श्रोण्यौ मातव्यौ।। यूपावटीयाच्छङ्कोः पश्चात् षोडशसु शङ्कुं त्रिहत्य तस्मिंस्त्रिरभ्यस्तां पञ्चिकां चतुरभ्यस्तां प्रतिमुच्य यूपावटीये त्रिरभ्यस्तां त्रिकां प्रतिमुच्य ताभ्यामंसौ मातव्यौ। तथा षोडशस्थितशङ्कौ पञ्चिकां चतुरभ्यस्तां प्रतिमुच्य प्रथमनिहितशङ्कौ चतुरभ्यस्तां त्रिकांप्रतिमुच्य ताभ्यां श्रोण्यौ, आयामाभ्याससिद्धमिदम्। आयामद्विगुणाभ्याससिद्धं वा।।

सुन्दरराजीया व्याख्या

त्रिंशत्पदानि प्रक्रमा वा +वेदेर्विज्ञायते

पदं च द्विविधमुक्तं बोधायनेन–'दशाङ्गुलं क्षुद्रपदं पदं पञ्चदशाङ्गुलम्' इति। द्वादशाङ्गुलमिति कात्यायनः। एतानि त्रिविधानि पदानि लौकिकेन पदेन विकल्प्यन्ते। तथा वक्ष्यति–'पदे युगेऽरत्नौ' इत्यादि। एतान्येव चतुर्विधानि पदानि द्विगुणानि त्रिगुणानि च प्रक्रमाः। ते च सप्तविधाः। तत्र साग्निचित्ये सोमे पदैर्विमानं न लभ्यते अग्निक्षेत्रासंभवात्। एवं सप्तविधेऽग्नौ विंशत्यङ्गुलस्य निवृत्तिर्व्याख्याता, अनग्निचित्ये तु सर्वेषामेव प्रदप्रक्रमाणामिच्छया विकल्प इति केचित्। अन्ये पुनरेवं व्यवस्थामिच्छन्ति–पदैश्चतुर्विधैर्विंशत्यङ्गुलेन वा प्रक्रमेण मानमनग्निचित्ये। एकविधाग्नौ विंशत्यङ्गुलेन, द्विविधादिषु पञ्चविधपर्यन्तेषु चतुर्विंशत्यङ्गुलेन षड्विधादिषु द्वादशविधपर्यन्तेषु विंशत्यङ्गुलेन लौकिकेन वा द्विपदेन त्रयोदशविधादिषु षट्त्रिंशदङ्गुलेनेत्यादि। सर्वेषामपि पक्षे अग्नयः पञ्चचत्वारिंशदङ्गुलेन प्रक्रमेण संभवन्ति। तत्राग्न्यनुगुणा वेदेर्विवृद्धिः कर्तव्या। यूपैकादशिन्यां न्यायस्य प्रदर्शितत्वात्।

यथा–पञ्चाशद्विधेऽग्नौ षट्पञ्चाशदङ्गुलो दण्डः प्रक्रमास्थानीयः एकशतविधे अशीत्यङ्गुल इत्यादि।

अथास्या वेदेर्विहरणमाह–

(षट्त्रिंशिकायां+विहरणम्)

यावदायाम् प्रमाणमित्युक्तस्य मानस्यायं प्रपञ्चः।

अथास्या एव वेदेरनेकरज्ज्वा विहरणमाह–

(त्रिकचतुष्कयोः+श्रोणी)

त्रिकचतुष्कयोस्तिर्यक्पार्श्वमान्योः अभ्यस्ताभिः उपक्षिप्ताभिः, यथा– त्रिका त्रिरभ्यस्ता द्वादशिका, चतुष्का त्रिरभ्यस्ता षोडशिका, पञ्चिका त्रिरभ्यस्ता विंशतिका। एताभिस्तिसृभिरभ्यस्ताभिरंसौ मातव्यौ। एताभिरेव चतुरभ्यस्ताभिः पञ्चदशिकया विंशिकया च श्रोणी मातव्ये। द्विरभ्यस्ताभिरप्येताभिरंसौ मातुं शक्येते। सर्वत्र द्वादशिकांऽसयोः। तिर्यङ्मानी पञ्चदशिका। श्रोण्योरितरा पृष्ठ्यायां पार्श्वमानी एवं षड्भीरज्जुभिर्विहरणम्। एवमुत्तरत्र।।

कपर्दीया भाष्यम्

प्रथमनिहते शङ्कौ त्रिकं साभ्यासम्।

द्वादशिकापञ्चिकयोस्त्रयोदशिकाक्ष्णयारज्जुः ताभिरंसौ द्विरभ्यस्ताभिश्श्रोणी।।

युपावटीयाच्छङ्कोः पश्चात्पञ्चसु शङ्कुं निहत्य तस्मिन् त्रयोदशिकां प्रतिमुच्य यूपावटीये पञ्चिकां द्वादशिकां च प्रतिमुच्य ताभिरंसौ मातव्यौ। द्विरभ्यस्ताभिश्श्रोणी। यूपावटीये त्रयोदशिकां साभ्यासां प्रतिमुच्य साभ्यासां द्वादशिकां च प्रथमनिहते पञ्चिकां च साभ्यासाम्, ताभिः श्रोणी मातव्यौ।

करविन्दीया व्याख्या

(द्वादशिका +रज्जुः)

स्पष्टार्थमिदम् ।।

(ताभिः+श्रोणी)

यूपावटीयशङ्कोः पश्चात् पञ्चदशसु शङ्कुं निहत्य तस्मिंस्त्रयोदशिकां प्रतिमुच्य यूपावटीये द्वादशिकां प्रतिमुच्य ताभ्यामंसौ। तथा प्रथमनिहतशङ्कौ द्विरभ्यस्तां पञ्चिकां

प्रतिमुच्य यूपावटीये द्विरभ्यस्तां त्रयोदशिकां प्रतिमुच्य ताभ्यां श्रोण्यौ। अर्धाभ्यासप्राप्तमिदमायामचतुर्गुणाभ्यासप्राप्तं वा।।

सुन्दरराजीया व्याख्या

(द्वादशिका + श्रोणी)

द्विरभ्यस्ताभिः षड्विंशिकादिभिः।

कपर्दिभाष्यम्

पञ्चदशिकाऽष्टिकयोः सप्तदशिकाक्ष्णयारज्जुः। ताभिश्श्रोणी।।

प्रथमनिहताच्छङ्कोः पुरस्तादष्टसु शङ्कुं निहत्य तस्मिन् सप्तदशिकामष्टिकां च प्रतिमुच्य प्रथमनिहते पञ्चदशिकाम्। ताभिः श्रोणी।।

द्वादशिकापञ्चत्रिंशिकयोस्सप्तत्रिंशिकाक्ष्णयारज्जुः। ताभिरंसौ।।

प्रथमनिहताच्छङ्कोः पुरस्तात्प्रक्रमे शङ्कुं निहत्य तस्मिन् सप्तत्रिंशिकां पञ्चत्रिंशिकां च प्रतिमुच्य यूपावटीये द्वादशिकाम्। ताभिरंसौ मातव्यौ।

एतावन्ति ज्ञेयानि वेदिविहरणानि भवन्ति।।

एतावन्त्येव शुद्धमूलानि ज्ञातुं शक्यानि वेदिविहरणानि भवन्ति। अन्ये शुद्धमूलाः कल्पयितुमशक्याः। तस्मादेतावन्तीत्यवधार्यन्ते–

करविन्दीया व्याख्या

(पञ्चदशिका +श्रोणी)

प्रथमनिहतशङ्कौ पञ्चदशिका, ततः पुरस्तादष्टासु सप्तदशिका, ताभ्यां श्रोण्यौ। आयामत्रिगुणाभ्यासप्राप्तमिदं आयामतृतीयद्विकाभ्यासआप्तं वा।।

(द्वादशिका +ताभिरंसौ)

द्वादशिकेति। इदमपि गतार्थम्। यूपावटीये द्वादशिका, प्रथमनिहतशङ्कोः पुरस्तात्प्रक्रममात्रे शङ्कुं निहत्य तस्मिन् सप्तत्रिंशिका, ताभ्यामंसौ, पञ्चमद्वयाभ्यास-प्राप्तमिदं, पञ्चगुणाभ्यासप्ताप्तं वा।

(एतावन्ति +भवन्ति)

एतावन्तीति।। शुद्धमूलतया ज्ञातुं शक्यानि एतावन्त्ये वेत्यवधारणा। एतावन्त्युक्तानि, अन्यान्यपि उन्नेयानि, सच्छेदाभिः रज्जुभिर्निर्ह्रासवृद्धिभ्यां च

वेदिविहरणानि भवन्त्येव, यद्यपि इदं विहरणमेकरज्ज्वा द्विसयोगेनैव व्याख्यतम्, तथा त्रिशङ्कुपञ्चशङ्कुभ्त्यामपि निर्ह्रासवृद्धिभ्यां यथा योगं विहर्तव्यः, इतरथा तयोर्विधानस्यादृष्टार्थत्वकल्पनाप्रसङ्गात्, अतो निदर्शनमेतत् सर्वविहरणानाम्।

सुन्दरराजीया

(पञ्चदशिका +भवन्ति)

छेदरहितान्येतावन्ति। सच्छेदान्यन्यान्यपि बहूनि सन्ति यथा–

अर्धद्वादशिकार्धचतुर्थिकयोरर्धत्रयोदशिकाक्ष्णयारज्जुः, ताभिरंसौ। पञ्चदशिकास-पादैकादशिकयोः पादोनैकान्नविंशिकाक्ष्णयारज्जुः, ताभिश्श्रोणी इत्यादि।

कपर्दिभाष्यम्

अष्टविंशत्यूनं पदसहस्त्रं महावेदिः।

नवशतानि द्विसप्ततिश्च (972) पदक्रमाणि प्रक्रमप्रमाणानि वा चतुरश्राणि महावेदेः। महद्ग्रहणं किमर्थम्? पदप्रमितायां महावेद्यां सदोहविर्धानादीनामपि पदनैव मानार्थं, प्रक्रममितायामरत्निप्रक्रमैरेव नवारत्निः तिर्यङ्मानत्यिरत्निमानं सदसो विहितम्। नवारत्नि तिर्यगिति नियतप्रमाणविधानात् अरत्निनैन विधानमनुमीयते। तथा हविर्धानस्य त्र्यरत्नि विस्तारं नवारत्न्यायाममित्यनुमीयते। तत्कथं पदेन तयोर्मानं लभ्यते इत्युच्यते, चत्वारिंशदधिकानि पञ्चदशाङ्गुलप्रमाणानि पदविमिताया वेदेरायामः, पदं पञ्चदशाङ्गुलमिति वचनात्। सदसः पश्चात् पञ्चचत्वारिंशदङ्गुलं षोडशाधिकं शतद्वयं सदोहविर्धानयोर्मध्यं पञ्चचत्वारिंशत्सर्चरः। हविर्धानस्य षोडशाधिकं शतद्वयम्। अवशिष्टमष्टादशाङ्गुलम्। तस्मादुत्तरवेदिसदोहविर्धानानां अन्तर्वेद्यसंभवात् वृद्धिः कल्पनीया। अरत्नेर्वा ह्रासः कल्पनीयः। तदुभयमचोदितं भवति। अतो येन वेदिर्मिता तेनैव तेषां मानार्थं महद्ग्रहणं स्थितम्।

करविन्दीया व्याख्या

(अष्टाविंशत्यूनं+महावेदिः)

द्विसप्ततिः नवशतानि च पदपरिमितानि क्षेत्राणि महावेदिः, प्रक्रममानेऽप्येवम्। पदग्रहणं किमर्थं, उच्यते–पदग्रहणमहद्ग्रहणाभ्यामेतत् ज्ञायत–वेद्याः पदेन माने सदोहविर्धानयोरपि पदेन मानं नारत्निभिः, उत्तरवेदिश्च युगमात्री न सर्वतो दशपदेति प्रक्रममितायां वेद्यामरत्निविहितयोस्सदोहविर्धानयोःसर्वतो दशपदाया उत्तरवेदेश्चासंभवात् पदेनैव सदोहविर्धानयोर्विमान युगमात्रोत्तरवेदिरिति सिद्धम्। संख्यानप्रयोजनम् वोदंतृतीये यजत इत्यादिषु।

सुन्दरराजीया

अष्टाविंशत्यूनं+महावेदिः

पदग्रहणं प्रक्रमस्याप्युपलक्षणम्।

कपर्दिभाष्यम्

दक्षिणस्मादंसाद् द्वादशसु दक्षिणस्यां श्रोण्यां निपातयेत्। छेदं विपर्यस्योत्तरत उपदध्यात्। सा दीर्घा चतुरश्रा। तथा युक्तां संचक्षीत।।

दक्षिणस्मादंसादारभ्य द्वादशस्वेव श्रोण्यां विपादयेत्। त्रीणि पदानि श्रोणिदेशे शिष्टानि विपर्यस्योत्तरस्मिन्नंसे मनसा स्थापयेत्। एवं कृते सप्तविंशतिविस्तारा षट्त्रिंशदायता दीर्घचतुरश्रा भवति। तथाभूतां वेदिं सप्तविंशतिं षट्त्रिंशत्या गुणिते सति अष्टाविंशत्यूनपदसहस्रं भवति।

सौमिक्या वेदेर्वितृतीयदेशे यजेतेति सौत्रामण्या वेदेर्विज्ञायते।।

वेदितृतीये यजेतेति दार्शिकपाशलकयोरशंभवात्सौमिकं लभ्यते। अतस्सौमिक्या इत्युक्तम्।

प्रक्रमस्य त्रिकरणी प्रक्रमस्थानीया भवति त्रिकरण्या वा।।

तृतीयकरणी प्रक्रमस्थाना, स्थानान्ताद्विभाषेति छप्रत्ययः। तृतीयकरणीं प्रक्रमं कृत्वा षट्त्रिंशिकायामित्यादिना विहरेत्। तृतीयकरण्या वा वक्ष्यमाणेन विधिना।

अष्टिका दशिकेति तिर्यङ्मान्यौ। द्वादशिका पृष्ठया।।

अष्टिका पुरस्तात्तिर्यङ्मानी। द्वादशिका पृष्ठया। द्वादशसु षडुपसमस्यापरस्मादन्तात्पञ्चसु लक्षणं चतुर्षु लक्षणं कृत्वा पृष्ठ्यान्तयोरन्तौ नियम्य पञ्चकेन दक्षिणा पसार्य शङ्कुं निहन्यात्। एवमुत्तरतस्ते श्रोणी। विपर्यस्तयांसौ। पञ्चकेन दक्षिणापायम्य चतुर्षु शङ्कुं निहन्यात्। एवमुत्तरतस्तावंसौ भवतः।

त्रीणि चतुर्विंशानि पदशतानि सौत्रामणिकी वेदिः।।

दक्षिणस्मादंसादारभ्य चतुर्भ्येव दक्षिणस्यां श्रोण्यां विपात्य शेषं विपर्यस्येत्यादि पूर्वावत्। द्वादशपदविस्तारा द्वादशपदायामा भवति एवं संचक्षीत।।

द्विस्तावा वेदिर्भवतीत्यश्वमेधे विज्ञायते।।

कस्य द्विस्तावा? सौमिक्याः प्रकृतत्वात्प्रकृतित्वाच्च।

इति पञ्चमः खण्डः

करविन्दीया व्याख्या

क्षेत्रतृतीयग्रहणं न प्रमाणमिति तृतीयग्रहणमिति कथं संख्यायात इत्यत आह–

दक्षिणस्मादंसा–संचक्षीत.

वेद्या दक्षिणस्मादंसादारभ्य द्वादशसु दक्षिणस्यां श्रोण्यां लेखा निपातयेद्रज्जुं वा तां निपात्य तद्बहिश्छिन्द्यात्। लेखाया बहिर्भूतं छेदं विपर्यस्य–विपर्यासं कृत्वा इतरत:–इतरस्मात् पार्श्वे स्थापयेदेवं सप्तविंशतिविस्तारा षट्त्रिंशदायता दीर्घचतुरश्रा वेदिर्भवति, तथा युक्तां तथा भूतां गणयेत्। एतेन विषमचतुरश्राणां संख्यानप्रकारो वेदितव्य:।

वेदिप्रसङ्गाद्विकारा उच्यन्ते–

(सौमिक्या +विज्ञायते)

सुत्रामदैवत्या सौत्रामणी, तस्या वेदितृतीये यजेत इति श्रूयते। वेद्यास्तृतीयो देश: वेदितृतीयदेश:, स कस्या:, सौमिक्या:, किमोदनं शालीनां सक्त्वाढकपरिमितानामिति वत्।।

(प्रक्रम–पृष्ठ्या)

प्रक्रमतृतीयकरणी व्याख्याता प्रक्रमस्थानीया भवति। 'स्थानान्ताद्विभाषा' इत्यादिना स्वार्थे छप्रत्यय:। तथा षट्त्रिंशतिकायामित्यादिना सौमिकवद्विमानं त्रिकरणी चोक्ता, अष्टिकादशिके तिर्यङ्मान्या द्वादशिका पृष्ठया तत्पक्षे अष्टप्रमाणा पुरस्तात् तिर्यक्, दशप्रमाणा पश्चात्तिर्यक्, द्वादशायाम: द्वादशिकायां षडुपसमस्य चतुसृषु पञ्चसु लक्षणं पञ्चसु श्रोण्या चतसृष्वंसौ। वेदितृतीयत्वं क्षेत्रत इत्याह–

(त्रिणि चतुर्विंशानि पदशतानि सौत्रामणिकी वोदि:)

चतुर्विंशत्यधिकानि त्रीणि शतानि सौत्रामणिकी वेदि:। दक्षिणस्मादंसादित्यादि सौमिकवत्। प्रक्रमस्य तृतीयकरणीति दर्शनात्, अत्रापि पदप्रक्रमौ विकल्पितौ। प्रकमशब्देनोपक्रम्य पदशब्देनोपसंहारादन्यत्राप्यष्टासु प्रक्रमेष्वित्यादिषु पदेनापि विमानं लभ्यत इति सूचितम्।

(द्विस्तावा वेदिर्भवतीत्यश्वमेधे विज्ञायते)

प्रकृतत्वात् प्रकृतित्वाच्च सौमिक्या एव द्विस्तावा–द्विगुणा वेदिरश्वमेधे भवति, पशुगणसंबन्धाद्यूपानां चोदकप्राप्तरथाक्षमात्रान्तरालता प्रत्यक्षविहितद्विस्तावववचनात् बाध्यते। अतोऽत्र यथा संभवान्तराला एव एकविंशतियूपा:। त्रिस्तावान्नीत्वा त्रिपदक्रम: द्विस्तावा। यूपैकादशिनी पक्षे वेदिविवृद्धिर्भवतीत्येव।

सुन्दरराजीया व्याख्या

संख्यानोपायमाह–

(दक्षिणस्मादं+संचक्षीत)

दक्षिणस्मादंसादारभ्यापरान्ते पृष्ठ्याया दक्षिणतो द्वादशसु रज्जुं निपातयेत्। तद्दक्षिणतश्छेदं दीर्घं त्रिकोणं मनसा विपर्यस्य उत्तरपार्श्व उपदध्यात्, सा षट्त्रिंशित्प्राचिका सप्तविंशतिव्यासा दीर्घचतुरश्रा भवति, तथाभूतां गणयेत्। सप्तविंशतिषटं त्रिंशतोऽस्संवर्गे कृते नव शतानि द्विसप्ततिश्च भवन्ति।

(सौमिक्या +भवति)

प्रक्रमग्रहणं पदस्याप्युपलक्षणम्, एवं पदशतानीति पद ग्रहणं प्रक्रमस्योपलक्षणमिति शेषः।।

(त्रिकरण्या वा +पृष्ठया)

दशाङ्गुलपदस्य त्रिकरणी सप्तदशाङ्गुलयः एकादश तिलाश्च अं १७ ति ११ द्वादशाङ्गुलस्य विंशत्यङ्गुलयः सप्तविंशतितिलाश्च अं २० ति २७ पञ्चदशाङ्गुलस्य तिलोनषड्विंशतिरङ्गुलयः। एवं प्रक्रमाणामपि द्रष्टव्यम्।।

(त्रीणि +सौत्रामणिकीवेदिः)

काठकाग्नीनामप्येषा।

द्विस्तावा वेदिर्भवतीत्यश्वमेधे विज्ञायते

इति पञ्चमःखण्डः

कपर्दिभाष्यम्

प्रक्रमस्य द्विकरणी प्रकमस्थानीया भवति।

द्विकरण्या प्रमाणतृतीयेन वर्धयेदित्यादिना वर्धितेन तदेव विहरणम्।

प्रक्रमो द्विपदस्त्रिपदो वा। प्रक्रमे याथाकामी शब्दार्थस्य विशयित्वात्।।

द्विपदस्त्रिंशदङ्गुलः। त्रिपदः पञ्चचत्वारिंशदङ्गुलः। पदं पञ्चदशाङ्गुलमिति वचनात्। काम इच्छा। यथाकाम एव याथाकामी यथेच्छा। तथा गृह्णीयात्। प्रक्रमेऽध्यर्धप्रक्रमो विप्रकृष्टप्रक्रम इति नैवमन्वर्थसंज्ञा। पदाधिकस्य मानार्थस्य वाचको यथा यौगिकः तथा द्विपदं त्रिपदं वा वक्ति, क्रामत्यनेनेति क्रमः। प्रकृष्टः क्रमः इति

निरूढः कल्पनार्थद्रव्ये वचनात्पदाधिकं प्रक्रम इति शब्दार्थस्य विशयित्वात् विशयित्वं कल्पितार्थानामपि वाचकत्वादनेकवाचकत्वं। शब्दार्थानां विशयित्वं यतः, कस्य पदादयो ग्रहीतव्याः इत्याह–

यजमानस्याध्वर्योर्वा। एष हि चेष्टानां कर्ता भवति।।

यजमानस्य पदं ग्राह्यं स्वामित्वात्। अध्वर्योर्वा–वाशब्दः पक्षव्यावृत्तौ। न यजमानस्य। अध्वर्योरेव कुतः? एष हि चेष्टानां कर्ता भवति। चेष्टयन्त इति चेष्टाः कर्माणि। स कर्मणां कर्ता यतः। हिशब्दो हेतौ। तस्मादध्वर्योरेव न यजमानस्य।

करविन्दीया व्याख्या

(प्रक्रमस्य +भवति)

द्विस्तावायां वेद्यां अश्वमेधे प्रक्रमस्य द्विकरिणी प्रक्रमस्थाने भवति प्रमाणद्विकरण्या विहरेत्।

(प्रक्रमो +विशयित्वात्)

पदं पञ्चदशाङ्गुलम्. द्विपदं त्रिंशदङ्गुलम् त्रिपदं पञ्च चत्वारिंशदङ्गुलम्, द्विपदे त्रिपदे च प्रक्रमव्यवहारादुभयमिह ग्राह्यम्। अथवा प्रक्रमः पदविक्षेपवाची पदादयोऽत्र मान साधनभूता गृह्यन्ते। अतो न विक्षेपमात्रेण प्रयोजनम्। किन्तु तत्संबन्धिना केनचिद्द्रव्येण, विक्षेपफलभूतसंयोगविभागाभ्यामुपलक्षितदेशान्तरालपरिमितरज्ज्वादिना प्रयोजनम्, गच्छन् हि सर्वो जनः एकं पदं विक्षिप्य निदधाति तत्र निर्विकारं संगच्छन समः पुरुषः, स्थितनिधीयमानयोः पदयोरन्तराळं यथा पदपरिमितं भवति तथा गच्छति, अतो विक्षिप्तेन पदेन पदद्वयं व्याप्तमिति द्विपदः प्रक्रमः, स्थितमपि पदं तत्सहकारीति ताभ्यां पदत्रयव्याप्तेस्त्रिपदश्च भवति। प्रक्रमे याथाकामी–काम इच्छा, तदनतिक्रमो यथाकामम्, तस्य भावः यथाकाम्यम्, याताकाम्यमेव याथाकामी–यथेष्टमित्यर्थः, विविधं शेत इति विशय, उभयत्र प्रयोगो दृश्यत इत्यर्थः। ननु प्रक्रमेषु वैषम्यमपि दृश्यते यथा चतुरो विष्णुक्रमाम् प्राचः क्रामत्युत्तरमुत्तरं ज्यायांसमिति। नायं दोष, तस्य वचनस्योत्तरोत्तरं ज्यायस्त्वविधिपरत्वात्, प्रक्रमे गृह्यमाणे द्विपदमेव त्रिपदमेव वा गृह्णीयात्, न मिश्रयेदित्यर्थः, चतुरो विष्णुक्रमानित्यत्र वाचनिकत्वात् क्रमवैषम्यस्य न क्रमवैषम्यानुयोगः। अतो विशेषितप्रकमविधौ द्वित्रिपदप्रकमयोरेवान्यतरं गृह्णीयान्न मिश्रयेदित्यर्थः। पदादिसूत्रे वक्ष्यमाणः पदविकल्पनिबन्धनः प्रक्रमयोरपि विकल्पो भवतीत्येव।

(यजमानस्य +भवति)

यजमानाध्वर्यू प्रसिद्धौ, हि शब्दो हेतौ, चेष्टन्त इति चेष्टाः, कर्माणि। अयमर्थः– पदादयो यजमानस्य ग्राह्याः स्वामित्वात्, कुतः, याथाकामित्वात्, तस्य अध्वर्योर्वा। वाशब्दो विकल्पार्थः। यस्मादेषोऽध्वर्युश्चेष्टानां कर्ता भवति तस्मादस्य पदादयो ग्राह्याः चेष्टाकर्तृत्वात्, यजमानस्य प्राप्त्यर्थं वचनमध्वर्योस्तु बाधकबाधनार्थमतो विकल्पः।

सुन्दरराजीया व्याख्या

(प्रक्रमस्य +विशयित्वात्)

शब्दार्थस्य–शब्दप्रवृत्तिनिमित्तस्य विशयित्वं–अनेकवृत्तित्वम्। इदं– प्रक्रमे याथाकाम्यं शब्दार्थस्य विशयित्वादुक्तमित्यर्थः। 'द्विपदः प्रक्रमः' इति बोधायनः। 'त्रिपदः प्रक्रमः' इति कात्यायनः। उभयमप्याचार्यस्यानुमतमिति विज्ञायते।

(यजमानस्याध्वर्योर्वा)

पदेनाङ्गुलिभिर्वा प्रक्रमो ग्राह्यः स्वामित्वात्।

कारणमाह–

एष हि +भवति

कपर्दिभाष्यम्

रथमात्री निरूढपशुबन्धस्य वेदिर्भवतीति विज्ञायते।।

रथप्रमाणा निरूढपशुबन्धस्य वेदिर्भवतीति श्रुतिः।

तस्य खल्वाहू रथाक्षमात्री पश्चात्तिर्यगीषया प्राची। विपथयुगेन पुरस्तात्।।

खलुशब्दोऽलङ्कारे। तत्र तस्मिन्नर्थे रथप्रमाणविदो रथकारा आहुः। रथाक्षमात्री पश्चात् तिर्यगीषया प्राची, विपथयुगेन पुरस्तात्, रथाक्षमात्री पश्चात्तिर्यङ्मानी। रथग्रहणं शकटनिवृत्त्यर्थम्। ईषामात्री पृष्ठया। विपथयुगेन–व्याप्तः पन्था येन युगेन तद्विपथयुगम्। अभ्यन्तरं युगछिद्रयोरन्तरालम्। तत्प्रमाणं पुरस्तात्तिर्यङ्मानी।

यावता वा बाह्ये छिद्रे।

यावता प्रमाणेन युगस्य बाह्ये छिद्रे भवतः तावद्वा पुरस्तात्तिर्यङ्मानी वेदेः।

करविन्दीया व्याख्या.

(रथमात्री +बाह्ये छिद्रे)

रथमात्री–रथप्रमाणा निरूढपशुबन्धस्य वेदिरिति श्रुतिः। श्रुत्युक्तमभियुक्तोक्तया दर्शयति।

खलुशब्दो वाक्यालङ्कारार्थः। तत्राहुरभियुक्ताः–रथाक्षमात्री रथप्रमाणा पश्चात्तिर्यक्तिरश्ची ईषया संमिता प्राची। व्याप्तः पन्था येन स विपथः चारणरथ इत्यर्थः। विपथस्य युगो विपथयुगः। तेन संमिता पुरस्तात्तिरश्ची। अथवा यावता वा बाह्ये छिद्रे यावता प्रमाणेन गृहीते बाह्ये च्छिद्रे भवतः तावती वा पुरस्तात्तिर्यक्।

सुन्दरराजीया व्याख्या

(रथमात्री +बाह्ये छिद्रे)

इत्याहुराचार्याः–पश्चात्तिर्यङ्मानी रथाक्षमात्री, ईषामात्री प्राची, विपथयुगमात्री पुरस्तात्तिर्यङ्मानी। विगतः पन्था यस्माद्युगात् तद्विपथयुगम्। बाह्यच्छिद्रसहितं षडशीत्यङ्गुलं युगम्। यावता वा बाह्ये च्छिद्रे बाह्यच्छिद्रयोरन्तरालमशीत्यङ्गुलम्।

कपर्दिभाष्यम्

तदेकरज्ज्वोक्तम्। पञ्चदशिकेनैवापायम्यार्धाक्षेणार्धयुगेन श्रोण्यंसान् निर्हरेत्।।

तदेकरज्जुरिति किं सौमिकी गृह्यते आहोस्वित्प्रथमसौमिकी गृह्यते? पञ्चदशिकेनेति दर्शनात्, तत्र हि पञ्चदशिके लक्षणम् नेतरत्र। ईषामात्री ईषां षट्त्रिंशद्धा विभज्य एकं भागं प्रक्रमस्तानीयं कृत्वा सौमिकवत्पञ्चदशिकेनामायम्य अर्धाक्षेण श्रोणीं मिनुयात्। अर्धयुगेनासौ मिनुयादिति केचित्। अपरे पुनः प्रथमामेकरज्जुं गृह्णन्ति। यदि सौमिकी गृह्यते अदृष्टकल्पना प्राप्तोति कथं पञ्चदशिकेनेति चेत्, लक्षणया षट्त्रिंशिकायामं यत्पञ्चदशकं तदपि षड्भागोनमेव। तस्मात्पञ्चदशिकेनेति षड्भागोनां लक्षयितुं न शक्यते। तेनादृष्टकल्पनाभवति। नन्वन्यत्रापि लक्षणा? सा तु लौकिकी किं च साधारणत्वाच्च सैवैका रज्जुःसाधारणी। तस्माच्च सैव ग्राह्या। एवमुत्तरत्रापि योजनीयम्। अर्धाक्षे अर्धयुगे च लक्षणं कृत्वा षड्भागोनेनापायम्य अर्धाक्षे श्रोणी। अर्धयुगे त्वंसौ।

करविन्दीया व्याख्या

(तदेकरज्ज्वा +विहरेत्)

एतद्विहरणमेकरज्जुविहरणेन व्याख्यातम्। एकरज्जुरिति द्वित्रिपञ्चशङ्कुरज्ज्वादीनां ग्रहणं, इतरथा उत्तरयोर्विधानस्यादृष्टार्थत्वकल्पनाप्रसङ्गादिति सौमिक्यां व्याख्यातम्। तथा पञ्चदशिकेनेति षड्भागोने कृतलक्षणस्य ग्रहणम्। तच्च निरञ्जनमात्रप्रदर्शनम्।

इतरथा अदृष्टार्थत्वप्रसङ्गादिति तत्रवोक्तम्, तत्रानेकरज्जुभिरिहापि विहरणमुक्तम्, तदिहाप्यविरोधात् गृह्यत एव। ईषामात्रा षट्त्रिंशद्भागं प्रक्रमं कृत्वा तेनैव विहरेत्।

सुन्दरराजीया व्याख्या

(तदेकरज्ज्वा +विहरेत्)

'षट्त्रिंशिकायामष्टादशोपसमस्य' इत्यादिना एकरज्ज्वा तन्मानमुक्तम्। ईषायाष्षट्त्रिंशो भागः पञ्चाङ्गुलगर्धाष्टमतिलाश्च प्रक्रमस्थाने द्रष्टव्यम्। यद्वा एकरज्जुशब्देन यावदायाममिति विहरणमभिप्रेतम्। अत्र पक्षे पञ्चदशिकेनेति लक्षणया षड्भागोनतृतीयमेवोच्यते। सोमे तत्पञ्चदशप्रक्रममभूदिति। एवमुत्तरत्रापि बाह्यच्छिद्रान्तरालपक्षे तदर्धेनांसनिर्हरणम्।

कपर्दिभाष्यम्

अथाप्युदाहरन्ति।

अथशब्दसमुच्चये। एवं चोदाहरन्ति रथप्रमाणविदो रथकाराः–

अष्टाशीतिशतमीषा तिर्यग् अक्षश्चतुश्शतम्। षडशीतियुगं चास्य रथश्चारण उच्यते इति रथपरिमाणम्।।

एवं रथपरिमाणं सर्वतो मानमुदाहरन्ति–ब्रुवते। सामर्थ्यसिद्धेश्चाङ्गुलिर्गृह्यते। रथेषाप्रमाणं अष्टाशीत्युत्तरमङ्गुलशतम्। तिर्यक्छब्दः पूरणार्थः। अक्षप्रमाणं चतुरधिकं शतम्। युगस्य प्रमाणं षडशीतिः। एवंलक्षणो यो रथस्स चारणः चरत्यनेनेति चारणः, चरण एव चारणः। चारणग्रहणं क्रीडादिरथनिवृत्त्यर्थम्। अथवा अस्यशब्दस्य स्थाने यस्यशब्दमध्याहृत्य योजनीयम्। वर्णव्यत्यासेन वा।

अरत्निभिर्वा चतुर्भिः पश्चात् षड्भिः प्राची त्रिभिः पुरस्तात्। तदेकरज्ज्वोक्तं पञ्चदशिकेनैवापायम्य द्वाभ्यामध्यर्धेनेति श्रोण्यंसान्निर्हरेत्।।

अरत्निभिर्वा मातव्यमिति शेषः। चतुर्भिः पश्चात्तिर्यङ्मानी। षड्भिः प्राची पृष्ठया। त्रिभिः पुरस्तात्तिर्यङ्मानी। तदेकरज्ज्वोक्तमित्यादि–गतमेतत्।

यजमानमात्री चतुस्त्रक्तिर्भवतीति पैतृक्या वेदेर्विज्ञायते तदेकरज्ज्वोक्तं पञ्चदशिकेनैवापायम्यार्धेन ततश्श्रोण्यंसान्निर्हरेत्।।

पैतृक्या वेदेः श्रुतिः–यथा दिक्षु स्रक्तयो भवन्ति तथा मातव्या। तदेकरज्ज्वेति गतार्थम्।

करविन्दीया व्याख्या

वेदार्थावगमस्य बहुविद्यान्तराश्रयत्वात्। तक्षशास्त्रे गार्ग्या गस्त्यादिभिरङ्गुलि-सङ्ख्योक्तं रथपरिमाण [1]श्लोकमुदा हरति–

(अथाप्यु +प्रमाणम्)

अथापिशब्दौ समुच्चये, उदाहरन्ति मुनयः, अष्टाशीतिश्च शतं चाष्टाशीतिशतं, चत्वारि च शतं च चतुश्शतम्, षट्चाशीतिश्च षडशीति, आयोधनपुष्यजैत्रचारणादिभेदेन रथस्यानेकविधतामुपन्यस्त तैरुक्तं अष्टाशीतिशतमित्यादि, अस्यार्थः–अस्य बहुविधस्य मध्ये यस्य ईषा अष्टाशीतिशतमङ्गुलयः, चतुरधिकं शतमक्षः, युगं च षडशीतिः एवंविधो रथश्चारण उच्यत इति। एवं रथपरिमाणमुदाहरन्ति मुनयः।

ननु अक्षस्य तिर्यङ्मानीत्वमुक्तम्, युगेषयोः का प्राची का तिरश्चीति न ज्ञायते। उच्यते–अक्षस्य तिर्यक्त्वविधानादेवयुगेषयोरपि या द्राघीयसी सा प्राची, या ह्रसीयसी सा तिरश्चीति सामर्थ्यादीषा प्राचीति गम्यत इति मन्यन्ते। छिद्रान्तरालपक्षे षोडशाङ्गुलहीना पुरस्तात्तिरश्ची।

(अरत्निभिर्वापुरस्तात्) गतम्।

(तदेकरज्ज्वा +निर्हरेत्)

इदमपि गतम्। अत्रारत्नावारत्निद्वये च लक्षणम्।

(यजमानमात्री +निर्हरेत्)

पितृणामियं वेदिः–पैतृकी महापितृयज्ञवेदिः। चोदकप्राप्तेऽपि यजमानमात्रे पुनर्वचनं विस्तारस्यापि तथात्वा(य)त्। (आयामः) प्रतिदिशं स्रक्तयः महादिक्षु कोणाः [2]सर्वा ह्यनुदिशः' इति दर्शनात्, अत्र प्रयोगः–अग्रेणान्वाहार्यपचनं किञ्चिदन्त-स्सञ्चरमवशिष्य तस्य पुरस्ताद्यजमानमात्रं द्विकरण्या चतुरश्रं संपाद्य तस्य करणीमध्येषु यथा स्रक्तयो भवेयुः तथा पञ्चदशिकेनेत्यादिना विहृत्यार्धेन ततः तस्य यजमानमात्रस्यार्धेन श्रोण्यंसान्निर्हरेत्तन्निमित्तो निर्ह्रासो विवृद्धिर्वेत्युक्तयोर्निर्ह्रासः, महावेद्यां पदञ्चशिकेनैवा-पायम्य द्वादशिके शङ्कुन्निहन्तीति विवृद्धिः, पुनरस्मिन् पञ्चदशिकेनैवापायम्य अर्धयजमानमात्रे शङ्कुं निहन्यात् दक्षिणाप्राची वेदिः।।

---

1. श्लोकमुपनिबध्नात्याचार्यः, अङ्गुलप्रमाणं च तत्रोक्तमिह स्वीक्रियते।
2. सर्वस्मिन्ननुदिशः पितरः।

सुन्दरराजीया व्याख्या

(अथाप्युदाहरन्ति +रथपरिमाणम्)

अङ्गुलयस्संख्येयाः। अङ्गुलिश्चोर्ध्वबाहोः पुरुषस्य विंशतिशततमो भाग इति वक्ष्यते। 'पञ्चारत्निः पुरुषः, चतुर्विंशत्यङ्गुलयोऽरत्निः इति। सा च चतुस्त्रिंशतत्तिलेत्याचक्षते। यथोक्तं बोधायनेन–

"अङ्गुलिप्रमाणं चतुर्दशाणवः चतुस्त्रिंशत्तिलाः पृथुसंश्लिष्टा इत्यपरम्" इति चतुरधिकं शतं चतुशतं युगमिति विपथयुगमुच्यते प्रस्तुतत्वात्। अन्यत्तु युगं शताङ्गुलमिति तक्षशास्त्रविदः। षण्णवत्यङ्गुलमित्याचार्यपादीयाः। यथाऽहुः– चतुर्हस्तो धनिर्दन्डो धनुर्धन्वन्तरं युगम्।

इति। 'हस्तश्चतुर्विंशतिरङ्गुलयः' इति च।

(अरत्निभिर्वा +पुरस्तात्)

[1]पशुबन्धवेदीत्येके।

(तदेकर +निर्हरेत्)

द्वाभ्यां श्रोणी। अध्यर्धेनांसौ।

(यजमानमात्री +विज्ञायते)

पञ्चारत्निः।

(तदेकर +निर्हरेत्)

तत इति षष्ठयन्तात्तसिल्। दक्षिणाप्राची पृष्ठया। महादिक्षु श्रोण्यंसाः। अत्र लघूपायमाह कात्यायनः–

'पैतृक्यां द्विपुरुषं चतुरश्रं कृत्वा करणीमध्येषु शङ्कवस्ससमाधिः' इति। तत्र प्रकारः–पुरुषमात्रद्विकरण्या दशतिलोनया सप्ततिशताङ्गुलया समचतुरश्रं कृत्वा करणीनां मध्येषु शङ्कून्निहत्य दशारत्न्यो रज्ज्वोः पाशान पूर्वापरयोः प्रतिमुच्य तयोर्मध्ये दक्षिणोत्तरयोर्नियम्य वहिस्स्पन्दमपच्छिन्द्यात्। एतां चतुररत्नमिपि केचिदिच्छन्ति। तत्र आज्यं पुरोडाशा आसादयितुं न शक्यन्ते।

कपर्दिभाष्यम्

दशपदोत्तरा वेदिर्भवतीति सोमे विज्ञायते। तदेकरज्ज्वोक्तं पञ्चदशिकेनैवापायम्यार्धेन ततश्रोण्यंसान्निर्हरेत्।।

---

1. पशुबन्धवेदिरेवम्।

पदग्रहणं प्रदर्शनार्थम्। प्रक्रममितायां महावेद्यां दशपदोत्तरवेदिः सर्वतो दशपदा, 'प्रमाणेन प्रमाणं विधीयत' इति वचनात्। क्षेत्रतो वा दशपदा। तदा एकपदविस्तारं त्रिपदायामं दीर्घचतुरश्रं कृत्वा तस्याक्ष्णया रज्जुं गृहीत्वा चतुरश्रं कुर्यात्। प्रक्रमेऽप्येकप्रक्रमविस्तारं त्रिप्रक्रमायामं चतुरश्रं विहृत्य तस्याक्ष्णया रज्जुं गृहीत्वा चतुरश्रं कुर्यात्। तदेकरज्ज्वोक्तं–अर्धेन ततः–तस्येत्यर्थः षष्ठ्यर्थे तसिल्।

तां युगेन यजमानस्य वा पदैर्विमाय शम्यया परिमिमीते।।

युगेनोक्तप्रमाणेन यजमानस्य वा पदैः। यजमानग्रहणादध्वर्योर्न लभ्यते। यजमानग्रहणं प्रदर्शनार्थमिति केचित्। तस्मादेव वचनादुत्तरवेदिर्युगमात्री लभ्यते। सोमे पदमानायां महावेद्यां उत्तरवेदिं युगेन वा पदैर्वा विमाय शौल्बेन मानेन पश्चाच्छम्यया मानमदृष्टार्थं कर्तव्यम्। शम्यया परिमिमीत इत्येतद्वचनमदृष्टार्थं न प्रमाणविधिः इयुक्तं भवति।

करविन्दीया व्याख्या

(दशपदोत्त +विज्ञायते)

महावेद्यां प्रथमनिहताच्छङ्कोः पुरस्तात्पञ्चविंशतिषु शङ्कुं निहत्य तत्पुरस्ताद्दशसु शङ्कुं निहत्य पञ्चदशिकेनेत्यादिना विहरेत्।।

(तदेकर +निहरेत्)

ततोऽर्धेन पञ्चपदेनेत्यर्थः।'सर्वतो दशपदा' इति शतपथब्राह्मणे श्रूयते 'प्रमाणेन प्रमाणं विधीयते शतुरश्रमिति तदनुरूपक्षे त्रतो दशपद इति कात्यायनः। अस्मिन् पक्षे पदविस्तारं त्रिपदायामं दीर्घचतुरश्रं विहृत्य तस्याक्ष्णयारज्जुप्रमाणोत्तरवेदिः। अस्मिन्नपि पक्षे एतत्करण्यर्धेन श्रोण्यंसानां विहरणम्।

(तां युगेन +परिमिमीते)

तामुत्तरवेदिं युगप्रमाणेन। [1]तदुक्तं 'षडशीतिर्युगम्' इति। तेन वा यजमानस्य वा पदैर्विमाय पश्चाददृष्टार्थं शम्यया सर्वतो मिमीते। शम्याप्रमाणं चोक्तं सूत्रान्तरे 'षट्त्रिंशच्छम्या' इति पशुबन्धे त्वन्यस्याभावात् परिमाणार्थमेव शम्याविधानम्। मात्रैवास्यै सेति लिङ्गाच्च। अस्मादेव वचनात् सौमिक्युत्तरवेदिर्युगमात्र्यपि लभ्यते (भवति)।।

सुन्दरराजीया व्याख्या

(दशपदोत्तर +निहरेत्)

---

1. युगप्रमाणमुक्तं पशुबन्धविमाने।

दशपदा–सर्वतः। क्षेत्रतश्शतपदा।

(तां युगेन +परिमिमीते)

युगमपि दशपदाया एव मानसाधनं वेणुवत्। केचित् तस्यतन्त्रं प्रमाणमाहुः, तद्विचारणीयं सूरिभिः। यजमानग्रहणं अध्वर्युनिवृत्त्यर्थम्। शम्यया परिमाणमदृष्टार्थम्।

कपर्दिभाष्यम्

पदे युगेऽरत्नावियति शम्यायां च मानार्थेषु यथाकामी शब्दार्थस्य विशयित्वात्।।

पदादिषु मानार्थेषु यथाकामी–यथेच्छा तथा गृह्णीयात्। किमुक्तं भवति।।

अणवश्चतुर्दश	तिलः
चतुस्त्रिंशत्तिलाः	अङ्गुलः (पृथुतःसंस्पृष्टा इत्यपरम्)
द्वादशाङ्गुलाः	प्रादेशः
त्रयोदशाङ्गुलः	वितस्तिः
पञ्चदशाङ्गुलं	पदम्
चतुर्विंशत्यङ्गुलयः	अरत्निः
द्वात्रिंशदङ्गुलयः	जानुः
षट्त्रिंशदङ्गुला	शम्या
षडशीत्यङ्गुलं	युगम्
चतुश्शतं	अक्षः
विंशत्युत्तरं शतं	पुरुषः

इत्येवमादिशुल्बान्तरोक्तलक्षणमानार्थेषु प्रमाणावयवा गृह्येरन्। लक्षणे वर्गेण विमाय तत्र यथाकामी शब्दार्थस्य विशयित्वात्। पञ्चदशाङ्गुलं पदमपि भवति। यजमानपदमपि। तत्रान्यतरद्ग्राह्यमित्याधाने। इयद्द्वादशविक्रामा इति। तत्र स्वसंवित्तिं अपरसंवित्तिं लोकप्रसिद्धिं शास्त्रप्रसिद्धिं वा गृह्णीयादित्यर्थः।

विमितायां पुरस्तात् पार्श्वमान्या उपसंहरेत्। श्रुतिसामर्थ्यात्।।

एवं चतुरश्रे आपादिते पार्श्वमान्या पुरस्तादुपसंहरेत्, श्रुतिसामर्थ्यात्–"चतुशिखण्डे युवती कनीने" इति युवतिसादृश्यानुवादः सामर्थ्यम्।।

इति षष्ठःखण्डः

करविन्दीया व्याख्या

(पदे युगे +विशयित्वात्)

पदे युगेऽरत्नावियति प्रादेशे प्रक्रमे शम्यायां चेति हिरण्यकेशिशुल्बे बोधायनीयशुल्बे च। अथाङ्गुलीप्रमाणं चतुर्दशाणवः चतुस्त्रिंशत्तिलाः पृथुसंश्लिष्टा इत्यपरम्। दशाङ्गुलं क्षुद्रपदम्। द्वादश प्रादेशः। पृथोत्तरयुगे त्रयोदशिके प्रक्रामे च (पञ्च) दश। अष्टाशीतिशतमीषा। षडशीतिर्युगम्। द्वात्रिंशज्जानुः षट्त्रिंशच्छम्या, बाहुर्द्विपदः प्रकामः, द्वौ प्रादेशावरत्निरिति। तथा पञ्चा रत्निः पुरुषश्चतुररत्निर्वा याम इति च। तत्रैव इयत्यग्रे जुहोति, इयत्यग्रे हरति, इयन्तं गृह्णाति, इयन्तं करोति, इयद्भवतीत्यादि ब्राह्मणव्याख्यानावसर एवाचार्येण जानुदघ्नादिभिः परिमाणैर्व्याख्यातः। तत्र पदादिषु मानसाधनवया निर्दिष्टेषु याथाकामी स्याद्यथेच्छा तथा कुर्यादित्यर्थः। शब्दार्थस्य विशयित्वादिति गतम्। अयमर्थः-पदादिषु यजमानस्याध्वर्योर्वा-वयवभूताङ्गुल्या परिकल्पितानि अणुतिलपरिकल्पिताङ्गुल्या परिकल्पितानि वा पदादीनि गृह्णीयात्। पदादिशब्दार्थस्योभयत्रापि प्रयुक्तत्वादिति। अणवो धान्यविशेषाः। ([1]आचार्येणैव निरूढपशौ रथ परिमाणज्ञानार्थं तक्षशास्त्रोक्तादष्टाशीतिशतमित्युदाहरणात्, श्येनेपञ्चारत्निः पुरुष इत्यादेः क्लिप्तशब्देन प्रमाणविदां समयानुकथनान्न शास्त्रान्तरपरिगृह्णीताङ्गुलिपदादिपरिग्रहानुयोगः। द्विपदस्त्रिपदो वेति प्रक्रमप्रस्तावे यजमानस्याध्वर्योर्वेति वचनान्न केवलमवयवादिविमिताङ्गुलिपरिच्छिन्नपदादिग्रहणम्)।।

प्रासङ्गिकं परिसमाप्य प्रस्तुतशेषं ब्रूते-

(विमिता +सामर्थ्यात्)

---

1. ननु अङ्गुलीनामणुभिस्तिलैश्च परिमाणं ताभिःपदादीनां परिमाणं च शास्त्रान्तरोक्तं अष्याशीतिशतमित्यादिश्लोके अथाप्युदाहरन्ति इति पठित्वा इति रथपरिमाणमित्युपसंहरति। यत् श्येने पञ्चारत्निः पुरुषः चतुरत्निर्व्यामः चतुर्विंशत्यङ्गलयोऽरत्निस्तदर्धः प्रादेश इति क्लृप्तिरिति क्लृप्तिशब्देन प्रमाणविदां संप्रदायं ब्रूते तेन ज्ञायतेऽत्रोक्तोनामङ्गुल्यादीनां शात्रान्तरोक्तं परिमाणं गृह्यत इति यद्यप्येवमिह तदेव परिमाणं भवतु कुतो यजमानस्याध्वर्योर्वा-ऽवयवपरिकल्पिता अङ्गुल्यादयो गृह्यन्ते-उच्यते-यदयं प्रक्रमो द्विपदस्त्रिपदो वेति प्रक्रमं प्रस्तुत्ये रूजमानस्याध्वर्योर्वा इति प्रमाणभेदं ब्रूते अताऽवगम्यते न केवलमणुतिलपरिमिता एवाङ्गुल्यो गृह्यन्ते किंतु परुषविशेषावयवपर्यन्ता इति तस्मात् सूक्तं मानसाधनभूतेषूभयेषु पदादिषु याथाकामी शब्दार्थस्य विशयित्वादिति कुण्डलितग्रन्थस्थाने इदं पाठान्तरं किंस्मिश्चित्कोशे दृश्यते।

व्याख्यातमेतद्द्वार्शिक्याम्। इह तु श्रुतिसामर्थ्यात् 'चतुःशिखण्डे युवती कनीने' इद्यस्याः श्रुतेरहीयसीं पुरस्तादित्येक इत्युपसंहाराच्च विकल्पः कर्मोपदेश उक्तः।।

षष्ठ खण्डः

सुन्दरराजीया व्याख्या

(पदयुगे +विशयित्वात्)

पदचातुर्विध्यमुक्तम्। युगत्रैविध्यं च षडशीतिषण्णवतिशताङ्गुलैः। अरत्निर्द्विविधः–चतुर्विंशत्यङ्गुलो हस्तश्चेति। इयानिति प्रादेशोऽभिप्रेतः। स च द्विविधः– द्वादशाङ्गुलः प्रसारिते अङ्गुष्ठप्रेदशिन्याविति। शम्या त्रिविधा–'चत्वारोऽष्टद्वात्रिंशदङ्गुला शम्या' इति कात्यायनः। 'षट्त्रिंशच्छम्या' इति बोधायनः लौकिकी तृतीया। एषु मानेषु याथा काम्यं भवति शब्दार्थस्यानेकत्र वृत्तैः।

(विमितायां+सामर्थ्यात्)

अंहीयसी पुरस्तादितयस्य वैकल्पिकत्वं प्रागेवोक्तम्।।

षष्ठःखण्डः

कपर्दिभाष्यम्

नवारत्नि तिर्यक् सप्तविंशतिरूदगायतमिति सदसो विज्ञायते।। अष्टादशेत्येकेषां। तदेकरज्ज्वोक्तं पञ्चदशिकेनैवापायम्यार्धपञ्च- मैश्श्रोण्यंसान्निर्हरेत्।।

नवारत्निः प्राची तिर्यङ्मानी, सप्तविंशतिरुदीची पार्श्वमानी। एवं मन्तव्यमिति सदसश्श्रुतिः। पदेन प्रक्रमेण वा मातव्यम्। करणमुक्तम्। प्रथमनिहताच्छङ्कोर्दक्षिणतः प्रक्रमे शङ्कुं निहत्य तस्मिन् पाशं प्रतिमुच्य तस्य पुरस्तादर्धाष्टमे पृष्ठ्यायां दक्षिणतः प्रक्रमशङ्कुः। तत्सदसो मध्यमौदुम्बरीस्थानम्। प्रथमनिहताच्छङ्कोः पृष्ठ्यायामेव पुरस्तादर्धाष्टमे शङ्कुं निहत्य तस्मिन् पाशं प्रतिमुच्योपर्युपरि शङ्कुमुदगपसार्यार्धचतुर्दशे नवसु वा शङ्कुं निहन्यात्। पृष्ठयायां यश्शङ्कुः तस्मिन् प्रतिमुच्योपर्युपर्यौदुम्बरीस्थानीयं दक्षिणापसार्यार्धपञ्चदशे दशसु वा शङ्कुं निहन्यात्। सदस आयामः। तस्सिन्नायामे तदर्धमभ्यस्य यथासूत्रं विहरेत्। सप्तविंशतावर्धचतुर्दशमभ्यस्य दक्षिणस्मादंसादेकादशसु पदेषु निरञ्जनमर्धपञ्चमे लक्षणं श्रोण्यं सादर्धमष्टादशसु वा नव प्रक्षिप्यार्धाष्टमे निरञ्जनमर्धपञ्चमलक्षणं श्रोण्यंसार्धमायामयोरन्तौ नियम्य निरञ्जनम्। तेन पश्चादपसार्यार्धपञ्चमे शङ्कुः। पुरस्तादपसार्यार्धपञ्चमे शङ्कुः। ते श्रोणी। सदसः

विपर्यस्यांसौ। प्राग्वंशमानं हविर्धानम्। आग्नीध्रमानं चानेनाचार्येण नोक्तम्। अतश्शुल्बान्तरोक्तं ग्राह्यं वैकृतत्वात्। सदसः पुरस्तात्त्रिषु प्रक्रमेषु दशप्रक्रमविस्तारं [1]द्वादशायामं हविर्धानं मिनुयात्। एकरज्ज्वा पञ्चशङ्कुना [2]त्रिशङ्कुना वा हविर्धानस्य पाश्चात्यमध्यमशङ्कौ पाशं प्रतिमुच्योदगपसार्य द्वादशप्रक्रमे शङ्कुः। तदाग्नीध्रायतनम्। तया रज्ज्वा दक्षिणाऽपसार्य द्वादशसु मार्जालीयम्। पृष्ठ्यायां सदसः पौरस्त्यशङ्कौ पाशं प्रतिमुच्योदगपसार्य पादोनैकादशसु शङ्कुं निहत्य तस्माच्चोत्तरतः षट्सु शङ्कुः। ताभ्यां च पुरस्तात् षट्सु प्रकमेषु शङ्कुं निहन्यात्। एवं पञ्चशङ्कुना वा समचतुरश्रं मिनुयात्। अष्टप्रक्रमविस्तारं द्वादशायामं प्राग्वंशं मिनुयात्। द्वादशविस्तारं षोडशायाममित्यन्ये।

करविन्दीया याख्या

(नवार +एकेषां)

तिर्यङ्माना नवारत्निः प्राग्भवति उदक्सप्तविंशतिरायतं। अष्टादशायतमित्येकेषां शाखिनाम्।

(तदेक +निहरेत्)

पदविमितायां वेद्यां सदोहविर्धानयोरपि पदेनैव मानमित्युक्तं, प्रक्रममाने [3]त्वरत्निविमानमेव, हविर्धानस्यापरिमितं [4]वेति कर्मोपदेश उक्तः, अपरिमितं सप्तविंशतेः परं सदोविमानमुच्यते, महावेदेः पश्चात्तिरश्च्याः पृष्ठ्याया दक्षिणतो दशपदेष्वारभ्य यावत्पुरस्तात् तिरश्च्याः तावतीं लेखामालिखेत् रज्जुं वा पातयेत्, एवं पृष्ठ्याया उत्तरतोऽपि अष्टासु पदेषु पश्चिमान्तादारभ्य तयोरेव लेखयोः पूर्वपश्चिमेषु दक्षिणत आरभ्य यावदुत्तरं उदीचीं लेखामालिखेत्, सा सदसः पृष्ठ्या भवति। अष्टादशिकायां नवोपसमस्यार्ध-पञ्चमेष्वर्धाष्टमेषु लक्षणं कृत्वा पृष्ठ्यान्तयोरित्यादिना विहत्यार्धपञ्चमेषु शङ्कुं न्निहन्यात्तत्सदो भवति। *हविर्धानाग्नीध्रप्राग्वंशप्रमाणानीहाचार्येणानुपदिष्टान्यपि शुल्बान्तरोपदिष्टानि ग्राह्याणि। हविर्धानं [5]दशायामं दशविस्तारमाग्नीध्र[6], षडायामविस्तारमर्धमन्तर्वेद्यर्धं बहिर्वेदिर्भवति। प्राग्वंशःषोडशायामो द्वादशविस्तारः। द्वादशायामो नवविस्तारो वा। प्रथमनिहतात् शङ्कोः पुरस्तात्पञ्चदशसु[7] शङ्कुः, तत्पुरस्तात् नवायामविस्तारं हविर्धानं दशपदं वा [8]तद्द्विशङ्कुप्रभृतीनामन्यतमे न कुर्यात्।।

1. अपेक्षिततत्वात्।
2. दशयामं-A
3. B कोशे नास्ति।
4. वेदि।
5. द्वादशायाम।
6. ग्नीधेयम्।
7. पदान्यतीत्य।
8. तद्विष्कंभप्रभृतिनायम्यान्यतमेन।

* पदविमाने महावेद्यः सप्तवि....नादष्यदशपद एव सदस आयामः।। पा।।

सुन्दरराजीया व्याख्या

(नवार +एकेषां)

उदगायतमित्येव। नवारत्निरेव प्राची। तत्र विंशतिचतुर्विंशत्यङ्गुलप्रक्रमेण अष्टादशारत्निः। उत्तरेषु क्रतुषु सप्तविंशत्य रत्निः। देशस्तु प्रयोगकल्प एवोक्तः 'अपरस्माद्वे [1]ध्वंसात्' इत्यादिना।

(तदेक +निर्हरेत्)

उदीची–पृष्ठ्या

कपर्दिभाष्यम्

प्रादेशमुखाः प्रादेशान्तराला भवन्तीत्युपरवाणां विज्ञायते। अरत्निमात्रं चतुरश्रं विहृत्य स्रक्तिषु शङ्कून्निहत्यार्धप्रादेशेन तं तं परिलिखेत् श्रुतिसामर्थ्यात्।।

उपरवमानमपि निगदव्याख्यातम्। अरत्नीति गतार्थम्।

करविन्दीया व्याख्या

(प्रदेश+विज्ञायते)

अभिषवकाले ग्रावभिरेषामुपरि रप्यवन्त इत्युपरवाः। उपराः–ग्रावविशेषाः, तेन तद्वन्त इति वा उपरवा अवटविशेषाः।

(अरत्नि +मर्थ्यात्)

दक्षिणस्य हविर्धानस्य दक्षिणस्यां श्रोण्यां द्विशङ्क्वादीनामन्यतमेनारत्निप्रमाणं चतुरश्रं विहृत्य कोणेषु [2]शङ्कून् निहत्यार्धप्रादेशेन कर्कटेन रज्ज्वा वा तान् शङ्कून् परितो लिखेत्। एवं प्रादेशमुखा अन्योन्यतः प्रादेशान्तराळा भवन्ति। एषा श्रुतिरेवमर्थवती भवति। पदमानेन वेदिः।।

अथ देवयजनदेशविमानभागा उच्यन्ते–पदमाने एकपञ्चाशत् प्राचीं त्रिंशत्तिरश्चीं देवयजमानयोग्यां भूमिं कृत्वा तन्मध्ये तदायामां देवयजनयोग्यां भूमिं कृत्वान्तन्मध्ये तदायामां प्राचीं लेखामालिख्य रज्जुं प्रसार्य तदन्तयोः शङ्कुं निखाय प्राग्वंशप्रभृति तदनुरूपं तत्क्रतुकाले कुर्यात्, पश्चादन्ते प्राग्वंशं षोडशायामं द्वादशविस्तारं द्वादशायामं

---

1. वेद्यन्तादिव्यादिना.
2. चतश्शङ्कून् षट्विंशन्महावेदिःप्राची.

नवविस्तारं वा निर्माय तस्य लालाटिकात्त्रीन् प्राच इत्यादि तत्रैव तच्छङ्कोरारभ्य त्रिपदा वहिर्वेदिस्तदन्ते शङ्कुः, ततस्तत्पुरस्तात् षट्त्रिंशन्महावेदिः प्राची त्रिंशत्पश्चात् तिरश्वी चतुर्विंशतिः पुरस्तात्तिरश्वी,[1] एवं महावेदिं विमाय पश्चिमान्ते त्रिपदस्सञ्चरः, तत्पुरस्तात्प्राक्त्वेन नवपदमुदक्त्वेनाष्टादशपदं सदः, दक्षिणोत्तरमष्टादशायामं तन्मध्ये पृष्ठ्याया दक्षिणतः पदमात्रे भवति।[2] तदोदुंबरीस्थानं, सदसः पूर्वार्धे पुरस्तादर्धं पदमात्रं संचरमवशिष्य तत्पश्चात्पृष्ठ्यायां होत्रीयमित्यादयो धिष्ण्या अरत्निमात्राः पिशीलमात्रा वा। तेषां च तस्य तस्योत्तरतः विसंस्थित संचरः सदसः पुरस्तात् त्रिपदस्संचरः। तत्पुरस्तात् नवायामविस्तारं हविर्धानं, त्र्यरत्निविस्तारं नवायाममिति मध्यमं मध्यमे छदिषि तूष्णीमितरे छदिषी इति दर्शनात्। 'दशायामविस्तारं हविर्धानम्' इति बोधायनः। यूपावटीयाच्छङ्कोः पश्चात्पदमात्रस्संचरः। तत्पश्चाद्युगमात्रोत्तरवोदिः। उत्तरवेदिहविर्धानयो-रन्तराळमन्तर्वेदिः। पृष्ठ्याया दक्षिणतो दक्षिणहविर्धानं, उत्तरत उत्तरं हविर्धानं, दक्षिणहविर्धानस्य दक्षिणश्रोण्यामुपरवाः, हविर्धानस्य पश्चादाग्नीध्रस्य (दाग्नीध्रीयश्च) बाहुसमं पृष्ठ्याया दक्षिणतो द्वादशसु मार्जालीयः। तथैव तस्या एवोदक् द्वादशस्वाग्नीध्रीयः, सर्वधिष्णियाः पिशीलमात्राः सदसोंऽसादुत्तरतः पादोनत्रिपदे पदोननवपदे च शङ्कूः। आग्नीध्रमण्टपस्य ते श्रोणी। हविर्धानपश्चिमान्तादारभ्य प्राक्त्रिपदेषु पृष्ठ्याया उत्तरतः। पादोनैकादशसु पादोनसप्तदशसु शङ्कू, तावाग्नीध्रपण्टपस्यांसौ। षड्विंशिकायाः पश्चात् पृष्ठ्यायाः पूर्वान्ते अर्धमन्तर्वेद्यर्धं बहिर्वेदिः। त्रिपदविष्कम्भस्त्रिपदपरीणाहो यूपावट इति बोधायनः। उत्तरस्माद्वेद्यंसादुदक्प्रक्रमे चात्वाल उत्तरवेदिसंमितः, चात्वालमध्यो वेद्यंसतुल्यः। अर्धान्ते चात्वालात् पश्चाद्द्वादशसु तद्बहिर्वेद्युत्करः, वेद्यंसोत्करयोर्मध्ये उत्तरतः षोडशसु शामित्रधिष्ण्यः। एतत्पदमाने। प्रक्रममाने तु सदोहविर्धानयोररत्निमानमग्नेरुत्तरवेदेर्वा पश्चात्त्रीन् प्रतीचः प्रक्रमानतीत्य तिर्यगहविर्धानं नवारत्नीत्यादि यावत्। संभवा यामविस्तारं सदः। धिष्ण्याः पिशीलमात्राः प्रक्रमेणैव सर्वमानं षट्त्रिंशदङ्गुलपरिमिता उत्तरवेदिस्तु दशपदा युगमात्री वा तत्स्थानेऽग्निर्वा। अन्यत्सर्वं प्रक्रमकृतं। यूपैकादशिनीपेक्ष दशरथाक्षामेकादशो (परां)परवां रज्जुं मीत्वा तस्याश्चतुर्विंशेन भागेन वेदिं विमिमीते। प्रक्रमस्थानीया भवतीत्युक्त (क्तं प्राच्येकादशिन्यां) मेकादशिन्यां। प्राच्येकादशिनीपक्षे अर्धषष्ठानि पदान्यंसौ यूपार्धं बेदेः पुरस्तात् पदार्थमात्रमंसमपच्छिद्य तत्पुरस्तात् प्राञ्चं निदध्यादिति

1. न पश्चिमशङ्कोर्दक्षिणतः पञ्चदशसु दक्षिणा श्रोणी, उत्तरतश्च पञ्चदशसु उत्तराश्रोणी। पुरस्थाच्छङ्कोर्दक्षिणत उत्तरतश्च द्वादशस्वसौ।। पा।।
2. तत्रायामविस्तारयोर्मध्ये औदंबरीस्थानं औदुंबर्या दक्षिणत उत्तरतश्च नवायामं। ततः पृष्ठ्याया दक्षिणतोष्यपदं च भवति।। पा।।

बोधायनः। एकादशैकादशिनीपक्षे अर्धषष्ठानि पदान्यंसावपच्छिद्य तान्येकादशधा विभज्य पृष्ठ्यान्ता पृष्ठ्यादा दारभ्य एकं विभागं मध्ये प्राञ्चन्निदध्यात्। तद्दक्षिणतः उत्तरतश्च पञ्चपञ्च विभागान् प्राञ्चो निदध्यात्। अग्निविवृद्धौ महावेदि विवृद्धिः, प्राग्वंशःप्राची चान्तरालबहुत्वे विवर्धते। अलमति विस्तरेण।।

सुन्दरराजीया

(प्रादेश +सामर्थ्यात्)

देशस्तु दर्शित एव 'दक्षिणस्य हविर्धानस्य' इत्यादिना। सर्वत्रापि प्रक्रमैर्माने अपरस्माद्वेद्यन्तात् प्रक्रमत्रयमवशिष्य नवारत्नि सदः। उत्तरवेदेः पश्चात्प्रक्रमत्रयमवशिष्य नवारत्नि हविर्धानम्। पदमाने तूक्तप्रमाणानां सदोहविर्धानोत्तरवेदीनामसंभवाद्वेद्यनुगुणो निर्ह्रासः कर्तव्यः। चात्वालस्तु शम्यामात्र एव सर्वत्रापि। 'शम्यामात्रश्चात्वालः' इति बोधायनवचनात्। अत्र श्लोकाः–

मीयते सौमिकी वेदिः प्रक्रमैर्द्विदशाङ्गुलैः।
आदौ त्रिषु नव द्व्येकचन्द्रद्विशरभूद्विषु।। १।।

एकैकद्विशरैकेषु शङ्कवो दश पञ्च च।
षट्त्रिंशिका मानरज्जुः तस्या द्व्यष्टसु लक्षणम्।। २।।

विमाने पाशयोर्मध्ये प्रक्रमा द्वादश स्मृताः।
श्रोणी पञ्चदशस्वाद्ये सदोऽनन्तरतुर्ययोः।। ३।।

तत्कोणः पञ्चमोनेषु भास्करेषु दशस्वपि।
तृतीये द्व्यन्तरा धिष्ण्यास्तेषां प्रादेशतो भ्रमः।। ४।।

रुद्रेषु सप्तदशसु शङ्कू पादोनितेष्विह।
आग्नीध्रं तत्पञ्चमे तु धिष्ण्यौ द्वादशसु स्मृतौ।। ५।।

षष्ठे [1]स्यात्पञ्चके धानं पञ्चाशद्द्वितयान्विते।
सप्तमे प्राग्वदाग्नीध्रं नवमे मनुषूत्करः।। 6।।

एकादशे हविर्धानं पाशौ व्यत्यस्य पूर्ववत्।
षोडशस्वर्धहीनेषु शामित्रो द्वादशे भवेत्।। ७।।

[2]उत्तरार्धात्तृतीये तु त्रयोदशचतुर्दशे।
शङ्कोरुत्तरवेदिःस्याद्द्वयोस्सार्धमुपान्त्ययोः।। ८।।

---

1. स्यात्पञ्चमे।
2. उत्तरार्धतृतीये तु।

अन्तिमे द्वादशस्वंसौ चात्वालोऽँसादुदक्क्रमे।
पुरः पश्चात्सदोधानात्त्यजेत्प्रक्रम[1] पञ्चकम्।। ९।।
दक्षिणे तु हविर्धाने पश्चात्त्रीन् प्रक्रमांस्त्यजेत्।
पार्श्वद्वये प्रक्रमौ द्वौ अङ्गुलद्वयसंयुतौ।। १०।।
अरत्निमात्रं मध्ये चोपरवाणां तु लक्षणम्।
एवमेव विमानं स्यात्पदैरपि चतुर्विधैः।। ११।।
पदं पञ्चमसंयुक्तं धिष्ण्यविष्कम्भ इष्यते।
शम्यामात्रस्तु चात्वालो व्यक्तं बोधायनोऽब्रवीत्।
अन्यथाऽग्नौ विरोधस्स्यात् मानं चान्यत्र विद्यते।। ११।।

कपर्दिभाष्यम्

व्यायाममात्री भवतीति गार्हपत्यचितेर्विज्ञायते। चतुरश्रेत्येकेषाम्, परिमण्डलेत्येकेषाम्।।

चतुररत्निर्व्यायामः। तत्प्रमाणं गार्हपत्यचितेः। चतुरश्रा गार्हपत्यचितिरित्येकेषां शाखिनां मतम्। परिमण्डला गार्हपत्यचितिरित्येकेषां श्रुतिः।

करणं व्यायामस्य तृतीयायामं सप्तमव्यासं कारयेत्।।

चतुरश्रायां करणमुच्यते। व्यायामतृतीया पार्श्वमानी व्यायामसप्तमी तिर्यङ्मानी। एवं करणं कारयेत्। कुर्यादिति वक्तव्ये कारयेदिति वचनादन्यैस्तक्षादिभिः प्रवीणैर्नाध्वर्युणेत्यवगम्यते। क्रियन्तेऽनेनेष्टका इति करणं दारुमयम्।

ता एकविंशतिर्भवन्ति।।

तेन करणेन कृता इष्टकाः एकविंशतिः तस्यां गार्हपत्यचितौ भवन्तीति शेषः।

करविन्दीया व्याख्या.

(व्यायाम +विज्ञायते)

व्यायामश्चतुररत्निः।।

(चतुरश्रे +एकेषां)

एकेषां शाखिनामुभयमपि भवति।

(करणं+र्भवन्ति)

1. पञ्चमम्।

क्रियन्तेऽनेनेष्टका इति करणम्, तच्च दारुमयं लोहमयं वा। द्वात्रिंशदङ्गुल आयामः, त्रयोदशाङ्गुलयश्चतुर्विंशतितिलाश्च व्यासः। उत्सेधश्च जानोः पञ्चमभागः। एकविंशतिरिति शङ्कुन्यासपत्तिं ब्रूते। पञ्चचितीकमित्यादिषु समुदायसंख्यावगत्यर्थं।।

सुन्दरराजीया व्याख्या

अथाग्निचित्यायां–

(व्यायाम +विज्ञायते)

चतुररत्निर्व्यायामः।

(चतुर +केषां)

तत्र चतुरश्रायाम्–

(करणं+र्भवन्ति)

तृतीये द्वात्रिंशदङ्गुलम्। सप्तमं दशतिलोनं चतुर्दशाङ्गुलम्। ता एकविंशतिर्भवन्त्येकैकस्मिन् प्रस्तारे।

कपर्दिभाष्यम्

प्रागायामाः प्रथमे प्रस्तारेऽपरस्मिन्नुदगायामाः।।

प्रागायामाः–प्रागायताः प्रथमे प्रस्तारे। उदगायामाःउदगायताः द्वितीये प्रस्तारे। एवमुपहिते [1]भेदो न भवति। अनेन ज्ञायते सर्वत्र भेदो वर्जनीय इति। शब्देनैवोक्तं भगवता बोधायनेन "सर्वत्र भेदो वर्जनीयः" इति। अधरोत्तरयोः [2]पर्श्वसंस्थानं भेद इत्युपदिशन्तीति। अनेनाचार्येणोक्तमेतत् 'व्यत्यासं चिनुयात्' इति।

करविन्दीया व्याख्या

(प्रागायमाः प्रथमे प्रस्तारे)

उपधीयमाने प्रागायामाः स्युः।

(अपरस्मिन्नुदगायामाः)

अपरस्मिन् द्वितीये तु उदगायता भवेयुः भेदाभावाय। उक्तं च बोधायनेन 'सर्वत्र भेदान्वर्जयेत' इति।

---

1. च्छेदो।
2. पार्श्वसंधानं।

सुन्दरराजीया व्याख्या

(प्रागाया +गायामा:)

इष्टका उपधेया:।

कपर्दिभाष्यम्

मण्डलायां मृदो देहं कृत्वा मध्ये शङ्कुं निहत्यार्धव्यायामेन सह मण्डलं परिलिखेत्।

यदि मण्डला गार्हपत्यचिति: मृदो मृत्तिकाया: 'ह' इति निपात: अत्रेत्येतस्मिन्नर्थे। उल्लेखनं कृत्वेति देहबिम्बं श्लक्ष्णीकृत्य तन्मध्ये शङ्कुं निहत्यार्धव्यायामेन मण्डलं परिलिखेत्। तद्व्याममात्रं द्व्याण्डलं भवति। केचिदत्र सहशब्दश्रवणादतीयेनेति वर्णयन्ति। क्षेत्रसमत्वाय तदनीप्सितमिहाचार्यस्य अर्धव्यायामेनेति वदत:। यदीप्सितमभविष्यत् मृदो देहं कृत्वा मण्डलं कुर्यादित्येवावक्ष्यत्। उक्तं त्वादेशादन्यदिति। तावतीं भूमिमिति वक्ष्याति च। कथं सहेत्युच्यते? यो मण्डलं चिकीर्षेत् स एवं कृत्वाऽर्धव्यायामेन परिलिखेत्। ह इति निपात:। एवमध्याहृत्य योजनीयम्। अथवा श्रुतिरेवेयमेवंभूता।

तस्मिंश्चतुरश्रमवदध्याद्यावत्संभवेत्तन्नवधा व्यवलिख्य त्रैधमेकैकं प्रधिकं विभजेत्।।

तस्मिन्निति मण्डलं परामृस्यते। तस्मिन्मण्डले चतुरश्रं यावच्छेते तावच्चतुरश्रं लिखेत्। समपरिणाहं चतुर्धा विभज्य अवान्तरदिक्षु लक्षणं कृत्वा तेषु स्रक्तयो यथा भवन्ति तथा चतुरश्रमालिखेत्। दिक्षु चत्वारि[1] धनुस्समा:। तच्चतुरश्रं नवधा व्यवलिख्य एकस्य प्रमाणेन समचतुरश्रं करणं कारयेत्। त्रैधमेकैकं प्रधिकं विभजेत्। गमनाय प्रधीयत इति प्रधिकम्। तच्च पार्श्वधनु:। तत्प्रतिकृतित्वात् प्रधिकमित्युच्यते। एकैकं प्रधिकं त्रिधा कृत्वा करणानि कारयेत्। चतुर्भिस्तिलैरूनाष्षष्ट्यङ्गुलाश्चतुरश्रप्रमाणम्। मण्डलमध्ये तस्य तृतीयेनैकं करणं प्रधिकमध्यं द्वाविंशतित्रयोदशाभ्यां कारयेत्। [2]त्रिंशदङ्गुलेन त्वेकं तक्षयेत्।। यथा धनुराकारं यथा ज्याफलकयोर्मध्ये तिलोनमङ्गुलं भवति तथोनं त्रिभिस्त्रयोदशाङ्गुलमेकं करणं अरत्निमात्रं तिलाभ्यामेकं सप्तविंशत्यङ्गुलमष्टभिस्तिलैरूनमेकं तक्षेत्। पूर्वमङ्गुलद्वयं अग्निफलकाभ्यां सह मध्ये यथा भवति तथा तृतीयेन करणेन विपर्यस्यान्यमेवमिष्टका: कारयेत्।

---

1. धनूंषि भवन्ति।
2. B कोशे न दृश्यते।

उपाधाने चतुरश्रस्यावान्तरदेशान्प्रति स्रक्तीस्सम्पादयेत्।

उपधानकाले प्रथमे प्रस्तारे अवान्तरदेशान् कोणदेशान् प्रति चतुरश्रस्य स्रक्तीस्सम्पादयेत् संयोजयेत्। चतुरश्रे नार्धेष्टकाश्शरते। चतुरश्रे नवेष्टकाश्शेरते। प्रधिकेषु द्वादश। नवसु द्वादशसु च एकविंशतिर्भवन्ति।

मध्यानीतरस्मिन्प्रस्तारे।

द्वितीये प्रस्तारे मध्यानि चतुरश्रे मध्यानि अवान्तरदेशं प्रतिसम्पादयेत्।

व्यत्यासं चिनुयाद्यावतः प्रस्तारांश्चिकीर्षेत्।।

यावतः प्रस्तारान्कर्तुमिच्छेत् तावद्व्यत्यासं चिनुयात्। यः प्रथमस्स तृतीयः। पञ्चमश्च यो द्वितीयस्स चतुर्थः।

पिशीलमात्रा भवन्तीति धिष्ण्यानां विज्ञायते।

चतुरश्रा इत्येकेषां परिमण्डला इत्येकेषाम्।

बाह्वोरन्तरालं पिशीलमिति केचित्। मुष्टिकृतोऽरत्निः पिशीलमित्यन्यो। प्रादेशः पिशीलमित्यपरे। चतुरश्रा धिष्ण्या इत्येकेषां श्रुतिः। परिमण्डला इत्येकेषाम्।

मृदो देहान्कृत्वाग्नीध्रीयं नवधा व्यवलिख्य एकस्यास्स्थानेऽश्मानम् उपपध्यात्।।

यथासङ्ख्यमितरा व्यवलिख्य यथायोगमुपदध्यात्।।

मृदो देहानिति प्रदर्शनं तस्मिन् चतुरश्रमित्यादेः। अश्मनवमा इति सिद्धेऽप्येकस्याः स्थान इति वचनं द्रव्येष्टकानामवटेषूपधानस्य ज्ञापनार्थम्। व्यक्तमुक्तं बोधायनेन। लोकबाधानि द्रव्याण्यवटेषूपधेयानि। यथायोगमुपदध्यात् अग्निकल्पे यावत्सङ्ख्याका धिष्णिया आम्नाताः तावत्सङ्ख्याकानि ता व्यवलिख्य करणानि कृत्वा यथायोगं यथा युज्यते तथोपदध्यात्।।

इति सप्तमःखण्डः

इत्यापस्तम्बसूत्रविवरणे कपर्दिस्वामिभाष्ये शुल्बाख्यप्रश्ने

द्वितीयः पटलः

करविन्दीया व्याख्या.

मण्डलायां गार्हपत्यचित्यां करणं बहुप्रयाससाध्यमिति प्रकारान्तरेणेष्टकासम्पत्तिं ब्रूते।

(मण्ड +लिखेत्)

समे शुचौ क्वचिद्भूतले व्यायाममात्राधिकविस्तारं जानुपञ्चमोर्ध्वप्रमाणं संसर्जनीयैर्द्रव्यैःसंसृष्टाया: संप्रकृष्टाया मृदो बिम्बं कृत्वा तन्मध्ये व्यायामचतुरश्रक्षेत्रं मण्डलं कृत्वा तन्मध्ये शङ्कुं निखाय अर्धव्यायामेन सह अतिशयतृतीयेन सह मण्डलं परिलिखेत् ।।

(तस्मिन+भवेत्)

तस्मिन्मण्डले यावत् प्रमाणं चतुरश्रं कर्तुं शक्यं तावल्लिखेत्, एवं कृते मण्डलमध्ये समचतुरश्रं एकं, तत्पार्श्वेषु चत्वारि धनुराकाराणि भवन्ति, तानि प्रधय इत्युच्यन्ते। प्रधिर्नाम रथचक्रावयवः। प्रधीयते प्रधाव्यते वाऽनेनेति प्रधिः। तत्सारूप्यात् मण्डलावयवा अपि प्रधय इत्युच्यन्ते।

(तन्नवधा +विभजेत्)

तच्चतुरश्रं नवधा विभजेत्। त्रिभागावलेखनेन नवधा विभज्य प्रधिं त्वेकैकं त्रैधं विभजेत्। चतुरश्रं नवेष्टकं चत्वारः प्रधयः त्रिधा विभक्ता [1]द्वादशमात्र्यः एकविंशतिरिष्टकाः। मण्डलमध्ये चतुरश्रकरणोऽयं प्रयोगः। मण्डलमध्ये प्राच्युदीचीं सम्पाद्य मण्डललेखायाः परीणाहं चतुर्धा संभुज्य संभोगेषु तत्र लक्षणानि कृत्वा लक्षणाल्लक्षणं लिखेत्। एवं कृते मण्डलमध्ये चतुरश्रं भवति। तत्र विष्कम्भार्धं चतुः पञ्चदशाङ्गुलयोऽर्धद्वाविंशतितिलाश्च मध्यचतुरश्रकरणी। (सप्त) सप्ततिरङ्गुलयो-ऽष्टतिलाश्च तस्यास्य तृतीयो भागः। पञ्चविंशतिरङ्गुलयः पञ्चविंशतितिलाश्च करणानि कुर्यात, तान्युच्यन्ते–सर्वतः पञ्चविंशतितिलसहितं पञ्चविंशत्यङ्गुलमेकं करणं प्रधिषु। त्रीणि करणानि। प्रधिमध्याश्चतुर्भिः। तस्य पार्श्वे चतुर्दशाङ्गुलयः सप्तसप्तदश तिलाश्च। पृष्ठं पञ्चविंशतितिलसहितं पञ्चविंशत्यङ्गुलमुखम्। एकोनत्रिंशदङ्गुलं (पादोनत्रिंशदुङ्गलं) तं विष्कम्भार्धप्रमाणया रज्ज्वा कर्कटेन वा विलिख्य तक्षयेत्। प्रध्यन्तयोस्तदेवपार्श्वं पृष्ठं च। मुखं तु षट्त्रिंशदङ्गुलं, दक्षिणस्य दक्षिणं पार्श्वं सव्यस्योत्तरम्। एतान्येव चतुर्णां प्रधीनां करणानि। एवं चतुष्करणी मण्डलचितिः।।

(उपधाने +प्रस्तारे)

मण्डलायामुपधानकाले प्रथमप्रस्तारे चतुरश्रस्य स्रक्तीः कोटीः अवान्तरदेशान् कोणदिशः प्रति संयोजयेत्। द्वितीये प्रस्तारे चतुरश्रस्य मध्यानि अवान्तरदेशान् प्रति संयोजयेत्। एवं भेदो न स्यात्। भेदो नाम प्रस्तारान्वयगतानामिष्टकानां प्रान्तेषु साम्यं,

1. द्वादशेष्टकाः।

तत्सर्वत्र परिहरणीयमिति तत्र तत्र [1]व्याख्यानवचनात् ज्ञायते। वचनमप्यस्ति सर्वत्र भेदान्वर्जयेदिति।।

(व्यत्यासं चिनुयाद्यावतः प्रस्तारान् चिकीर्षेत्)

व्यत्यस्य व्यत्यस्येत्यर्थः। प्रस्तारा इष्टकास्संघातविशेषाः। ते पञ्चचितीकं चिन्वीतेति विहिता यावन्तस्स्युः तावन्तो व्यत्यस्य व्यत्यस्य चिनुयादिति अस्मादेवावधारणात् ज्ञायते अग्निधर्मा इष्टकायतनोर्ध्वप्रमाणादयोऽत्र प्राप्नुवन्तीति प्रस्तारेषु प्रथमतृतीयपञ्चमास्समाः। द्वितीयचतुर्थौ समौ[2]। ननु कथं लभ्यते अतिशयतृतीयेनेति। उच्यते–सह शब्द सामर्थ्याच्चतुरश्रस्य मण्डलकरणे अतिशयतृतीयस्य करणीशेषत्वविधानाच्चातिशयतृतीयेन सह विष्कम्यार्धेन मण्डलकरणम्। एतस्या एव गार्हपत्यचितेः चतुरश्रमण्डलतया प्राप्ते क्षेत्रस्य साम्यमभिमतमिति चतुरश्रमण्डलकरणन्यायोऽनुसर्तव्यः। चतुरश्रपूर्वकत्वं चास्य मण्डलकरणस्य दृश्यते। ततोऽपि स एवानुसर्तव्यः[3]।

केचित्तु सहेति द्विपदं कृत्वा सार्धव्यायामेन सम्बन्धयन्ति। तेषामनयोः पदयोः प्रयोजनविशेषान्नैव पश्यामः। तस्मात्सूक्तमतिशतृतीयेन सहेति।।

(पिशील +विज्ञायते)

त्रिपदं पिशीलं, मुष्टीकृतोरत्निः पिशीलमित्येके। बाह्वोरन्तराळं पिशीलमिति बोधायनः। धिष्ण्या अग्नयः 'अग्नयो वा अथ धिष्णियाः' इति दर्शनात्, तच्छब्देन तदायतनानि लक्ष्यन्ते। अग्नीनामायतनभुवः पिशीलमात्राणि भवन्ति। अपवादाभावे आकारभेदेऽपि क्षेत्रस्य साम्यं भवत्येव।।

(चतुरश्रा +लेत्येकेषाम्)

गतमेतत्। अत्र साग्निचित्ये क्रतौ विशेषमाह।

(मृदो +दध्यात्)

मुदो देहान् कृत्वा मृत्सम्बन्धिनो देहानुपचयान् बिम्बानि कृत्या आग्नीध्रीयमेकं

---

1. व्यत्यासवचनात्
2. 'त्रिषु प्रथमवत्तृतीयः। द्वितीयवदेव द्वितीयः। एकस्मिन् प्रथमवदेव' इत्यधिकं कोशान्तरे।
3. 'ननु चतुरश्रपूर्वके मण्डले अतिशयतृतीयस्य करणीशेषत्वं न मण्डलमात्रकरणे, नैष दोषः, एषां चतुरश्रत्वं मण्डलत्वं चोभयमिह शिष्टम्, तेषा मण्डलत्वं चतुरश्रपूर्वकमेवेति चतुरश्रश्रुतेः प्रथमोपादानादवसीयते। मण्डलस्य चतुरश्रपूर्वकत्वं प्रयोजनं चतुरश्रमण्डलयोः क्षेत्रसाम्यमेव, नान्यद्दृश्यते' इत्यधिकं कोशान्तरे।

नवधा प्राक्त्वेनोदक्त्वेन च त्रिधा व्यवलिख्य [1]मध्यस्थमेकमेकेनाश्मना उपदध्यात्। अन्यांस्तत्प्रमाणाभिरिष्टकाभिरितरान् होत्रीयादीनां मृदो देहान् यथा सङ्ख्यं यस्ययस्य धिष्णियाग्नेः याया सङ्ख्या द्वादश षोडश एकविंशतिं चतुर्विंशतिमित्याद्या तया संख्यया तं तं व्यवलिख्य यथायोगं यत्रयत्र देशे याया इष्टका युज्यते तत्रतत्र तां तां इष्टकामुपदध्यात्। द्वादश षोडश एकविंशतिं चतुर्विंशतिं वा होत्रीये, एकादश ब्राह्मणाच्छंसीये, षट् मार्जालीये अष्टावष्टावन्येषु धिष्णियेषूपदधातीति विज्ञायते इति। अन्यधिष्ण्याः प्रशास्त्रीयपोत्रीयनेष्ट्री-याच्छावाकीयचात्वालशामित्रावभृथाः। करणानि वा कृत्वेष्टकाः कुर्यात्। चतुरश्रपक्षे सर्वतः प्रादेशाः होत्रीयस्य, द्वादशपक्षे प्रादेशे द्वे नवाङ्गुले द्वे, षोडशपक्षे सर्वतो नवकानि एकविंशतिपक्षे [2]नवके द्वे सप्ताङ्गुलयः [3]सप्ततिलाश्च द्वे, तदेकं सर्वतः [4]सप्ततिलास्सप्ताङ्गुलय एकं, अत्र चतुरश्रमेकतः पञ्चधा विभज्य चतुरो भागान् प्रथमेन चतुर्धा विभजेत्। द्वितीयेनैकं पञ्चधा। चतुर्विंशतिपक्षेऽयेते एव करणे। तत्र पूर्ववत् पञ्चधा विभज्य चतुरो भागान् [5]सप्ततिलसप्ताङ्गुलेन पञ्चधा विभजेत्। इतरेणैकं चतुर्धा। ब्राह्मणाच्छंसीयस्याष्टौ होत्रीये द्वादश्यः, तिस्र आग्नीध्रीयाः मार्जालीयस्यैकतः प्रादेशाः, अन्यतोऽध्यर्धाः षट्। अन्येषां पोत्रीयादीनां आग्नीध्रीयेष्टकाः षण्मार्जालीये अष्टके द्वे। मण्डलपक्षे करणबाहुल्यप्रसङ्गाद्यवलेखनमेवोच्यते। आग्नीध्रीयस्य प्राक्चोदक्च त्रेधा विभागः। होत्रीयस्य द्वादशपक्षे एकतस्त्रिधा विभागोऽन्यतश्चतुर्धा। षोडशपक्षे सर्वतश्चतुर्धा। एकविंशतिपक्षे त्वेकतः पञ्चधा कृत्वा चतुरो भागांश्चतुर्धा विभज्य पञ्चमं पञ्चधा विभजेत्। चतुर्विंशतिपक्षे त्वेकतः पञ्चधा विभज्य चतुरो भागान् पञ्चधा कृत्वान्यं भागं चतुर्धा विभजेत्। एकादशपक्षे त्वेकतश्चतुर्धा विभज्य त्रीन् त्रेधा कृत्वा अन्यं द्विधा विभजेत्। षट्पक्षे त्वेकतस्त्रिधा कृत्वान्ऽयतो द्विधा विभजेत्। अष्टपक्षे चैकतस्त्रिधा विभज्य द्वौ भागौ त्रिधा कृत्वाऽन्यं द्विधा कुर्यात्। धिष्ण्यानामेकचितीकत्वात् सुकरत्वा च्चैष एव [6]प्रकारो वरमित्याचार्यो मन्यते। तत्र श्लोकः॥

व्यायाममात्रे चित्येऽग्नौ करणं दारवं भवेत्।
लैहे वा तच्चतुर्भिस्स्यात् [7]फलकाभिस्तदुच्यते ॥

---

1. तन्मध्यस्थमेकं भागमपोह्य उपधानकाले तत्स्थाने तत्प्रमाणमश्मानमुपदध्यात्।
2. नवाङ्गुले।
3. पञ्चविंशतिलाश्च।
4. पञ्चतिला।
5. मञ्चतिल।
6. प्रकार इत्या।
7. सकलैश्च। फलकैस्तदिहो।

द्वात्रिंशदङ्गुलायामङ्गुल्यःस्युस्त्रयोदश ।
चतुर्विंशतितिल[1] विस्तारः [2]करणे भवेत् ।।
मण्डलात्मनि तत्र स्यात्करणं च चतुर्विधम् ।
[3]मध्यमेकं पृथौ त्रीणि तान्युच्यन्ते यथाक्रमम् ।।
सपञ्चविंशतितिला अङ्गुल्यः पञ्चविंशतिः ।
सर्वतः करणं त्वेकं मध्येऽने (ते) नेष्टकाकृतिः ।।
प्रधिषु त्रीणि तानि स्युः प्रध्यन्ते[4] करणं त्रिभिः ।
फलकैः प्रति (धि) मध्यीयं चतुर्भिः करणं भवेत् ।।
पृष्ठं पञ्चतिलोपेता अङ्गुल्यः पञ्चविंशतिः ।
पार्श्वे चतुर्दशाङ्गुल्यः तिलसप्तदशान्विताः ।।
सपादोनतिलस्त्रिं (त्रिं) शदेकोनत्रिंशदङ्गुलम् ।
मुखं स्यात्मधिमध्यीय[5] करणस्यान्तयोरपि ।।
पृष्ठपार्श्वेषु तत्रेमे मुखं षट्त्रिंशदङ्गुलम् ।
अन्तयोर्यत्र यस्य स्यात्पार्श्वं नान्यस्य तत्र तत् ।।
करणानां मुखान्यत्र विष्कम्भार्धप्रमाणया ।
आलिख्य तक्षयेद्रज्ज्वा कर्कटेनाथवा लिखेत् ।।
षट्त्रिंशदङ्गुलायामा धिष्णयास्सर्वतस्समाः ।
तत्रतत्र यथासङ्ख्यामुच्यन्ते करणान्यथ ।।
प्रादेशमेकतो यस्मादन्यतोऽष्टादशाङ्गुलम् ।
मार्जालीयेनेन कृता धिष्णिये षट्स्युरिष्टकाः ।।
प्रादेशःसर्वतो यस्मादाग्नीध्रीये तु तत्कृताः ।
द्वादशाङ्गुलमेकत्र यस्यान्यत्र नवाङ्गुलम् ।।
होत्रीये द्वादशोपेता तत्कृता द्वादशेष्टकाः ।
नवाङ्गुलं [6]सर्वतःस्याद्धोत्रीये तेन षोडश ।।

---

1. विहारः।
2. करणो।
3. मध्यएकः।
4. प्रध्यन्तकरणे।
5. करणं स्यात्तयो।
6. सर्वतोयद्धो।

तिलपञ्चकसंयुक्ताःसप्ताङ्गुलय एकतः ।
नवाङ्गुलं चान्यतस्स्यात्करणं त्वेकविंशतौ (कौ)।।
तिलसप्त (पञ्च)कसंयुक्ता अङ्गुल्यस्सप्त सर्वतः ।
इदमत्रैकविंशे स्याच्चतुर्विंशेऽप्युभे इमे ।।
प्रथमे चैकविंशे स्युः षोडशान्येन पञ्चकम् ।
चतुर्विंशे द्वितीयेन विंशतिस्त्वन्यदन्यतः ।।
याः प्रादेशे (श) नुवाङ्गल्यस्त्वष्टौ तास्तिस्त्र एव च।
प्रादेशाब्राह्मणाच्छंसिधिष्णिये त्वेकयुग्दश ।।
प्रादोशाः ष्वट्पदाध्यर्धेद्वेचे........त्यष्टके विधिः ।
पोत्रियादौ यथायोगमुपधानं तु सर्वतः ।।
एकचित्याधिष्णियानां भेदस्यानवकाशतः ।
वैषम्येणैव सङ्ख्यानां करणानेकता भ(वे)यात्।।
व्यवलिख्य यथासङ्ख्यमुपदध्यादिहेष्टकाः ।
यथायोगमिति त्वेवमाचार्यो मण्डलेऽब्रवीत् ।।
अधिकांशेन कर्णस्य हृते कर्णयुगे भुवा ।
हृते फलेन (फलोन) हीनाया युजो वा यद्भुवो दरम्।।
तस्य वर्गोऽस्य कर्णस्य वर्गात्तु परिशोधिते ।
परिशिष्टस्य मूलं तु लम्बकं तद्विदो विदुः।।
वेदिप्राचीमितां रज्जुमन्तराळोक्तया वृता ।
दक्षिणोत्तरमायम्य वेदेः पूर्वापरार्धयोः ।।
वि(द्वि)तृतीयौ तु विज्ञेया प्रागुद्वेदि रुत्करः (त्तरम्)।
मध्यदेशोत्रिमध्यं तु वह्नेः प्राच्यप्रतीच्ययोः ।।
लक्षणेन निमित्तार्थं (द्वि) विकृतीये त्वपायते ।
पश्चिमे चोत्तरत्रापि निमित्तं स्यादपायते ।।
विपर्यस्य तु पूर्वत्र निमित्ते दक्षिणोत्तरे ।
कृत्वा विष्कम्भ[1] तुर्ये [2]स्यादुभयस्यापि लक्षणम् ।।
तयोर्लक्षणयोर्लेखां रज्जुं वा प्राङ्निपातयेत् ।
लेखाया दक्षिणं ग्राह्यं मण्डलार्थं त्यजेदुदक् ।।

---

1. तुल्यस्स्या।
2. दुत्तरत्रापि दुभयस्यापि।

परिणाहे [1]चतुर्थां षट्संभुग्ने भुग्नलाञ्छने ।
अङ्कादङ्कगता रेखा चतुरश्रस्य साधिका ।।
विष्कम्भार्धीयवर्गस्य [2]द्विगुणस्यैष मूलतः ।
मण्डले चतुरश्रस्य करणी परिकल्पना (कल्पिता) ।।
यद्वा विष्कम्भमूलार्ध (वर्गार्ध) मूलेन करणीकृतिः ।
मण्डले चतुश्रस्य यावत्संभवजन्मनः ।।
अक्ष्णयावस्थितां रज्जुं यावत्संभवजन्मनः ।
चतुरश्रस्य विष्कम्भं मण्डलस्य वदन्ति हि ।।
विष्कम्भस्यान्तरा वर्गे विष्कम्भार्धस्य वर्गतः ।
शोधिते परिशिष्टस्य मूलं स्याद्दललक्षणम् ।।
विष्कम्भस्याद्दलग्रस्तचापज्यार्धस्य वर्गके ।
पूर्वज्यादलवर्गे तु विष्कम्भार्धस्य वर्गतः ।।
शोधिते परिशिष्टस्य मूलं तद्धनुषशिशरः ।
सज्यावर्गःषड्गुणेषु वर्गश्चापस्य वर्गकः ।।
शराहतस्तु कोदण्डो दलितो धनुषः फलम् ।।
विष्कम्भ आत्मद्विगुणेन (ऽपि) योज्यः ।
स चात्मविंशेन स पञ्चमाख्याम्।।
सपञ्चविंशेन च तौ समेतौ
व्यासेन सैषा परिणाहक्लृप्तिः।।
नेमिद्विरेकादशधात्रकार्यस्
तद्भाग एकश्च तथा द्विधा च।
व्यासस्स्वरांशाः परिधेस्सह स्युः
भागांशतुर्येण स सप्तमेन।।

इत्यापस्तम्बसूत्रविवरणे करविन्दीयभाष्ये शुल्बाख्यप्रश्ने
द्वितीयः पटलः

---

1. चतुर्धातुसंभग्रे लांछितेततः।
2. द्विगुणस्येह।

सुन्दरराजीया व्याख्या

मण्डलायां तु करणानां वहुवक्तव्यत्वात् तैर्विनैवेष्टकोपायमाह–

मण्ड +विभजेत्

देह–उपचयषड्ङ्गलोत्सेधः सहेति निपातो वाक्यालं कारे। स इति वा च्छेदः। अर्धव्यायामेन मण्डलं परिलिखेत्' इत्येव सत्याषाढः। [1]चतुरश्रं सविशेषेण विष्कम्भार्धेन चतुस्तिलोनेनाष्टषष्ट्यङ्गुलेनावदध्यात्। चतुरश्रं नवधा कृत्वा प्रधिकं त्रेधा विभजेत्। प्रथिरेव प्रथिकः। प्रथिश्चक्रपर्यन्तः। अथवा करणैरेवेष्टकाः कुर्यात्। त्रीणि करणानि–समचतुरश्रं प्रथिमध्यं प्रथ्यन्तमिति। अत्र समचतुरश्रं द्वाविंशत्यङ्गुलं सैकविंशतितिलम्। प्रथिमध्यस्य पार्श्वमान्याः प्रमाणमेतदेव। तिर्यङ्मान्या दशतिलोनत्रयोदशाङ्गुले एकं पार्श्वं फलकं धनुराकारं तक्षेत्। यथा अङ्गुलिः द्वादशतिलाश्च शरप्रमाणं भवति। प्रथ्यन्तं तु प्रमाणम्। तस्यापि चतुरश्रवदेकं पार्श्वं, त्रयोदशाङ्गुलं दशतिलोनमपरं, षड्विंशकं तिलद्वयोनमपरं, तद्धनुरिव तक्षेत् यथा अङ्गुलिः सप्तविंशतिश्च तिलाश्शरो भवति।

उपधाने +श्चिकीर्षेत्

मण्डलचतुरश्रयोःसाधारणमिदं भेदपरिहाराय अनेनैव ज्ञायते सर्वत्र भेदो वर्जनीय इति। तथाच बोधायनः–

भेदान् वर्जयेदधरोत्तरयोः पार्श्वसंधानं भेद इत्याचक्षते, तदाद्यान्तेषु न विद्यते–इति।

पिशील +विज्ञायते

विशीलं पञ्चधा वर्णयन्ति–बाह्वोरन्तरालमित्येकम्, कृतमुष्टिमरत्निं (कृतमुष्टिररत्निः) द्वितीयम्। अकृतमुष्टिमरत्निं तृतीयं, द्वात्रिंशदङ्गुलं चतुर्थं, षट्त्रिंशदङ्गुलं पञ्चममिति।

चतुरश्रा + न्कृत्वा

तान् कुर्यादिति शेषः।

आग्नीध्रो + दध्यात्

इतरान् धिष्णियान् यथासंख्यं व्यवलिख्य द्वादश षोडशेत्यादि होत्रीये, एकादश ब्राह्मणाच्छंसीये, षण्मार्जालीये अष्टावष्टावन्योष्विति–तेषां च यथासंभवं विभागा इति केचिदाहुः। सम चतुरश्राणां धिष्णियानां समचतुरश्रा एवेष्टकाः कार्याः चतुरश्रमादेशादन्यदिति। तवारत्नीविष्कम्भाणां धिष्णियाना मिष्टका अष्टाङ्गुला

---

1. चतुरश्रार्धेन।

आग्नीध्रीयस्य। होत्रीयस्य द्वादशकस्य मध्ये चतस्रश्चतुरङ्गुलाः। परितोऽष्टाङ्गुलाः। षोडशिके षडङ्गुलास्सर्वाः। एकविंशकस्य मध्ये नव चतुरङ्गुलाः, परितो द्वादश षडङ्गुला। [1]चतुर्विंशकस्य कोणेऽप्यष्टाङ्गुलाः, शेषो विंशतिश्चतुरङ्गुलाः। ब्राह्मणाच्छंसीये सप्त षडङ्गुला चतस्रो नवाङ्गुलाः। मार्जालीये पञ्चाष्टाङ्गुलाः एका षोडशाङ्गुळा। अष्टकानामेकाऽष्टादशाङ्गुला, सप्त षडङ्गुलाः। अन्ये त्वाहुः–यथासंख्यमितरानिति वचनात् सर्वा इष्टकास्तुल्यक्षेत्रा एव। तत्र समचतुरश्राणामेव कर्तुमशक्यत्वाद्दीर्घचतुरश्रा अपि क्रियेरन्निति। तन्मतेऽप्याग्नीध्री यस्य पूर्ववत्। होत्रीयस्य द्वादशकस्येष्टका अष्टाङ्गुलायामाः षडङ्गुलव्यासाः। षोडशकस्य पूर्ववदेव। एकविंशकस्य तु अष्टाङ्गुलायामा अरत्निस(प्त)मव्यासाः। (चतुर्विंशकस्य षडङ्गुला यामाश्चतुरङ्गुलव्यासाः। मार्जालीयस्य प्रादेशायामा अष्टाङ्गुलिव्यासाः अष्टकानां प्रादेशायामाष्षडङ्गुलव्यासाः)। ब्राह्मणाच्छंसीयस्य द्वे सरणे अष्टाङ्गुलायामं साष्टादशतिलषडङ्गुलव्यासमेकं करणम्। तेन तिस्र इष्टकाष्षडङ्गुलव्यासा भवन्ति। नवतिलोननवाङ्गुलायाममपरम्। तेन अष्टाविष्टकाः। अन्येषु पिशीलमात्रेष्वेतदनुसारेणेष्टका द्रष्टव्याः।।

अथ परिमण्डलानां षट्त्रिंशदङ्गुलविष्कम्भानां आग्नीध्रीयस्य मध्ये प्रादेशव्यासं परिमण्डलमश्मानं निधाय परितोऽष्टाविष्टकास्तासां करणं, पार्श्वे द्वादशाङ्गुले, चतुर्दशाङ्गुलमष्टतिलोनमेकं तिर्यक्फलकं तद्धनुरिव तक्षेत्, यथा अङ्गुलिः द्वादशतिलाश्च शरो भवति। सविंशतितिलं चतुरङ्गुलमन्यत्तिर्यक्फलकं तच्च धनुरिव तक्षेत्, अन्तर्वक्रं तु भवति यथा पञ्चदश तिलाश्शरः। एवमिष्टका अन्येषां धिष्णियानां त्रीणि करणानि। सर्वेषां च द्वेद्वे फलके अष्टादशाङ्गुले। होत्रीयस्य द्वादशकस्य तृतीयं फलके नवाङ्गुलं सैकादशतिलं, तद्धनुरिव तक्षेत्, यथैक विंशतितिलाश्शरः एवं षोडशकादीनां च द्रष्टव्यम्। ब्राह्मणाच्छंसीयस्य तृतीयं फलकं दशाङ्गुलं सपञ्चदशतिलं, तद्धनुरिवतक्षेत् पञ्चविंशतितिलाश्शरः, सप्ततिलमिति क्वचित्। मार्जालीयस्य तृतीयमप्यष्टादशाङ्गुलं तदर्धधनुरिव तक्षेत्, द्व्यङ्गुलं चतुर्दशतिलाश्शरः। अष्टकानां तृतीयफलकं चतुर्दशाङ्गुलमष्टतिलोनं, तद्धनुरिव तक्षेत्, अङ्गुलिर्द्वादशतिलाश्च शरः। अन्येषां च पिशीलानामेतदनुसारेण द्रष्टव्यम्।

।। इति सप्तमः खण्डः।।

इति सुन्दरराजीये आपस्तम्बशुल्बसूत्रव्याख्याने शुल्बप्रदीपे द्वितीयः पटलः

---

1. चतुर्विंशके मध्ये चतस्रोऽष्यङ्गलाः।

कपर्दिभाष्यम्

उक्तानि हविर्यज्ञानां विहरणानि। सौमिकानि च साग्निचित्यस्य क्रतोरग्निक्षेत्रमान-मिष्टकानां करणानि उपधानविधिश्च नोक्तः। तद्वक्तुकामः प्रस्तौति।

भवतीव खलु वा एष योऽग्निं चिनुते इति विज्ञायते। वयसां वा एष प्रतिमया चीयत इत्याकृतिचोदनात्।। १।।

प्रत्यक्षविधानाद्वा।। २।।

यावदाम्नानेन वेणुना चतुरश्रे आत्मनि पुरुषानवमिमीते।। ३।।

प्रस्तावमात्रमनया श्रुत्या क्रियते न फलनिधानं। विधिविभक्तेरभावात्। नित्योऽग्निरुत्तरवेदिवत्। 'अग्निष्टोम उत्तरवेदिरुत्तरेषु क्रतुष्वग्निः' इति नित्यवचनात्।। यदि प्रस्तावोऽनया श्रुत्या स्वीक्रियते गार्हपत्यचितेः पूर्वमेव प्रस्तावो न कर्तव्यः। सत्यमेतत्। इह प्रस्तावववचनस्येदं प्रयोजनम्–वक्ष्यमाणानि धमार्णि महाग्नेरेव यथा स्युरिति। कानि पुनस्तानि? जानुदघ्नादयो महाग्नेरेवेति कात्यायनीये शुल्बे महाग्ननेरेवैते धर्मा इति स्पष्टमुक्तम्। [1]किं चास्येहाग्निशब्देन निरुपपदेन चोदिता धर्मा यथा स्युरिति। यथा–'तं वा एतं यजमान एव चिन्वीत' इति यजमानो महाग्नेरेव कर्ता न गार्हपत्यादेः। गार्हपत्यधिष्णयानामध्वयुरेव कर्ता। पश्चाद्विधातव्यानां धिष्णियानां पूर्वं विधानस्यैतत्प्रयोजनम्। योऽग्नेश्चेता स भवत्येव। यद्यपि बहवो भ्रातृव्या इति क्रियतेऽनया श्रुत्या। वयसां–पक्षिणां एषोऽग्निः प्रतिमया प्रकृत्या चेतव्य इति आकृतेस्स्वरूपस्य विधानं क्रियते। स चोत्पततां छाययेत्यर्थ इति बोधायनेनोक्तम्। वैशब्दो निश्चये। असावप्याचार्यो वक्ष्यति 'वक्रपुच्छो व्यस्तपक्ष' इति। तस्माच्छ्येनचिदेव प्रथमः। शुल्बान्तरे चोक्तं 'श्येनचिदग्नीनां प्रथमोऽग्निः' इति। यदि श्येनो नित्यः कथं स्वर्गकाम इति? यूपद्रव्यवत्। यथा खादिरं स्वर्गकामस्येति खादिरस्य नित्यत्वं काम्यत्वं च। प्रत्यक्षविधानाद्यावदाम्रायेन। वाशब्दः पक्षव्यावृत्तौ। तेन नैषापृतिचोदना नाऽपि श्येनः प्रकृतिः। कुतः? प्रत्यक्षविधानात्। प्रत्यक्षमेवात्र विधीयते। पक्षीभवतीत्यारभ्य पक्षपुच्छनामपि प्रमाणं विहितम्। तेन विरोधात्। नन्क्तमाकृतिचोदनेति, नैषा चोदना, नापि विधिः, विधिविभक्तेरभावात्। चीयत इति निर्दिश्यते न चिनुयाच्चेतव्यमिति वा। विध्यन्तरशेषभूतत्वाच्च पश्यामो न विधायिकेति। 'ब्रह्मवादिनो वदन्ति न्यङ्ङग्निश्चेतव्या ३ उत्ताना ३ इत्यारभ्य प्राचीनमुत्तानं पुरूषशीर्षमुपदधाति' इति पुरुषशिरसः उपधानं विधीयते। तस्य शेषभूतमिदं न विधायकम्। श्येनचिदग्नीनां प्रथम इति

---

1. किंचास्यैवाग्रिशब्देन।

पिठकश्येनमधिकृत्यैतदुक्तं पुरुषमात्रपक्षपुच्छस्य समाख्या श्येन इति। तस्मादविरोध:। यावदाम्नानं तावदेव सारूप्यं। पक्षपुच्छवत्तथा सारूप्यं गृहीत्वा वयशशब्दो वर्तते। तस्मात्पुरुषमात्रपक्षपुच्छवानग्निरिति तामेव प्रकृतिं निश्चित्य अन्ये [1]आकृतिविशेषा [2]वक्रपक्षादय: काम्या इति सिद्धम्। वक्ष्यति 'काम्या गुणविकारा' इति। वेणुना चतुरश्र आत्मनि पुरुषानवमिमीते अग्निकल्पे उक्तलक्षणेन वेणुना गिगीते–गनोति रथण्टिलार्धं क्षेत्रं वक्ष्यमाणेन मार्गेण सर्वतो द्विपुरुष आत्मा द्वाभ्यां चत्वारीति वचनाच्चत्वारि च पुरुषक्षेत्राण्यात्गनि–

पुरुषं दक्षिणे पक्षे पुरुषं पुच्छे पुरुषमुत्तरे।

पुरुषमेकं दक्षिणे पक्षे पुरुषं पुच्छे पुरुषमुत्तरे–एवं त्रीणि चतुरश्राणि पुरुषप्रमाणानि, आत्मना सह सप्त पुरुषक्षेत्राणि।।

अरत्निना दक्षिणतो दक्षिणं पक्षं वर्धयति। एवमुत्तरत उत्तरम्।।

अरत्निप्रमाणेन दक्षिणत: दक्षिणं पक्षं वर्धयति–दीर्घं करोति। उत्तरतश्चोत्तरं पक्षम्।।

प्रादेशेन वितस्त्या वा पश्चात्पुच्छम्।।

द्वादशाङ्गुलेन त्रयोदशाङ्गुलेन वा पश्चात्पुच्छं [3]वर्धयेदिति शेष:। एवमर्धाष्टमानि षुरुषक्षेत्राणि भवन्ति।[4]

करविन्दीया व्याख्या

अग्न्याधेयप्रभृति सोमान्तानां केवलविहारा उक्ता:। इदानीं साग्निचित्येषु क्रतुषु विहारविशेषविधित्सयाग्नेश्चयनविधायिकां श्रुतिं पठति।।

भवती +यते

भवतिस्समृद्ध्यर्थे। इवखलुवैशब्दो निपातसमुदायो वाक्यालङ्कारादौ वर्तते।'रस इव खलुवै [5]तत् योऽग्निं चिनुते–अग्निं चयनेन संस्करोति स समृद्धो भवतीति विज्ञायते[6]।। [7]ननु मन्त्रस्य विधे: स्तावकतयाऽर्थवादोऽयं। चिनुत इति वर्तमाननिर्देश:।

1. प्रकृति_B।
2. कङ्कपक्षा_A
3. पुरुषं_B
4. ब्रह्मवर्चसमित्यादिषु।
5. ब्रह्मवर्चसमित्यादिषु।
6. गतं।
7. ननु प्रकुर्वन्नेह्यवक्रामन् इत्यादि। प्रकुर्वन् हीत्यादि।

अतः कथमेषा अग्निसंस्कारभूतस्य चयनस्य विधायिका श्रुतिः कल्प्यते। सत्यं, तैत्तिरीयके अस्या एव श्रुतेर्मुख्यत्वादप्राप्तार्थत्वेनानुवादत्वासंभवाच्चयनमात्रस्यैषा विधायिका श्रुतिः कल्प्यते। अकामसंबन्धान्नित्येति च। ननु चयनवद्भवत्यर्थोऽपि विधेयः। न विधेयः, कुत, चयनस्याग्निसंस्कारत्वेन तत्फलानुवादासंभवात्।।

वयसां+दना

वयांसि–पक्षिणः श्येनादयः। प्रतिमा– प्रतिकृतिःसादृश्यमाकृतिरूपं चोदयतीति चोदना विधायिका श्रुतिः। एषोऽग्निर्यथा [1]श्येनाकृतिर्भवति तथा चेतव्य इत्यर्थः। शुल्बान्तरे च–श्येनचिदग्नीनां प्रथमोऽग्निरित्युक्तं। वक्ष्यति च श्येनं प्रकृत्य वक्रपक्षो व्यस्तपुच्छो भवतीति। तस्माद्वक्रपक्षादिविशिष्टश्येनोऽग्निः प्रकृतित्वेन कार्यः। स नित्यः। यूपप्रकृतिभूतखादिरादिवत् स्वर्गकामस्यापि भविष्यति।

प्रत्य +नेन

वाशब्दः पक्षव्यावृत्तौ। नैतदस्ति वयसां वा एष प्रतिमया चार्यत इति[2] एषा श्येनाद्याकृतिविशेषचोदनेति। कुतः, प्रत्यक्षविधानात्। यतः पक्षी भवतीत्यादिना वाक्येन व्यायाममात्रपक्षपुच्छवदाकृतिः प्रत्यक्षमेवाग्नेर्विधीयते। अतः वयसां वा एष प्रतिमया चीयत इति वयस्सादृश्यमात्रमभिदधाति, नैषा श्यैनाकृतियोदना भवितुमर्हति। किञ्च चीयत इति वर्तमानार्थ निर्देशादस्य वाक्यस्य पुरुषशीर्षोपधानविधिवाक्यशेषत्वाच्च नैषा विधायिका। यच्चोक्तं शुल्बान्तरे– 'श्येनचिदग्निनां प्रथमोऽग्निरित्युक्तमिति' नायं दोषः। तत्र हि व्यायाममात्रपक्षपुच्छोऽग्निरित्यपि श्येन इत्युच्यते। तस्मादाम्नानेन वेदेन व्यायाममात्रपक्षपुच्छवत्ताया यावत्सादृश्यं विहितं तावदेव संपादयितव्यं। तस्मात्पुरुषमात्रपक्षपुच्छवानग्निः प्रकृतिर्नित्यश्चेति स्थितम्। अस्याग्नेस्स्वरूपमाह।

वेणुना + च्छं

वक्ष्यमाणप्रकारेण वेणुनाऽत्मनि चतुरः पुरुषानवमिमीते। अवमानमपि विमानमेव। इयति [3]शक्ष्यामीति त्वा अवमाय यजन्त इति दर्शनात्। सर्वतो द्विपुरुष आत्मा [4]ताभ्यां चत्वारि पुरुषक्षेत्राण्यात्मा भवति। एवं वक्षयोः पुच्छे च पुरुषसंमितानि त्रीणि। एवं सप्त पुरुषक्षेत्राणि अरत्निना दक्षिणतो दक्षिणं पक्षं प्रवर्धयति दक्षिणतो–दीर्घं कुर्यात्। एवमुत्तरत उत्तरमपि पक्षमुत्तरतो दीर्घं कुर्यात्। प्रादेशेन वितस्त्या वा पश्चात्पुच्छं।

1. श्येनसदृशाकृतिः।
2. अग्नेः।
3. वक्ष्यामीति।
4. द्वाभ्यां।

प्रादेशोऽङ्गुष्ठप्रदेशिनीभ्यां परिमितः वितस्तिरङ्गुष्ठकनिष्ठिकाभ्यां तयोरन्यतरेण पुच्छं प्रतीचीनं वर्धयेत्। एवमर्धाष्टमानि पुरुषक्षेत्राण्यग्नेः क्षेत्रं भवति।

सुन्दरराजीया व्याख्या

वेदेर्विमानं सौमिक्याः क्रमैर्द्विद्वादशाङ्गुलैः।
आदित्रिसप्तसु द्वित्रिचन्द्रद्वियुगभूमिषु।। १।।

भूत्रिभूद्विशरैकेषु शङ्कवो दश पञ्च च।
सषट्तिलारत्निषष्ठोनाष्टात्रिंशदरत्निका ।। २।।

[1]विमानरज्जुश्चिह्नं स्यात्तस्यास्सप्तदशस्वथ।
पाशौ कार्यौ तयोर्मध्ये प्रक्रमा द्वादश स्मृताः।। ३।।

षट्त्रिंशिका वा रज्जुस्स्याद्विमाने द्व्यष्टलक्षणा।
श्रोणी पञ्चदशस्वाद्ये सदोऽनन्तरतुर्ययोः।। ४।।

दशस्वष्टसु तत्कोणास्तृतीयेऽरत्निमात्रकाः।
धिष्ण्याः प्रादेशान्तराला आग्नीध्रं तु तुरीयके।। ५।।

रुद्रेषु सप्तदशसु शङ्कू पादोनितेष्विह।
कार्यौ हि पञ्चमेऽर्केषु मार्जालाग्नीध्रधिष्णियौ।। ६।।

सप्तमे प्राग्वदाग्नीध्रं धानं सार्धचतुष्टये।
उत्करो दशमे शङ्कौ मनुषूत्तरतः क्रमे।। ७।।

ऊवध्यगोहखननस्थानमेकादशे पुनः।
हविर्धानं प्राग्वदत्र पाशयोर्व्यत्ययोऽधिकः।। ८।।

षोडशस्वर्धहीनेषु शामित्रो द्वादशे भवेत्।
शङ्क्वोरुत्तरवेदिःस्याद्द्वयोःसार्ध उपान्त्ययोः।। ९।।

अन्तिमे द्वादशस्वंसौ [2]चात्वालोंऽसादुदक्क्रमे।
पशुबन्धोऽस्तु चात्वालःसोमेऽपीत्यवधार्यते।। १०।।

मानान्तरमनुक्त्वैव व्याख्यात इति कीर्तनात्।
शम्यामात्रस्तु सर्वत्र व्यक्तं बोधायनोऽब्रवीत्।। ११।।

---

1. विमानरज्जुचिह्नं स्यात्तस्यां सप्त।
2. चत्वारोंऽसादुदक्क्रमे।

अन्यथाग्नौ विरोधस्स्यान्मानं चान्यन्न विद्यते।
उत्तरेंऽसे महावेद्यामास्तावः परिकीर्तितः।।१२।।

दक्षिणे तु हविर्धाने पश्चात्रीन् प्रक्रमांस्त्यजेत्।
पादोनद्वितयं पार्श्वेऽरत्नौ तूपरवास्स्मृताः।।१३।।

अर्धप्रादेशतस्तेषां भ्रमणं कोणशङ्कुषु।
अग्रेणोपरवांस्त्यक्त्वा पादोनप्रक्रमत्रयम्।।१४।।

शम्यामात्रश्चतुस्स्रक्तिः [1]खरश्लिष्टस्तु सञ्चरः।
[2]औदुम्बरसदोमध्ये पृष्ठ्या दक्षिणतः क्रमे।।१५।।

भवतीव +चोदना

प्रतिमया वयसां उत्पततां छायया। तथा च बोधायनः–

'वयसामुत्पततां छाययेत्यर्थः'

इति। अनेन श्येनचितिर्नित्येति ज्ञायते। मन्त्रवर्णाश्च भवन्ति, 'सुपर्णोऽसि गरुत्मान्' इत्यादीनि। लिङ्गानि च पुच्छाच्छि रोऽधिकृषति शिरसि पक्षयोरित्यादीनि। न हि चतुरश्रे शिरोस्ति।

प्रत्य+ द्वा

पक्षीभवति व्याममात्रौ पक्षौ च पुच्छं च भवतीत्यादि प्रत्यक्षविधानाद्वा आकृतिः प्रत्येतव्या। अनेन चतुरश्रोऽग्निर्विधीयते। स च सर्वाग्नीनां प्रकृतिरिति। तमेव तावदाह–

याव +त्तरे

यावदाम्नानेन यथासमाम्नातेन पुरुषमात्रेण वक्ष्यमाणेन पञ्चारत्निना। एवं केवलसप्तविधाग्नेर्मानमुक्तं, पक्षान्तरमाह–

अरत्निना +च्छं

वितस्तिर्द्वादशाङ्गुला। यथोक्तं कात्यायनेन–

(१२०)

'पञ्चारत्नर्दशवितस्तिर्विंशतिशताङ्गुलयः पुरुषः'

इति। वितस्तिर्द्विदशाङ्गुलेत्येव नैघण्टुकाः। प्रादेशेनेत्यस्य व्याख्यानं वितस्त्येति। प्रादेशशब्दार्थस्य विशयिस्वात् वितस्तिरेवात्र प्रादेशशब्देन ग्राह्या, नतु प्रसारिते

1. खरः शिष्टस्तु।
2. औदुंबरी सदोमध्ये।

अङ्गुष्ठप्रदेशिन्यावित्यर्थः। अथवा वाजसनेयके 'वितस्त्या पुच्छं' इति श्रुतत्वा द्वितस्तिशब्दस्यैव प्रसिद्धतरेण प्रादेशशब्देन व्याख्यानम्। वाशब्दो वाक्यार्थेऽवसंबध्यते। तेन सर्वमिदं विकल्प्यते। तथाहि- पुच्छवृद्धेस्तावद्वैकल्पिकत्वमवगतम्, तैत्तिरीयके प्रवृद्धेरनुक्तत्वात्। व्यनक्ति च कात्यायनस्तथा 'पुच्छं विसन्त्येच्छन्' इति। पक्षवृद्धेरपि वैकल्पिकत्वम्, 'अरत्निना पक्षौ द्राघीथाडाँसौ भवतः' इत्युक्त्वा इति द्राघीयस्त्वमुक्त्वा 'व्याममात्रौ पक्षौ च पुच्छं च भवति' इति पुरुषमात्रस्यैव निगमनात्। स्पष्टयति चैतद्बोधायनः-

पुरुषमात्रैण वेणुना सपक्षपुच्छमरत्निना वा पक्षौ
द्राघीयाँग्सौ भवतः।

इति। केचित्तु वितस्तिं त्रयोदशाङ्गुलां मन्वाना द्वादशाङ्गुलेन प्रादेशेन विकल्पयन्तः पक्षपुच्छानामरत्न्यादिप्रवृद्धिं नित्यामाहुः। तेषामष्टविधप्रभृतीनां यदन्यत्सप्तस्य: विभज्य विधासप्तमकरणीमित्यादि न संगच्छते। तत्रयोदशाङ्गुलवितस्त्यभ्युपगमे पुच्छे विंशतिशताङ्गुलमात्रं क्षेत्रमुपधातुं न शक्यते। तत्र कश्चिदाह – पुरीषेण पूर्यतामिति, तत्सूत्रकारो न सहते। यदाह 'अर्थान्तरत्वात् पुरीषस्य' इति 'यत्पच्यमानानां प्रतिह्रसेत' इति च। किञ्च पुरीषेण चेत्सर्वस्य न्यूनस्य पूर्तिः; किमिति महता ग्रन्थेन [1]इष्टकाप्रमाणार्धमधुना प्रयत्यते। तस्मान्न किञ्चि देतत्त्रयोदशाङ्गुला वितस्तिरिति। अन्ये मन्यन्ते- द्वादशाङ्गुल योरेव वितस्तिप्रादेशयोः आमिक्षापयस्ययोरिव बिधिभेदाच्छब्दभेदः तयोश्च परस्परं विकल्प इति। तेषामपि पूर्वोक्ताऽसंगतिः स्पष्टैव। ब्राह्मणविरोधश्च। तैत्तिरीयके हि पुच्छस्य प्रवृद्धिः पाक्षिकत्वेनापि नोक्ता। [2]तस्मादरत्निप्रादेशानां पाक्षिकत्वमेव ज्यायो मन्यामहे। किञ्च यदेवेष्टकानामष्टाङ्गुलानां पञ्चमं करणं तदप्यस्मिन्नर्धे लिङ्गं कथम्? तत्र हि प्रथमतृतीयकरणाभ्यामेव उपधाने शक्ये अन्यानि त्रीणि करणानि भेदपरिहारार्थानि। तत्र पञ्चमेन विनाऽप्युपधानं सुकरम्। सरत्न्यादिप्रवृद्धौ नित्यायां तत्प्रकारश्च दर्शितो भगवता बोधायनेन-

'उपधाने पूर्वापरयोः पक्षपार्श्वयोः'

इत्यादि। अन्यश्च प्रकारः- आत्मनि पुरस्तात् दशार्धेष्टकाः। उदगायताः पञ्चदश। पक्षाग्रयोर्मध्ये तिस्रस्तिस्रः प्राच्यः। पुच्छपार्श्वयोः पञ्चपञ्च। पुच्छाग्रकोणयोर्द्वे प्रादेशमात्र्यौ। ताभ्यामध्यर्धेऽष्टके उदीच्यौ। पक्षाग्रकोणेष्वेकैका अध्यर्धा उदगायता। अप्यययोश्च पञ्चपञ्च यथासूत्रं। पुच्छाग्रमध्ये द्वे प्राच्यौ। शेषे पञ्चम्यः। एष द्विशतः प्रस्तारः। अपरस्मिंस्तु

1. इष्टकाकरणानि विधास्यन्ते।
2. तस्मादरत्निप्रादेशेन वृद्धेः पाक्षिकत्वमेव

पक्षपार्श्वयोषट्षडर्धेष्टका उदीच्यः। आत्मनि दक्षिणत उत्तरतश्च षट् षट् प्राच्यः। श्रोण्यंसेषु द्वेद्वे अध्यर्धे उदीच्यौ। पुच्छाप्यये पञ्च प्रागायताः आत्मानमरत्निनिनोपेताः। शेषे पञ्चम्यः। पुच्छाग्रेषु मध्यमामुद्धृत्य द्वे अर्धेऽष्टके उदीच्यौ। एष द्विशतः प्रस्तारः। एवं चतुर्भिः करणैरुपधाने सिद्धे यत्पञ्चमं करणं तदरत्निप्रादेशाभावेऽपि भेदपरिहारेण द्विशतपूरणार्थम्। निरूपणीयं चैतत्सर्वं सूरिभिरित्युपरम्यते।

कपर्दिक्षाष्यम्

एकविधः प्रथमोऽग्निरिद्वविधो द्वितीयस् त्रिविधस्तृतीय। त एवमेवोद्यन्त्यैकशतविधात्।।

एकः पुरुषो यस्मिन्निति एकविधः, एकपुरुषादेकोत्तरं चिन्वीतेति प्रथमातिक्रमे कारणाभावादिति प्रथम एकपुरुषविधा इष्टका अस्मिन्विधीयन्ते इति अग्निक्षेत्रम्। 'आतश्चोपसर्गे' इत्यङ्। एका चासौ विधा चैकविधा पुरुष इत्यर्थः। अधिकृतत्वात् पुरुषस्य। एवं सर्वत्र लोचनीयम्। उद्यन्ति गच्छन्ति आ एकशत विधात्। अभिविधावाङ्।

तद् ह वै सप्तविधम् एव चिन्वीत। सप्तविधो वाव प्राकृतोऽग्निः। तत ऊर्ध्वमेकोत्तरान् इति विज्ञायते।।

निपातसमूहः पक्षव्यावृत्तौ। एकविधादयो न चेतव्या इति। वावेत्यवधारणे सप्तविध एव प्राकृतोऽग्निः–प्रकृतिरित्यर्थः। स्वार्थ एव तद्धितः। सप्तविधादूर्ध्वं एकोत्तरानिति वाजसनेयिनां श्रुतिः। सप्तार्थ एव प्रथमः प्रकृतिश्च पुरुषमात्रेणेत्यारभ्य सप्तार्धस्य विधानादुपधानविधौ दक्षिणे पक्षे उपदधातीति श्रूयते। तत ऊर्ध्वमेकोत्तरानिति एकपुरुषाधिकाः परमिति, द्वितीये प्रयोगे अर्धनवमं, तृतीयेऽर्धदशममित्येवं द्रष्टव्यम्।

करविन्दीया व्याख्या

एकविधः प्र +तिविज्ञायते

सप्तविधस्य प्रकृतित्वमाशङ्क्य तेनैव प्रकृतित्वं प्रतिपादयितुमाह–विधीयते मीयत इति विधा अग्निविमानं, पुरुषमात्रेण वेणुना पुरुषक्षेत्राणि एकैकशोऽत्र मीयन्त इति विधाशब्दः पुरुषक्षेत्रवाची। एका विधा यस्याग्नेः स एकविधः। प्रथमातिक्रमे कारणाभावात् प्रथम एकविधस्स एव प्रकृतिः, इतरे विकृतयः, ते चाग्नय एवमेकपुरुषवृद्ध्या उद्यन्ति अधिका भवन्ति–वर्धन्त इत्यर्थः। आ एकशतविधात्। आङ्त्राभिविधौ। कथं विधाशब्दस्य विमानपर्यायत्वं, उच्यते–विदधाति करोतीत्यर्थः। करणीव्यापारेषु विमानेषु करोतिः तत्रतत्र दृश्यते। अतो विधाविमानयोः पर्यायत्वम्। तस्मादेकविधः प्रथमः। स एकविधः

प्रकृतिश्च। द्विविधादयस्तद्विकारा इति। तदुहवै सप्तविधमेव चिन्वीत–तदुहवा इति निपातसमुदाय: पक्षव्यावृत्तौ। नैतदस्त्येकविध: प्रथम इति। किं? तस्मिन् सप्तविधमेव प्रथमं चिन्वीतेति। कुत:? सप्तविधो वाव प्राकृतोऽग्नि:। वाव इत्यवधारणे। 'एष वाव सर्वतो राजा' इत्यादौ दर्शनात्। प्रकृतिरेव प्राकृत: स्वार्थे तद्धित:, तस्मात्सप्तविध एव प्रकृतिभूतोऽग्नि:। तस्मात्सप्तविध एव प्रथमं चेतव्य:, नैकविध: तस्मिन्नेव पक्षपुच्छाद्यङ्गानामुपदेशादित्यभिप्राय:। सप्तविध इत्यर्धाष्टम एवोच्यते। यावानग्निस्सारत्निप्रादेश:सप्तविध:संपद्यत इति वक्ष्यमाणत्वात्। तत ऊर्ध्वं तत:सप्तविधादूर्ध्वमेकोत्तरानेकेनाधिकानग्नींश्चिन्वीतेति श्रुति:। अग्निर्बलोक्तं वाजसनेयकमिति। तस्माद्द्वितीयाद्याहारेषु। सप्तविधमेव चिन्वीतेत्येतदपि लभ्यते। एकोत्तरपक्षेऽष्टविधादौ द्वितीयेऽर्धनवम: तृतीयेऽर्धदशम: इत्येवमेकोत्तरविधत्वं एकशतविधात् द्रष्टव्यम।

सुन्दरराजीया व्याख्या

एकविध:+विधात्

विधीयत इति विधा– पुरुषमात्रं क्षेत्रम्। प्रथमाहारे एकविध:। एवं द्विविधादि। एकशततम आहारे एकशतपुरुष:।

तदुहवै +विज्ञायते

पक्षान्तरमाह–प्रकृतिरेव प्राकृत: प्रज्ञाद्यण्। सप्तविधादूर्ध्वमेकोत्तरानेकशतविधात्। सर्वत्रारत्निप्रादेशानां न वृद्धि:, विधानामेव वृद्धिवचनात् 'एकविंशे पुरुषाभ्यासो नारत्निप्रादेशानाम्' इति लिङ्गाच्च। व्यक्तोक्तमेतद्बोधायनेन– 'अर्धाष्टमा: पुरुषा: प्रथमोऽग्नि: अर्धनवमा द्वितीयोऽर्धदशमास्तृतीय:' इत्यादि। यस्त्वेकविधादिक्रमेणाहरते तस्य सप्तविधादिष्वप्यरत्निप्रादेशानामभाव:, एकोत्तरत्वविरोधात् सारत्निप्रादेशे सप्तविध आहृते उत्तरेऽपि नारत्निप्रादेशा:।

कपर्दिभाष्यम्

वाजसनेयिकमिति अग्निविकल्पविधानात् विकल्पं सप्तार्धमपि द्वितीये विहारे चिन्वीतेत्येतदपि लभ्यते।

एकविधप्रभृतीनां न पक्षपुच्छानि भवन्ति। सप्तविधवाक्यशेषत्वाच्छ्रुतिविप्रतिषेधाच्च।। ५।।

इतश्च पश्याम: सप्तार्धविध एव चेतव्य इति। यस्मादेकविधप्रभृतीनां

षड्विधपर्यन्तानां न पक्षपुच्छानि भवन्ति। किमुक्तं भवति? यतः पक्षपुच्छानि न भवन्ति तेषु न शेरत इत्यर्थः। कुत इत्याह– सप्तेति। सप्तविधमग्निं प्रकुत्य विधीयन्त इत्यर्थः। रथन्तरं दक्षिणे पक्षे उपदधाति वृहदुत्तरपक्ष इत्येवमादयो न वियुज्यन्ते। तस्मान्न चेतव्या एकविधादयः। सप्तविध एव चेतव्यः। तेष्वेव पक्षपुच्छानि किमिति न क्रियेरन्नित्यत आह–श्रुतीति विरोधो–विप्रतिषेधः। यद्येकविधस्यपक्षपुच्छात्मनां विभागः क्रियते; पक्षपुच्छात्मनां व्यायाममात्रता हीयते। अथैष दोषो न भवेदिति व्यायाममात्रता पक्षपुच्छात्मनां गृह्येतः तदैकविधत्वं हीयेत। तस्माद्विरोधः। अतश्च विरोधान्न कर्तव्या एकविधादयः षड्विधपर्यन्ताः। कथमष्टविधादयो मातव्या इत्यत आह–

अष्टविधप्रभृतीनां यदन्यत्सप्तभ्यस्तत्सप्तधा विभज्य प्रतिपुरुष-मावेशयेत्।। ६।।

अष्टविधप्रभृतीनां एकशतविधपर्यन्तानां यदन्यत्सप्तभ्यः सप्तार्धेभ्यः तत्सप्तधा सप्तार्धधा यदन्यत्सप्तार्धेभ्यः प्रक्षेप्तव्यमासीत् तत्सप्तार्धधा विभज्य सप्तार्धेभ्य इति कुत एतल्लभ्यते? सप्तविध इत्युक्तेऽर्धाष्टम एव गृह्यते। अरत्निप्रादेशानां तदन्तर्गतत्वात्। वक्ष्यति सप्तविध इति। अष्टविध एकः प्रक्षेप्तव्यः नवविधे द्वौ। दशविधे त्रय [1]इत्येवं द्रष्टव्यमेकशतविधात् पुरुषात्। पुरुषं सप्तार्धधा विभक्तं कृत्वा प्रतिपुरुषमेको भागः क्षेप्तव्यः। सप्तस्वर्धपञ्चारत्निप्रादेशेषु पुरुषे त्रिंशत्पञ्चदशभागीयाः। अर्ध पुरुषे पञ्चदश। एवमेकस्मिन्पुरुषक्षेत्रे द्वे शते पञ्चविंशतिश्च पञ्चदशभागीयाश्शेरते। अष्टविधे ताः प्रक्षेप्तव्याः। एकस्मिन्पुरुषक्षेत्रे त्रिंशत्पञ्चदशभागीयाः। तासु प्रक्षिप्तासु पञ्चपञ्चाशदधि-कशतद्वयमापद्यते। षोडशानां वर्गं षट्पञ्चाशदधिकम्। तच्चतुरश्राच्चतुरश्रमित्यनेन न्यायेन एकस्मिन्पञ्चदशभागयाक्षेत्रेऽपनीते या रज्जुः सा पुरुषस्थानीया। तस्याः पञ्चमो भागोऽरत्निस्थानीयः। तेन मानेन कृते सर्वपुरुषक्षेत्रं लिप्तं भवति। एवं नवविधादिषु द्रष्टव्यम्।

आकृतिविकारस्याश्रुतत्वात्।। पुरुषमात्रेण विमिमीते' वेणुना विमिमीते इति विज्ञायते।। ७।।

यदि पुरुषक्षेत्रमेकत्र क्षिप्यते, विक्रियेताकृतिः। न विद्यते श्रुतिर्यस्यास्सा अश्रुतिः। आकृतिविकारस्य श्रुतेरभावात् इत्यर्थः। पुरुषमात्रेणेति द्रव्यमपेक्षते। वेणुनेति च मात्रामपेक्षते। तयोर्नष्टाश्वदग्धरथवत्संबन्धः। पुरुषमात्रेण वेणुना मिनोति।

यावान्यजमान ऊर्ध्वबाहुस्तावदन्तराले वेणोश् छिद्रे करोति मध्ये तृतीयम्।। ८।।

1. इत्येव स्पष्टमेकशत।

यजमानग्रहणादध्वर्युप्रमाणो वेणुर्न गृह्यते। छिद्रयोरन्तरालं यजमानमात्रं यथा भवति तथा छिद्रे करोति तयोर्मध्ये वेणोश्छिद्रमेकं करोतीति शेष:।

अपरेण यूपावटदेशमनुपृष्ठ्यं वेणुं निधाय छिद्रेषु शङ्कून् निहत्य उन्मुच्यापराभ्यां दक्षिणाप्राक् परिलिखेदान्तात्।। ९।।

सञ्चरस्य पश्चादनुपृष्ठ्यं पृष्ठ्या यथा तथा वेणुं निधाय त्रिषु छिद्रेषु शङ्कुं निहत्य अपराभ्यां शङ्कुभ्यामुन्मुच्य दक्षिणाप्राक्सव्यं परिलिखेदान्तात् अग्निक्षेत्रात्।

उन्मुच्य पूर्वस्मादपरस्मिन् प्रतिमुच्य
दक्षिणा प्रत्यक्परिलिखेदान्तात्।।

पूर्वस्माच्छङ्को: प्रतिमुच्यापरस्मिन् प्रतिमुच्य दक्षिणाप्रत्यक्परिलिखेदान्तात्।

अष्टम: खण्ड:

करविन्दीया व्याख्या

सप्तविधोऽग्नि: प्रकृति:, अन्येऽग्नयो विकृतय इत्युक्तम् तत्रैकविधादीनां षण्णां विशेषमाह--

एकविधादीनां+भवन्ति

भवेयु:। कुत:? सप्तविधवाक्यशेषत्वाच्छ्रुतिविप्रतिषेधाच्च। पक्षीभवतीत्यादिपुच्छविधायकवाक्यस्य सप्तविधप्रकरणपाठात्तच्छेषत्वावगते:। किञ्चैकविधे पक्षादिविभागकरणे व्यायाममात्रताहानि: व्यायाममात्रपक्षादिकरणैकविधताहानिरिति व्यायाममात्रपक्षपुच्छैकविधत्वविधायकयो: श्रुत्योर्विरोधान्नैकविधादीनां पक्षादयो भवेयु:। तेषां करणोपधानादीनि एकविधप्रभृतीनामित्यत्र वक्ष्यति। ननु सपक्षपुच्छेषु विधाभ्यासेऽपचये च विसप्तमकरणीं पुरुषस्थानीयां कृत्वा विहरेदित्यष्टविधाद्युपचयमते एकविधादौ अपचयेऽपि सप्तधा विभागं दर्शयति। तत्पक्षपुच्छविभागार्थं। इतरथा अपचयविषयेऽपचयस्य दृष्टार्थत्वप्रसङ्गात्। तेनैकविधानामपि भवतीति गम्यते। तत्कथं तेषां तानि न भवन्तीति। उच्यते– एकविध: प्रथमोऽग्नि:, तदुहवै सप्तविधमेव चिन्वीतेत्येवमाद्योर्विरुद्धार्थाभिधायिन्यो:श्रुत्यो:समुच्चयाभावाद्विकल्प एवावकल्पते। तस्मादेकविधो वा प्रथम: सप्तविधो वा प्रथम:। तत्र यदैकविध: प्रथम: प्रकृतिश्च; तदा द्वितीयाद्याहारेषु एकोत्तरा एव द्विविधादय: प्रयोक्तव्या:। प्रकृतिभूतैकविधे पक्षपुच्छानामनाम्नानादेकविधादीनां षण्णां पक्षपुच्छानि न भवन्ति। सप्तविधे तु विद्यन्त एव। एवमष्टविधादीनां तद्विकारत्वात्तेषु च विद्यन्त एव। यदा सप्तविध: प्रकृति:, इतरे

तद्विकाराः तदैकविधादयोऽप्यष्टविधवत् सपक्षपुच्छा एव भवेयुः, एवं विधापचयोक्तः सप्तविधविभागोऽर्थवान् भविष्यति तत्रातिरात्रवद्विकृतेरपि कदाचित् प्रथमतोऽनुष्ठानं एकविधस्य लभ्यत एव। अस्मिन्नपि पक्षे एकोत्तरनियमोऽस्त्येव। यदैकविधः प्रकृति प्रथममाहारः तदाऽसावपक्षपुच्छाः। द्वितीयादिष्वाहारेषु द्विविधादयो यावत्सप्तविधम-पक्षपुच्छा एव। सप्तविधादयःसपक्षपुच्छा एव। यदैकविधो विकृतिः प्रथमाहारः तदाऽसौ सपक्षपुच्छः। द्वितीयादिष्वाहारेषु द्विविधादयस्सर्वे सपक्षपुच्छा एव। यदा सप्तविधः प्रकृतिर्वा विकृतिर्वा प्रथमः, तदा तत ऊर्ध्वमष्टविधादयःसप्तविधा एव। तस्मादेकविधादीनां षण्णामपक्षपुच्छत्वं सपक्षपुच्छत्वमुभयमप्यस्त्येवेति सर्वमुपपन्नम्। अष्टविधादिष्वेकोत्तरेषु कथमतिरिक्तस्य विभाग इत्यत आह–

अष्टवि +येत

अस्यार्थः–अष्टविधादिष्वर्धाष्टमेभ्यो यदन्यदधिकमागन्तु तत्सप्तधा सप्तार्धधा विभज्य प्रतिपुरुषं–पुरुषे षुरुषे भागमेकैकमावेशयेत्। अर्धमर्धे यावानग्निः सारत्निप्रादेशःसप्तविध इति लिङ्गात् कुतः? आकृतिविकारस्याश्रुतत्वात्–श्रुतेरभावात् प्रमाणाभावादित्यर्थः। तत्रैकस्मिन् पुरुषक्षेत्रे पञ्चविंशतिर्द्वे शते च पञ्चदश भागीयाश्शेरते, आसां त्रिंशत्त्रिंशत्पञ्चदशभागीयाः पुरुषेपुरुषे प्रक्षेप्तव्याः। अर्धे पञ्चदश, अयमर्थः– प्रक्षेप्तव्यं पञ्चदशधा विभज्य तस्य द्विभागतहितं, पुरुषं यं करोति आकृतेरविकारत्वाय सा तस्य पुरुषस्य करणी ग्राह्या। तावान्वेणुर्भवतीत्यर्थः।

इदानीं विमानमुच्यते–

पुरु +यते

श्रुतिद्वयमिदम्। अत्रेका श्रुतिर्द्रव्यापेक्षणी, अन्या परिमाणापेक्षणी। तयोः नष्टाश्वदग्धरथवत्संप्रयोगः। पुरुषमात्रेण वेणुनेत्यर्थः। यावान्– यत्परिमाणो यजमान ऊर्ध्वभूतबाहुः तत्परिमाणं यथा छिद्रयोरन्तरालं भवति तथा वेणुछिद्रे कुर्यात्। पञ्चारत्निः पुरुष इति वक्ष्यति। स चैतद्धेतुकः। यूपावटस्य पश्चात् सञ्चरमवशिष्यानुपृष्ठ्यं पृष्ठ्यायां वेणुं निधाय छिद्रेषु शङ्कुं निहत्यापराभ्यां शङ्कुभ्यां वेणुमुन्मुच्यापरस्मिन् छिद्रे कीलं प्रतिक्षिप्य पूर्वस्मिन् शङ्कौ प्रतिमुच्य तेनैवापरशङ्कुमूलादारभ्य दक्षिणाप्रागान्तात् परिलिखेत्। अन्तस्तस्याः स्तस्या दिशोऽन्तः वेणुनाऽरब्धा रेखा यावद्दिगन्तराभिमुखी भवति तावत्परिलिखेदित्यर्थः। उन्मुच्य पूर्वस्माच्छङ्कोरपरस्मिन् शङ्कौ प्रतिमुच्य दक्षिणा प्रत्यक्पूर्ववत् परिलिखेत्।

सुन्दरराजीया व्याख्या

एकविध + च्च

श्रुतिविप्रतिषेधो व्याममात्रौ पक्षौ च पुच्छं च भवतीति। चतुरश्रविषयं चैतत्। श्येनचिदादयस्तु सपक्षपुच्छा एव भवन्ति तदाकृतेरेव विधेयत्वात्।

अष्टविध +येत्

यदधिकं सप्तभ्य: पुरुषक्षेत्राङ्गुलयश्च चतुर्दशसहस्राणि चत्वारि शतानि १४४००। तास्सप्तभ्योऽधिकै: पुरुषैर्हत्वा सप्तभिर्विभज्य लब्धं पुरुषक्षेत्राङ्गुलिषु संयोजयेत्। तास्तत्र पुरुषक्षेत्राङ्गुलयो ज्ञेया:। यथा अष्टविधे पुरुक्षेत्राङ्गुलय: चतुर्दश सहस्राणि चत्वारि शतानि च सप्तभ्योऽधिकेनैकेन पुरुषेण हत्वा सप्तभिर्विभज्य लब्धं द्वे सहस्रे सप्तपञ्चाशच्चाङ्गुलय: पञ्चतिलयुक्ता:। एता: पुरुषाङ्गुलिषु संयोजयेत्। तास्तत्र पुरुषक्षेत्राङ्गुलय: षोडशसहस्राणि चत्वारि शतानि सप्तपञ्चाशच्चाङ्गुलय: पञ्चतिलाधिका: १६४५७ ति ५ अस्य मूलं अष्टाविंशतिशतमङ्गुलय: दशतिलाधिका: १२८ ति १०। एतत्पुरुषस्थानीयस्य वेणो: प्रमाणमिति हेतो: वक्ष्यते। 'विधासप्तमकरर्णीं पुरुषस्थानीयां कृत्वा विहरेदिति'। एवं नवविधे पुरुषाङ्गुली: १४४०० द्वाभ्यां हत्वा सप्तभिर्विभज्य लब्धं चत्वरि सहस्राणि शतं चतुर्दशाङ्गुलय: दशतिलाधिका:। तद्युक्ता: पुरुषाङ्गुलय: अष्टादश सहस्राणि पञ्च शतानि चतुर्दश दशतिलाधिका: १८५१४ ति १० तस्य मूलं षट्त्रिंशच्छतमङ्गुलयो द्वौ तिलौ १३६ ति २ एवं नवविधे पुरुषप्रमाणम्। एवमेव दशविधादिषु द्रष्टव्यम्।

अन्य: प्रकार:–यावन्तोऽग्ने: पुरुषा: तत्संख्यया पुरुषाङ्गुलीर्हत्वा सप्तभिर्विभज्य लब्धं पुरुषाङ्गुलय: पूर्वोक्ता एव षोडशसहस्राणि चत्वारि शतानि सप्तपञ्चाशच्च पञ्चतिलाधिका: १६४५७ ति ५। एवं नवविधादिषु। एकस्मिंश्चाङ्गुलिक्षेत्रे तिलाष्षटपञ्चाशत् शतं सहस्रं च ११५६। एवमरत्निप्रादेशरहितानां सपक्षपुच्छाग्नीनां पुरुषावेश:, पुरुषवेणुश्च। अत्र चतुरश्राग्ने: प्रस्तावादेकविधाग्नीनां चतुरश्राणां अपक्षपुच्छत्वादष्टविधप्रभृतीनामित्युक्तम्। यदा तु श्येनचिदादिविधे:साधारणत्वात् 'वयसां वा एष प्रतिमया चीयते' इत्याकृतिविधानाच्च श्येनाद्याकारत्वेन सपक्षपुच्छत्वमेकविधादीनाम्। तदा यन्न्यूनं सप्तभ्यस्तत्सप्तधा विभज्य प्रतिपुरुषं जह्यादिति द्रष्टव्यम्। [1]तत्र व्यक्त एव विभागप्रकार:। तथा सति एकविधश्येनचिति द्वे सहस्रे सप्तपञ्चाशच्च पञ्चतिलयुक्ता: पुरुषाङ्गुलय: २०५७ ति ५। तन्मूलं पञ्चचत्वारिंशदङ्गुलयो द्वादश तिलाश्च। पुरुषद्विविधे तु पुरुषाङ्गुलयश्चत्वारि सहस्राणि शतं [2]चतुर्दश च त्रिंशत्तिलसंयुक्ता:।

1. तत्राप्युक्त।
2. चतुर्दशाङ्गुलयो दशतिल।

पुरुषवेणुस्तु चतुस्तिलाधिकाश्चतुःषष्टिरङ्गुलयः। एवं त्रिविधादिषु द्रष्टव्यम्। यो यत्राग्नौ पुरुषस्थानीयः तत्र तस्य विंशतितमो भागो विहरणे इष्टकानां चाङ्गुलिः कल्प्या। तिलाश्च तस्याश्चतुस्त्रिंशाः। तत्र श्लोकाः–

व्योमाकाशाब्धिवेदैकादभीष्टैः पुरुषैर्हतात्।
हरेत सप्तभिर्भागं तन्मूलं पुरुषो भवेत्।। १।।
चतुरश्रश्येनचितोः प्रादेशारत्निहीनयोः।
तत्रतत्राङ्गुलिः कल्प्या तत्र विंशशतांशतः।। 2।।

सारत्निप्रादेशे तु बोधायनेनोक्तो विभागः–

'यदन्यत्प्रकृतेस्तत्पञ्चदशभागान् कृत्वा विधायां विधायां द्वौद्वौ भागौ समस्येत् ताभिरर्धाष्टमाभिरग्निं चिनुयात्'।।

इत्यादि। तत्र प्रकारः–अर्धाष्टमेभ्योऽधिकैः पुरुषैः पुरुषाङ्गुलीश्चतुर्दशसहस्राणि चत्वारि च शतानि हत्वा पञ्चदशभिर्विभज्य लब्धं द्विगुणीकृत्य पुरुषांङ्गुलीषु संयोजयेत्। तास्तत्र पुरुषाङ्गुलयः। यथा अर्धनवमे पुरुषेषु पुरुषाङ्गुलीरेकेन हत्वा पञ्चदशभिर्विभज्य लब्धं नव शतानि षष्टिश्चाङ्गुलयः, ता द्विगुणाः पुरुषाङ्गुलीषु संयोज्य दृष्टाः पुरुषाङ्गुल्यः षोडशसहस्राणि त्रीणि शतानि विंशतिश्च १६३२० तन्मूलं तत्र पुरुषप्रमाणं पादोनाष्टविंशतिशतमङ्गुलयः एवमर्धदशपुरुषे अष्टादश सहस्राणि द्वे शते चत्वारिंशच्च पुरुषक्षेत्राङ्गुलयः। पुरुषवेणुश्च पञ्चत्रिंशच्छताङ्गुलयः तिलद्वयाधिका इत्यादि द्रष्टव्यम्। ये त्वपक्षपुच्छाः प्रउगचिदादयः तेष्वरत्निप्रादेशैर्युक्तेषु वियुक्तेषु चैवमेव पुरुषमानीय तस्य विंशतिशततमभागमङ्गुलिं प्रकल्प्य विहरणमिष्टकाश्च। यथा प्रौउगचिति– १४०० एकविधे एकं सहस्रं चतुश्चत्वारिंशच्छताङ्गुलयः षट्तिलोनाः पुरुषः तस्य विंशतिशततमो भागः तत्राङ्गुलिरित्यादि। तत्र श्लोकौ–

खाकाशश्रुतिवेदैकात् पुरुषैर्द्विगुणैर्हतात्।
हरेत तिथिभिर्भागं तन्मूलं पुरुषो भवेत्।। १।।
चतुरश्रश्येनचितोः प्रादेशारत्नियुक्तयोः।
प्रउगादिषु चैवं स्यात्पुरुषाङ्गुलक्लृप्तये।। २।।

ये त्वरत्निप्रादेशवृद्धिं नित्यामाहुः तेषामेतत्सूत्रे बोधायनेनोक्तेऽर्थे क्लेशेन योजयितव्यं स्यात्–सप्तभ्यस्सार्धसप्तभ्य इति, एवं सप्तविधा अर्धाष्टमविधेति, एवमुत्तरत्र विधाष्टमकरणीमिति। अत्राधिकानां पुरुषाणां प्रतिपुरुषमावेशनमुक्तम्। तत्र हेतुमाह–

आकृति +त्वात्

प्रकृत्या अन्याकृतेर्विकारस्य श्रुत्यभावात्। यदि त्वधिका: पुरुषाः क्वचिदेवैकस्मिन् प्रदेशे आत्मनि पक्षे वा निधीयेरन्। प्रकृतिर्ह्यग्न्याकृतिर्विक्रियते।

पुरुष +यते

पुरुषमात्रेण–यावान् पुरुष ऊर्ध्वबाहुस्तावता वेणुनाग्निं विमिमीत इति श्रुतिद्वयस्यार्थः।

यावान+तीयम्

बाह्यच्छिद्राभ्भां बहिस्सौकर्यार्थमुपाह्रियते छिद्रयोश्च बाह्यार्थे।

अपरेण +दान्तात्

अपरेण यूपावटदेशं सञ्चरमवशिष्यैव वेणुनिधानम्। [1]आन्तादर्वाक्चक्षु-र्निमिताच्चतुरश्रपूर्वान्तादुन्मुच्य पूर्वस्मादपरस्मिन् प्रतिमुच्य दक्षिणा प्रत्यक्परिलिखेदान्तात्।

अष्टमः खण्डः

कपर्दिभाष्यम्

उन्मुच्य वेणुं मध्यमे शङ्कावन्त्यं वेणोश्छिद्रं प्रतिमुच्योपर्युपरि लेखासमरं दक्षिणा वेणुं निधायान्त्ये छिद्रे शङ्कुं निहत्य तस्मिन्मध्यमं वेणोश्छिद्रं प्रतिमुच्य लेखान्तयोरितरे प्रतिष्ठाप्य छिद्रयोश्शङ्कू निहन्ति।।

दक्षिणे शङ्कौ अन्यतरं वेणोश्छिद्रं प्रतिमुच्योपर्युपरिलेखासम्भेदं दक्षिणाग्रं वेणुं निधाय अन्त्ये छिद्रे शङ्कुं निहत्य तस्मिन् शङ्कौ मध्यमं वेणोश्छिद्रं प्रतिमुच्य लेखान्तरयोरन्तरे छिद्रे प्रतिष्ठाप्य छिद्रयोर्लेखान्तयोरेव शङ्कू निहन्ति।

स पुरुषश्चतुरश्रः।।

स चतुरश्रः पुरुषः।।

एवं प्रदक्षिणं चतुर आत्मनि पुरुषानवमिमीते।।

एवं चत्वारि पुरुषक्षेत्राणि आत्मनि यथा भवन्ति तथा प्रदक्षिणं मिनुयात्।

पुरुषं दक्षिणे पक्षे। पुरुषं पुच्छे पुरुषमुत्तरे।।

दक्षिणे पक्षे–दक्षिणे पार्श्वे। मध्यमेषु त्रिषु वेणुं प्रतिमुच्य अपराभ्यामित्यादि

1. अन्तात्पूर्वाच्छङ्कुनिमित्तात्।

पूर्ववच्चतुरश्रः पुरुषः। एवमुत्तरपक्षे उत्तरपार्श्वे, मध्यमेष्वेव त्रिषु प्रतिमुच्य उत्तरम्। पुच्छे तु पाश्चात्यमधयमशङ्कौ मध्यमं वेणोश्छिद्रं प्रतिमुच्य तिर्यग्वेणुं निधाय छिद्रयोश्शङ्कू निहत्योन्मुच्योत्तराभ्यां प्रसव्यं परिलिखेत्। दक्षिणस्मादुन्मुच्योत्तरस्मिन् पुरुषमात्रे शङ्कौ प्रतिमुच्यान्त्यच्छिद्रशङ्कुप्रभृति प्रदक्षिणं परिलिखेत्। उन्मुच्य वेणुं मध्यमे प्रतिमुच्य उपर्युपरि लेखासम्भेदं पश्चाद्वेणुं निधाय अन्त्य इत्यादि समानं तत्पुच्छम्।

अरत्निना दक्षिणतो दक्षिणमित्युक्तम्।।

एवं विमितस्य दक्षिणपक्षस्य दक्षिणतः उत्तरस्योत्तरतः अरत्निना वर्धयेत्, पक्षयोस्तिर्यङ्मानी सारत्निपुरुषमात्रा पार्श्व मानी च पुरुषमात्रं, एवं पुच्छस्य पश्चादपि प्रादेशेन वितस्त्या वा वर्धयेत्, तत्तत्सुपार्श्वमानी स प्रादेशः पुरुषः, पुरुषमात्रे तिर्यङ्मानी।।

पृष्ठ्यातो वा पुरुषमात्रस्याक्ष्णया वेणुं निधाय पूर्वस्मिन्नतरम्। ताभ्यां दक्षिणं असं निर्हरेत्।

सञ्चरमवशिष्य शङ्कुं निहत्य तस्मात् पञ्चात् पुरुषमात्रे शङ्कुं निहत्य तस्मिन् पुरुष चतुरश्रस्याक्ष्णयासमं वेणुं निधाय प्रतिमुच्य वा पूर्वस्मिन् शङ्कौ इतरं पुरुषमात्रं वेणुं निधाय प्रतिमुच्य ताभ्यां दक्षिणमंसं निर्हरेत्।

विपर्यस्य श्रोणी।।

अपरस्मिन् शङ्कौ पुरुषमात्र प्रतिमुच्य दक्षिणां श्रोणिं उदगपसार्योत्तरामेव श्रोणिं विहरेत्।

पूर्ववदुरमंसम्।।

गतमेतत्।

करविन्दीया व्याख्या

अपरस्मादुन्मुच्य वेणुं मध्यमे शङ्कावन्यं वेणोश्छिद्रं प्रतिमुच्य उपर्युपरिलेखासमरं दक्षिणा वेणुं निधाय। लेखासमरः–लेखायास्संपातः। तस्योपरिष्टात् सन्निकृष्टं निधायान्त्यछिद्रे शङ्कून्निहत्य तस्मिन् मध्यमं वेणोश्छिद्रं प्रतिमुच्य लेखान्तयोरितरे छिद्रे प्रतिष्ठाप्य छिद्रयोश्शङ्कुं निरन्ति स चतुरश्रः पुरुषसंज्ञो भवति, एवं प्रदक्षिणं चतुरः पुरुषानात्मनि कुर्यात्। पश्चिमे शङ्कावेवं वेणोश्छिद्रं प्रतिमुच्य पश्चादनुपृष्ठ्यं वेणुं निधाय पश्चिमयोरपि छिद्रयोरपि शङ्कुं निखाय पूर्ववद्द्वितीयं पुरुषं कुर्यादेवमुत्तरतोऽपि उत्तराप्रत्यगुत्तराप्राक्चालिख्य पुरुषद्वयं विमिमीते। अपरेण यूपावटदेशं सञ्चरमवशिष्य पृष्ठ्यायां शङ्कुं निहत्य तस्मिन् वेणोश्छिद्रं प्रतिमुच्य पृष्ठ्यायां वेणुं निपात्य छिद्रयोर्द्वौ

शङ्कू। पश्चिमे शङ्कौ वेणोः छिद्रं प्रतिमुच्य पृष्ठ्यायामेव पश्चान्निपात्य द्वौ शङ्कू। एवं पञ्च शङ्कवः। मध्यमपूर्वयोश्शङ्कोः प्रतिमुच्य उल्लिख्य पूर्ववत्पुरुष द्वयं कुर्यात्। (दक्षिणत उपान्त्ययोः छिद्रं प्रतिमुच्य उल्लिख्य दक्षिणपक्षे पुरुषं उत्तरत उपान्त्ययोः प्रतिमुच्य उत्तरपक्षे पुरुषं) पुच्छे तु पश्चिमे शङ्कौ वेणोर्मध्यमछिद्रं प्रतिमुच्य दक्षिणोत्तरं वेणुं निधाय छिद्रयोश्शङ्कुं निहत्य तयोश्छिद्रं प्रतिमुच्य पश्चिमोत्तरं पश्चिमदक्षिणं चालिख्य पुरुषं कुर्यात्। एवं कृत्वा आरत्निना दक्षिणतो दक्षिणं पक्षं प्रवर्धयति। उत्तरमपि पक्षमुत्तरतोऽरत्निनैव प्रादेशेन वितस्त्या वा पश्चात् पुच्छं प्रवर्धयति।।

पृष्ठ्या +मसं

वा शब्दो विकल्पार्थः। एवमिह वेणुमानम्। द्वौ तावद्वेणू भवतः। तयोरकः पुरुषमात्रः। अन्यः पुरुषमात्रस्याक्ष्णया रज्जुसमः। ताभ्यां विमानमपरेण युपावटदेशं सञ्चरमवशिष्यते पृष्ठ्यायां शङ्कुः। ततः पश्चात् तावन्मात्रे शङ्कुः। मध्यमशङ्कावक्ष्णयामात्रं वेणुं प्रतिमुच्य पूर्वस्मिन् पुरुषमात्रं प्रति मुच्य ताभ्यां दक्षिणमंसं निर्हरेत्। पुरुषमात्रं पूर्वस्मादुन्मुच्यापरस्मिन् प्रतिमुच्य ताभ्यामेवं श्रोण्यौ ग्राह्यौ। पुरुषमात्रं पश्चिमादुन्मुच्य पूर्वस्मिन् प्रतिमुच्योत्तरमंसं दक्षिणोत्तरपश्चिममध्यमशङ्कूनां पार्श्वद्वयेष्वर्द्धपुरुषमात्रेषु शङ्कुं निहत्य पक्षपुच्छपुरुषानप्येवमेव कुर्यात्।

उन्मुच्य +निहन्ति

समरः–सङ्गमः पूर्वापरे छिद्रे लेखयोर्यत्र निपततस्तावेव लेखान्तौ।

स +वमिमीते

पृष्ठ्यायां पूर्वयोश्चतुरश्रयोः पाश्चात्यशङ्कुः अपरयोः पौरस्त्यः।

पुरुषं+पक्षे

दाक्षिणात्यानां पञ्चानां शङ्कूनां मध्यमेषु त्रिषु वेणुंप्रतिमुच्य अपराभ्यामित्यादि।

पुरुषं +पच्छे

पाश्चात्यानां त्रयाणां दक्षिणयोरन्त्ये छिद्रे प्रतिमुच्य मध्यमे छिद्रे शङ्कुं निहन्यात्। एवमुत्तरयोरेवं स्थितानां पञ्चानां मध्ये मध्यमेषु त्रिषु वेणुं प्रतिमुच्योत्तराभ्यामित्यादि। द्रष्टव्यम्।

पुरुषमुत्तरे

दक्षिणपक्षवत्।

अरत्निना +त्युक्तम्

वेणोः पञ्चमे लक्षणं कृत्वा तेन पक्षौ प्रवर्धयेत्, एवं दशमे लक्षणं कृत्वा। पुच्छं प्रकारान्तरमाह–

पृष्ठ्यान्तो +मंसं

द्वावत्र वेणू उभयतश्छिद्रौ, पुरुषमात्रसविशेषश्च। पृष्ठ्यायांपुरुषान्तरालान् त्रीन् शङ्कून्निहत्य मध्यमे सविशेषं प्रतिमुच्य पूर्वस्मिन्नितरं तयोरन्त्ये च्छिद्रे यत्र संपततस्स दक्षिणांसः।

विपर्यस्य पुरुषमात्रं पाश्चात्ये प्रतिमुच्य श्रोणी पूर्ववदुत्तरांसः। एवं पक्षपुच्छेष्वपि। सविशेषो वेणुःसप्ततिशतमङ्गुलयो दशतिलोनाः।

कपर्दिभाष्यम्

रज्ज्वा वा विमायोत्तरवेदिन्यायेन वेणुना विमिमीते।।

रज्ज्वा वाऽन्यतरया विमायोत्तरवेदिवद्वेणुना पश्चाद्विमिमीते अदृष्टार्थम्।

सपक्षपुच्छेषु विधाभ्यासेऽपचये च विधासप्तमकरणीं पुरुषस्थानीयां कृत्वा विहरेत्।।

विधाभ्यासेऽष्टविधप्रभृतयः। विधापचये एकविधादयः। तेष्वेकविधादिषु विधासप्तमकरणी येन वेणुना विमिमीते तदर्धाष्टमं भवति। स पुरुषस्थानीयः। एवं चतुरश्रं कृत्वा पूर्ववद्विभज्य विहरेत्। सपक्षपुच्छेष्विति वचनमेकविधानार्थम्। एतेष्वेकविधा दिषु श्येनादिषु क्रियमाणेषु यद्येकविधा तत्पञ्चदशधा विभज्य द्वौ भागौ समस्य चतुरश्रं कृत्वा तस्य मानेन वेणुना गृह्णीयात्। स पुरुषस्थानीयः। एवं सर्वत्र। यावद्विधं तत्क्षेत्रं समचतुरश्रं कृत्वा तस्य प्रमाणं गृह्णीयात्; यथा चत्वारि सहस्राण्यशीतितिलाः (४०८०) पुरुषः। तेषां वर्गः-एका कोटिः षट्षष्टिर्नियुतानि चत्वार्ययुतानि षट्सहस्राणि चत्वारि शतानि (१६६४६४००) यद्यष्टविधः अष्टभिर्गुणयित्वा पूर्वार्धं संयोज्य पञ्चदशलब्धं द्विगुणीकृत्य मूलं गृह्णीयात्। स तस्य पुरुषो भवति। अपचये त्वर्धसंयोगो नास्ति। अरत्निप्रादेशाभावात्। अन्यत्सर्वमुवचयेन तुल्यम्। अर्धतिलेन वा ऊनाधिके वा दोषो न भवति विशेषा दर्शनात्। तत्र श्लोकः–

आकाशवस्वम्बरवेद (४०८०) वर्ग

मिष्टप्रवृद्धं तिथिभिर्विभक्तम्।

लब्धस्य वृद्धस्य यमेन मूलं

वृद्धौ क्षये तत्पुरुषस्य मानम्।।

सदा भवेत्सापचयेच वृद्धौ ....।।

इति।

नन्वेकविधादयः श्येनादयो वक्रपक्षपुच्छाः कर्तव्या इति प्रतिपादितम्। तस्मात्किं महता प्रयत्नेन हेतूनां दर्शनेन? सत्यमेतत्। कर्तव्या एकविधादय इति कृत्वा क्वचित्तेषु यद्येकविधादयः कर्तव्याः तदा क्रत्वर्थकतयोपादीयन्ते। तदा श्येनादय आकृतिविकाराः पुरुषात्मकाः सन्तः तद्विकृत्याधिशयेरन्। यथा पुरुषमात्रतां विकृत्य पक्षपुच्छानां सप्तार्धविधे श्येनादयः प्रवर्तन्ते एवं पुरुषं विकृत्य एकविधादिषु निविशेरन्। तत्र यदा सपक्षपुच्छत्वमेकविधादीनां तदायं विधिरिति अष्टविधप्रभृतीनामपि मार्गान्तरेण विधानाददोषः। सपक्षपुच्छेष्विति विधानात्। प्रउगादिष्वेकविधादयो न सन्ति। अष्टविधादयश्चेति केचित्। वक्ष्यति च 'यावानाग्निस्सारत्निप्रादेश' इति। अपरे पुनरेकविधादिषु न सन्ति नापचयेष्विति वर्णयन्ति। सारत्निप्रादेश इति वचनात्।।

करविन्दीया व्याख्या

(रज्ज्वा +मिमीते)

अथवा एकरज्ज्वादीनामन्यतमया रज्ज्वाऽग्निं विमाय पश्चाददृष्टार्थं वेणुना विमिमीते। उत्तरवेदिन्यायेन यथोत्तरवेदिर्युगेनयजमानस्य वा पदैर्विमाय शम्यया परिमिमीते अदृष्टार्थं; एवमत्रापि रज्ज्वा विमाय वेणुना मानमदृष्टार्थं स्यात्, तथोत्तरवेदिविकारत्वादग्नेः रज्ज्वा विमाय वेणुना शम्यया चादृष्टार्थं विमानं भवेदिति।।

सपक्ष–रेत्

सपक्षपुच्छेषु प्रउगादिव्यतिरिक्तेष्वग्निष्वभ्यासेऽष्टविधादावपचये चैकविधादौ विधाविधानं करणीनामुच्यते विधासप्तमकरणीं पुरुषस्थानीयां कृत्वा विहरेत्। यावत्योऽग्नेर्विधाःसन्ति तासां सप्तमं या करोति सा विधा सप्तमकरणी तां पुरुषस्थानीयां कृत्वा तयाऽऽत्मपक्षपुच्छानि विहरेदिति। अयमर्थः–यद्येकविधोऽग्निः तमेकविधं पञ्चदशधा विभज्य द्वौ भागौ समस्य समचतुरश्रं कृत्वा तस्य प्रमाणं पुरुषस्थाने कृत्वा अनेनात्मपक्षपुच्छानि विहरेदिति। एवमेव द्विविधादिषु कुर्यात्। चत्वारि [1]सहस्राण्यशीतिश्च तिलाः पुरुषः। तेषां वर्ग एका कोटिः षट्प्रयुतानि षण्णियुतानि चत्वार्ययुतानि षट्सहस्राणि चत्वारि शतानि (१६६४६४००) यद्यष्टविधं पुरुषवर्गमष्टभिर्गुणित्वा पूर्वराश्यर्धेन च संयोज्य तत्पञ्चदशभिर्विभज्य लब्धं द्विगुणीकृत्य मूले गूढीते स तस्य पुरुषो भवति। अपचये त्वरत्निप्रादेशानामभावात् नार्धसंयोगः।। इतरदुपचयवत्। नन्वेकविधप्रभृतीनां न प्रक्षपुच्छानि भवन्तीत्युक्तं। सत्यमुक्तम्। [1]तद्व्यायाममात्ररूपत्वेन एकविधादौ न घटत

---

1. सहस्राण्यशीतिसप्तमकरणीतिलाः।

इत्येवमर्थमिदमिति तत्रैव व्याख्यातम्। एकविधप्रकृतित्वप्रतिपादनाय च। तस्मान्नात्यन्तनिषेधः एकविधप्रभृतीनामपि पक्षपुच्छानि भवन्त्येव।

अत्र श्लोकमुदाहरन्ति–

आकाशवस्वम्बरवेदवर्गं मिष्टप्रवृद्धं तिथिमिर्विभक्तम्।
तस्य प्रवृद्धस्य यमेन मूलं सम्भावयेत्सापचये च वृद्धौ।।

इति–

सुन्दरराजीया व्याख्या

रज्ज्वा +मिमीते

अस्मिन् पक्षे शम्यामानवददृष्टार्थं वेणुमानम्। अथाष्टविधादीनामेकविधादीनां च विहरणमाह।।

सपक्ष +रेत्

सपक्षपुच्छा अग्नयः चतुरश्रश्येनकङ्कचिदलजचितश्च। तत्राष्टविधादिषु विधानामभ्यासः। एकविधादिष्वपचयः। विधानां एकीभूतानां समस्तानां सप्तमस्य करणी विधासप्तमकरणी। चीयमानस्याग्नेर्योंऽशः तस्य करणी पुरुषस्थानीया। सा चाष्टविधप्रभृतीनामित्यत्रैव [2]प्रदर्शिता। अत्रापि सारत्निप्रादेशपक्षे विधार्धाष्टमकरणीमिति द्रष्टव्यम्। अपचयवचनं श्येनचिदाद्यर्थम्। चतुरश्राणामेकविधादीनामपक्षपुच्छत्वात्। पूर्वत्र पुरुषावेशनमुक्तं, इदानीं तस्य विहरणमुच्यते इत्यतो न पुनरुक्तिः। यद्वा पूर्वसूत्रमष्टविधादिविषयं चतुरश्रविषयं च। इदमेकविधादीनां श्येनादीनां च साधारणमित्यस्ति विशेषः। इदं चानेन ज्ञायते–श्येनचिदादयो गुणविकाराः सप्तविधादिवदेकविधादिष्वपि भवन्ति। अत एव साधारणत्वाच्छाखान्तरीये सारत्निप्रादेशपक्षेऽपि भवन्ति। शाखान्तरीयत्वं च तस्य पूर्वमेवोक्तम्। अत एव तस्य पक्षस्य यत्नसाध्यत्वात् तत्रैवोपधान प्रकारो वक्ष्यते– 'यावानग्निसारत्निप्रादेशः इत्यादि।

कपर्दिभाष्यम्

करणानीष्टकानां पुरुषस्य पञ्चमेन कारयेत्।।

इष्टकानां करणानि वक्ष्याम इति शेषः। पुरुषस्य पञ्चमेन अरत्निना कारयेत्।

---

1. तद्व्यायाम मात्रपुरुषत्वेन।
2. प्रपञ्चिता।

तासामेवैकतोऽध्यर्धास्तद्द्वितीयम्।

पुरुषस्य पञ्चमो भाग एकतः प्रादेश एकतः तत्तृतीयम्। तासामेवेष्टकानां (कतिपया) एकतोऽध्यर्धा अर्धेनाधिकास्तासां करणं तृतीयं त्रिप्रादेशा पार्श्वमानी अरत्निमात्रा तिर्यङ्मानी द्वितीयस्य करणस्य। अरत्निः पार्श्वमानी। प्रादेशस्तिर्यङ्मानी तत्तृतीयकरणम्।

सर्वतः प्रादेशस्तच्चतुर्थम्।

समचतुरश्राः पञ्चदशभागीयास्तत्पञ्चमम्।।

अष्टाङ्गुलेन कारिकास्तत्पञ्चमं करणम्। समचतुरश्रा इति किमर्थमिह संग्रहणम्? यस्मिन्नग्नौ समचतुरश्रा एवेष्टकाः तत्राप्यासां प्रवेशो यथा स्यादित्येवमर्थम्। वक्ष्यति च 'अणूकाः पञ्चदशभागीयानां स्थान' इति[1] अणूकपञ्चदशभागीययोरेकविषयत्वम्।

करविन्दीया व्याख्या

(करणानि +कारयेत्)

इदानीमिष्टकानां करणान्युच्यन्ते–पारिभाषिकः पुरुषः पञ्चारत्निः। तस्य पञ्चमेनारत्निना। पञ्चमेनेति जातावेकवचनम्। पञ्चमैरित्यर्थः। कारयेत्कुशलैः। तैररत्निभिश्चतुर्भिः प्रथमं करणम्।

तासा – तीयम्

तासां पञ्चमकृतानामेवेष्टकानां या एकतः– एकस्मिन् भागेऽध्यर्थारत्नयायामाः तासां करणं चत्तद्द्वितीयं कारयेत्। तासामेवेति सर्वत्र संबध्यते।

पुरु–तीयम्

यासामेकस्मिन् पार्श्वे चतुर्विंशत्यङ्गुलयः एकतो द्वादशाङ्गुलयस्तासां यत्करणं तत्तृतीयम्।

सर्व–थम्

यासां सर्वतः प्रादेशः प्रमाणं तासां यत्करणं तच्चतुर्थम्। सर्वतो ग्रहणं प्रादेशग्रहणेन सर्वतः प्रादेशस्यापि क्वचिद्ग्रहणं सूचयति।

सम–ञ्चमम्

पुरुषस्य पञ्चदशभागोऽष्टाङ्गुलयः। तेन परिमिताः पञ्चदशभागीया इष्टकाः ईदृशास्समचतुरश्राः, तासां यत्करणं तत्पञ्चमम् समचतुरश्रग्रहणादेव पञ्चदशभागीयानां

---

1. अङ्गुलेन तावत्पञ्च।

कार्येणूकादयः प्राप्ताः। तत्र प्रागुदक्पश्चिमेषु चतुरश्रत्वनियमो नास्तीति ज्ञायते। द्वितीयादिव्यवहारः किमर्थः अदृष्टार्थमेव। तथोपधानादिषु दर्शनात्।

सुन्दरराजीया व्याख्या

अथैवं विमितस्याग्नेरिष्टकाकरणान्याह–

करणानि +कारयेत्

एकमिदं करणं अरत्निमात्रं समचतुरश्रम्।

तासा+ तीयं

षट्त्रिंशिका पार्श्वमानी तिर्यङ्मानी चतुर्विंशिकैव।

पुरुष्य+ तीयं

एवमर्धेष्टकाः

सर्वतः+त्पञ्चम्

अष्टाङ्गुलाः।

कपर्दिभाष्यम्

ऊर्ध्वप्रमाणमिष्टकानां जानोः पञ्चमेन कारयेत्।।

उत्सेधप्रमाणमिष्टकानां जानुप्रमाणपञ्चमम्। द्वात्रिंशदङ्गुलं जानुः। तस्य पञ्चमभागेन त्रयोदशतिलाधिकषडङ्गुलेन कारयेत्। महाग्नेरिष्टकानामेवैतन्महाग्नेः करणानि विधाय विधानात्।

अर्धेन नाकसदां पञ्चचूडानां च।।

जानुपञ्चमार्धेन नाकसदां पञ्चचूडानां चोत्सेधं सप्ततिलाधिकाङ्गुलत्रयोत्सेधेन कारयेत्।।

यत् पच्यमानानां प्रतिह्रसीत पुरीषेण तत्सम्पूरयेद् अनियतपरिमाणत्वात् पुरीषस्य।।८।।

पच्यमानानामिष्टकानामुत्सेधतश्च परिमाणतश्च प्रतिह्रासो भवेत्तत्पुरीषेण पूरयेत्। कुत इत्याह–अनियतपरिमाणत्वात्पुरीषस्य– नियतपरिमाणा इष्टकाः अनियतपरिमाणं पुरीषम्। इयदेतत्पुरीषं प्रक्षेप्तव्यमिति नियमाभावात् तेनैव पूरमितव्यम्।

नवमः खण्डः

करविन्दीया व्याख्या

ऊर्ध्व–येत्

सर्वासामिष्टकानामूर्ध्वप्रमाणमुत्सेधं जानुपञ्चमेन कारयेत्। अङ्गुल्यधिकारे द्वात्रिंशज्जानुरिति बोधायनः। तस्य पञ्चमं षडङ्गुलयः अर्धचतुर्दशास्तिलाश्च। तेन संमितमिष्टकानाम् ऊर्ध्वप्रमाणं भवति। जानुदघ्नं चिन्वीत प्रथमं चिन्वानः पञ्च चितयो भवन्तीति श्रुत्यो:समावेशादूर्ध्वप्रमाणे समं स्यादश्रुतत्वादिति जानुपञ्चमा इष्टका भवेयुः। जानुद्विगुणा नाभिः। जानुत्रिगुणमास्यम्। जानुदघ्ने सहस्रा इष्टकाः नाभिदघ्ने द्विसाहस्रा द्विप्रस्ताराश्च। आस्यदघ्ने त्रिषाहस्राः त्रिप्रस्ताराश्च। तत्र सर्वत्र विशेषाश्रवणात् जानुपञ्चममेवोर्ध्वप्रमाणमिष्टकानाम्। इष्टकानां कारयेदिति इहानुवर्तमाने पुनरपि तयोर्ग्रहणं गार्हपत्यधिष्ण्येष्टकानामपि जानुपञ्चमत्वाय।

अर्धेन–षस्य

अर्धेन पञ्चचार्धेनन कारयेदित्येव। नाकसदश्चूडोपधानमन्त्रविशेषाः। तैरुपधेयाः। पञ्चपञ्चेष्टका जानुपञ्चमस्योर्धेन कार्याः उत्तरा 'नाकसद्भ्य उपदधाति'। इत्येकस्मिन् प्रस्तारे तासामुत्तराधरभावदर्शनात्। इष्टकाभिरेव जानुदघ्नादिसम्पादनात्, पुरीषोपधानीमष्टका समीकरणार्थे चितेर्वृद्ध्यर्थं च।

यत्पच्य +षस्य

करणपरिक्लृप्तानां इष्टकानां पाकवशात् प्रतिह्रासः–क्षय उपजायते। तत्पुरीषेण पूरयेत्, अनेष्टका न दुष्यन्ति अवर्जनीयत्वात्, तस्य 'मित्रैतां पचेति' लिङ्गात्, वातातपाभ्यामपि शोषणं पाक एव। अत एव पाकवशाद्धीनमिष्टकायाम-विस्तारोभयमुपधानकाले पुरीषेण पूरयेत्। कुतः? अनियतपरिमाणत्वात् पुरीषस्य। न ह्येतावत् पुरीषं प्रक्षेपणीयमिति नियमः। तस्मात्पाकवशाद्धीनस्य पुरीषेण पूरणमेव। जलार्द्रा मृत् पुरीषं। तेनेष्टकानां ह्रासं पूरयेत्।

सुन्दरराजीया व्याख्या

ऊर्ध्व +कारयेत्

'त्रिंशदङ्गुलं जानुः, इत्याग्निवेश्यः। तस्य पञ्चमं षडङ्गुलम् 'षडङ्गुलोत्सेधा, इत्येव कात्यायनः।

अर्धेन +च

त्र्यङ्गुलेन।

यत्पच्य +षस्य

शुष्यमाणानां सर्वेषामेतदुपलक्षणम्। 'यच्छोषपाकाभ्यां प्रतिह्रसेत' इत्येव बोधायनः।।

नवमः खण्डः

कपर्दिभाष्यम्

उपधानेऽध्यर्धा दश पुरस्तात्प्रतीचीरात्मन्युपदधाति। दश पश्चात्प्राचीः।।

आत्मनि पुरस्ताद्भागे षट्त्रिंशदङ्गुलायामेन कारिताद्यर्धाः प्रतीचीः प्रत्यगायताः दशोपदधाति। आत्मन्येव पश्चाद्भागे ता एवेष्टकाः तत्संख्याकाः प्राचीः–प्रागायताः।

पञ्चपञ्च पक्षाग्रयोः। पक्षाप्यययोश्च विशयाः तासाम् अर्धेष्टकामात्राणि पक्षयोर्भवन्ति।।

पञ्चपञ्च पक्षाग्रयोर्दक्षिणायताः उदगायताश्च। विशयाश्च पञ्च चोदगायताः दक्षिणायताश्च। इष्टकाशब्देन पञ्चभागीया एव गृह्यन्ते नाध्यर्धा 'विपरीता अप्यया' इति लिङ्गात्।

पञ्चपञ्च पुच्छपार्श्वयोर्दक्षिणा। उदीचीश्च।।

पञ्चपञ्चध्यर्धा दक्षिणायता उदगायताश्च यथा समीपे प्रदेशमात्रमवशिष्यते तथोपधेयाः।

करविन्दीया व्याख्या

उप +चीः

उपधानकालो द्वितीयकरणोत्पन्ना इष्टकाः आत्मनि पूर्वान्ते दशोपदध्यात्। प्रतीचीः प्रत्यगायाताः उदीचीरिति। ता एव दश पश्चात् प्राचीः आत्मनि पश्चिमान्ते प्रागायाताः ता एव।

पञ्च +याः

ता एव प्राच्यौ रीत्यौ। पक्षाप्यययोश्च विशयाः। पक्षाप्ययः–पक्षमूलं विविधमात्मनि पक्षे च शेरत इति विशयाः। तासां कियदात्मनि कियत्पक्ष इत्याह –

तासां+न्ति

तासां विशयानामर्धेष्टकामात्राणि पक्षयोर्भवन्ति। आत्मानमरत्निना प्रदेशेन पक्षमित्यर्थः। प्राच्यौ रीत्यौ।

पञ्च +चीश्च

पुच्छपार्श्वयोः पञ्चपञ्च उत्तरा दक्षिणामुखाः दक्षिणा उत्तरामुखाः प्राच्यौ रीत्यौ! उत्तरसूत्रे भेदाभावाय पुच्छाग्रप्रादेशस्यापृथग्ग्रीतिता प्रतिपादयिष्यते। अत एता अग्रप्रभृत्युपधेयाः।

सुन्दरराजीया व्याख्या

प्रतीचीः प्रत्यगायताः। उदीचीरिति आत्मन्येव

एता उदगायताः, अन्यथा पञ्चानामसंभवात्।

पक्षे आत्मनि च शेरत इति विशयाः।

अरत्निमात्रा ह्यात्मनि।

प्रादेशं पुरस्तादवशिष्य।

कपर्दिभाष्यम्

पुच्छे प्रादेशम् उपधाय सर्वम् अग्निं पञ्चमभागीयाभिः प्रच्छादयेत्।। पञ्चदशभागीयाभिः सङ्ख्यां पूरयेत्।।

पुच्छे प्रादेशमुपधाय आत्मसमीपे यदवशिष्टं तत्प्रादेशमत्रार्धेष्टकाद्वयं मध्ये अभितः प्रादेशाः षट्। षट्सु वितस्त्या च विर्धनमुक्तं कथं प्रादेशमात्रमुपधायेति? उच्यते– यद्यपि वितस्त्या वर्धनमुक्तं, तथापि करणान्तरस्य विधानात् प्रादेशक्षेत्रमेवेष्ट-काभिश्चेतव्यमिति यदङ्गुलिमात्रं परिगृहीतं तत्पुरीषेण पूरयितव्यम्। अमुमेवार्थं प्रदर्शयितुं प्रादेशमुपधायेत्युक्तम्। सर्वमग्निमिति–पञ्चाशदध्यर्धाः सूत्रोक्ताः पुच्छेऽर्धेष्टकाद्वयं प्रादेशाष्षट् इतरत्सर्वमग्निक्षेत्रं? प्रथमकरणसम्पादिताभिः प्रच्छादयेत्। दशोत्तरं शतं पञ्चमभागीश्शेरते। पूर्वाभिस्सहाष्टषष्ट्यधिकं शतम्। पञ्चदशेति–एकस्मिन्पञ्चमभागीयाक्षेत्रे नव पञ्चदशभागीयाश्शेरते। चतस्रः पञ्चमभागीया नवधा विभज्य यत्र क्वापि पञ्चदशभागीयाः क्षेप्तव्याः तत्रापि मन्त्रोपधानसौकर्यार्थं प्रादेश उच्यते। आत्मनि द्वितीयरीत्यां मध्ये द्वयमपहायाष्टादश। अष्टम्यां च रीत्यां अष्टादश। एवं द्विशतः प्रस्तारः।।

करविन्दीया व्याख्या

पुच्छे +दयेत्

पुच्छे यत्पुरुषाधिकं प्रादेशक्षेत्रं तदुपधाय सर्वमग्निं पञ्चमभागीयाभिः प्रच्छादयेत्। पुच्छाग्रप्रभृति प्रच्छादयेत् अयमाशयः आत्मवत् पुच्छे च पुरस्तात्प्रभृति पञ्चमभागीयाभिः प्रच्छाद्यमानेऽग्रे प्रादेशमविशिष्यते। अस्मिन् योगाभिरिष्टकाभिरुपहिते पुच्छे च बहवो भेदा भवन्तीति मत्वा आचार्यः तत्परिहारायाग्रमारभ्य पुच्छे प्रादेशोपधानपूर्वकं प्रच्छादयेदिति। यद्वा–प्रादेशं पुच्छे उपधाय–पुच्छे संयोज्य यथा प्रादेशं पुच्छात् पृथग्ग्रीति न भवति तथा कृत्वेत्यर्थः। यद्वा प्रादेशं पुच्छ उपधाय पुच्छे निधाय–स्थापयित्वा, 'तासां षट्प्रधा उपधायेति' वत्। यद्वाऽगतं प्रादेशं पुच्छमूले निदध्यात्। भेदं विपर्यस्ये तरत उपदध्यादिति। तदयमर्थः–यावता वचनव्यक्तिः सर्वथा भेदाभावाय पुच्छाग्रं पुच्छात् पृथग्ग्रीतिं न कुर्यात् इति तात्पर्यार्थ इति। सर्वेषु पक्षेषु अतिरिक्तं प्रादेशं पुच्छमूलेऽनुपहितमवशिष्यते। तदभितः प्रादेशाभिरर्धेष्टकाभिरुपदध्यात्। किञ्च उपरितनप्रस्तारे 'यथा प्रथमे प्रस्तारे पक्षौ तथा पुच्छमिति' वचनात् पुच्छमूलेऽतिदेश–प्राप्तानामध्यर्धानां वैपरीत्यं वक्ष्यति–'विपरीता अप्यया' इति। तच्चैवमुपधाने समञ्जसं स्यात्। इतरथा विरुद्धार्थमनर्थं च स्यात्। तस्मात्।

पुच्छे प्रादेशमुपधायेत्यस्य भागस्यायमेवार्थो ग्राह्यः। ननु कथं सर्वस्याग्नेः पञ्चदशभागीयाभिः प्रच्छादनम्? उच्यते– अत्रोपहितानामिष्टकानामबाधेन सर्वस्मिन्नग्नौ पञ्चमभागीयाभिः प्रच्छाद्यमाने तदेकदेशे तासामसम्भवे सत्याख्यातानामर्थं ब्रुवतां शक्तिः सहकारिणी न हि वचनशतेनाप्यशङ्कनीयार्थःशक्यो विधातुमिति चतुरश्राभिः प्रच्छादयितुमशक्यत्वात् प्रथमप्रतीतसर्वशब्दानुरोधेन जघन्यः पञ्चमभागीयाशब्दो बाहुल्याभिप्रायो वर्णनीयः। तेन तत्तत्सहकारिणीभिरत्रत्याभिः सम्भवन्तीभिरपि प्रच्छादनं कार्यमित्येवमर्थं प्रादेशानामत्र प्राप्तिः। एष न्यायस्तत्राङ्गीकरणीयः। तत्रत्याभिरनुरक्ताभिरपि प्रच्छादने किं वाऽर्धेष्टकाः करणेनोत्पन्नाः न कुत्रचिद्विनियुक्ताः। तासामुपदेशबलादेव अत्र संख्यापूरणे प्रच्छादने च यथायोगं विनियोगः कार्यः। किञ्च यच्चतुरश्रं त्र्यश्रि वा सम्पद्येतार्धेष्टकाभिः पादेष्टकाभिर्वा प्रच्छादयेदिति परिभाषां वक्ष्यति। तथा वात्र समुपधानं स्यात्। अत्रात्मनि सन्ध्यन्तराले चत्वारिंशत् पञ्चमभागीयास्तासां पुरस्ताद्दश पश्चाच्च दश। पक्षयोर्विंशतिः पुच्छे दश। ता एता दशोत्तरशतं पञ्चमभागीयाः पञ्चाशदर्धाश्चतस्रोऽर्धाः द्वौ प्रादेशाविति षट्षष्ठिः शतं चेष्टकाः। 'साहस्रं चिन्वीत प्रथमं चिन्वान' इत्यादिभिर्वाक्यैः प्रत्यग्नीष्टकानां साहस्रादयःसंख्या विधास्यन्ते। ताश्च प्रतिचिति प्रतिप्रस्तारं च भिद्यन्त इति च तत्रैव प्रतिपादयिष्यते। सा सहस्रसंख्या कथमत्र सम्पाद्येत्याह।।

पञ्च +रयेत्

पञ्चदशभागीयाभिरष्टाङ्गुलाभिःसंख्या पूरयेत्। का संख्यात्र पूर्यते? किं समुदायगता उत प्रस्तारगता अविशेषात्? न समुदायगता आनन्तर्यात् प्रतिप्रस्तारं शतद्वयनियमाच्च, प्रस्तारगतैव संख्या तत्र पूर्यते, अस्य वचनस्य सामर्थ्यादवसीयते संख्यापूरणं उपधानाय प्रच्छादिकासु कासांचिदुद्धरणं प्रचालनं वा यथायोगं न्याय्यमिति। अत्र प्रस्तारशतद्वयसम्पत्तये चतुस्त्रिंशत्सङ्ख्यासम्पाद्या। सा च प्रच्छादितासु काश्चिदुद्धृत्य योग्नेष्टकोपधानेन भवति। तत्रैकस्मिन् पञ्चमभागीयाक्षेत्रे नव पञ्चदशभागीयाःशेरत इति। तत्रतत्रोपधाने देशानियमे तदुद्धरणेन तासामुपधाने कार्ये मन्त्रोपधानसौकर्याय उद्धरणोपधानदेशनियम उच्यते। तत्रात्मनि प्राच्यो दश रीतयः तत्र मध्यमरीत्योः द्वितीये उद्धृत्य तत्र अष्टादश पञ्चदशभागीया आवपेत्। तयोरेव रीत्योरुपान्ते उद्धृत्याष्टादश आवपेत्। पुच्छे चतस्नः प्राच्यो रीत्यः, तत्र मध्यमयोरन्त उद्धृत्य चतस्रोऽर्धेष्टका उदीचीरुपदध्यात्। एवं द्विशतः प्रस्तारः पूर्यते। अत्रैके पुच्छाग्रे दश प्रादेशानुपधाय पञ्चमभागीयाभिः प्रच्छादयन्ति तेषां च विपरीतवचनानर्थक्यप्रसङ्गो भेदप्रसङ्गश्च भवतीति तथा नोपधेयाः। किञ्च–यदि पुच्छाग्रे प्रादेशानामुपधानमपीष्टमभविष्यत्तर्हि पादेष्ट-काश्चतुर्भागीयानां पक्षाग्रयोः पञ्चदश पुच्छाग्र इति च स्पष्टतरं पुच्छाग्र इत्येवावक्ष्यत्। न चैवमुक्तं। तस्मादुक्तविध एवोपधानक्रम इति स्थितम्।

सुन्दरराजीया व्याख्या

पुच्छादवशिष्टं प्रादेशक्षेत्रं याभिरिष्टकाभिर्भेदपरिहारेणोपधातुं शक्यते ताभिरुपदध्यात्। तत्र पार्श्वयोर्द्वे प्रादेशमात्रयौ मध्ये चतस्रोऽर्धेष्टका उदगायताः। एतदेव प्रादेशकरणस्य प्रयोजनम्। अतः प्रादेशाभावेन क्रियते। शिष्टाग्नौ पञ्चमभागीयाभिः प्रच्छादिते षट्षष्टिशतमिष्टका भवन्ति। अरत्निप्रादेशरहिते पञ्चाशच्छतं इष्टका भवन्ति। तत्र आत्मन्युदीच्ये नव रीतयः। तत्र आत्मनि मध्यमायां मध्यमाश्चतस्र उद्धृत्य षट्त्रिंशदष्टाङ्गुला निधेयाः। अरत्निप्रादेशाभावे षडुद्धृत्य चतुःपञ्चाशन्निधेयाः। उभयत्रापि पुच्छाग्रे द्वे पञ्चम्यावुद्धृत्य चतस्रोऽर्धेष्टका उपधेया उदगायताः। एवं द्विशतः प्रस्तारः।।

कपर्दिभाष्यम्

अपरस्मिन्प्रस्तारेऽध्यर्धा दश दक्षिणत उदीचीरात्मन्युपदधाति। दशोत्तरतो दक्षिणाः।।

आत्मनि दक्षिणत उतीचीरुदगायताः दशाध्यर्धाः उपदधाति आत्मन्येवोत्तरतः दशाध्यर्धाः दक्षिणायताः।

यथा प्रथमे प्रस्तारे पक्षौ तथा पुच्छम्। यथा पुच्छं तथा पक्षौ विपरीता अप्यये।।

पुच्छाग्रे पश्चादध्यर्धाः प्रागायताः। दक्षिणे पक्षे पश्चात् पञ्च प्रागायताः। पुरस्ताच्च पञ्च। षट्प्रत्यगायताः। उत्तरपक्षे चैवं प्रागायताः। प्रत्यगायताश्च। पुच्छाप्यये‌ऽध्यर्धाः पञ्च प्रागायताः प्रत्यगायताश्च। पुच्छाप्यये‌ऽध्यर्थाः पञ्च प्रागायताः। तासामर्धेष्टकामात्रा आत्मनि भवन्ति। एवं विपरीता अप्यये। तासां पुरस्तात्पञ्चार्धेष्टका उदीच्यः।

सर्वम् अग्निं पञ्चमभागीयाभिः प्रच्छादयेत्।। पञ्चदशभागीयाभिः सङ्ख्यां पूरयेत्।।

गतमेतत्। पूर्ववद्द्विशतः प्रस्तारः।–

करविन्दीया व्याख्या

अपर +णाः

द्वितीये प्रस्तारेऽध्यर्धा आत्मनो दक्षिणे भागे दशोपदध्यादुत्तरे दश।

यथाप्र +क्षौ

प्रथमप्रस्तारे यथा पक्षावुपहितौ तथा पुच्छे। यथा पुच्छमुपहितं तथा पक्षयोः। एतदुक्तं भवति–पुच्छाग्रे पुच्छाग्रसन्धौ पञ्च पञ्चाध्यर्धा उपधेयाः। पक्षयोस्तु पार्श्वयोः अध्यर्धा उपधेयाः तत्र विशेषमाह–

विपरीता +अप्यये

पुच्छाप्यये पक्षाप्ययवदतिदेशप्राप्तानामध्यर्धानां आत्मनि अरत्नि मात्रत्वं पुच्छेऽर्धेष्टकामात्रत्वं च प्राप्नोतीत्यत आह। अत्र विपरीता भवेयुरर्धेष्टका मात्राण्यात्मनि भवेयुररत्निमात्राणि पुच्छ इत्यर्थः। अस्य च भेदाभावः प्रयोजनमिति पूर्वस्मिन्नेव प्रस्तार उक्तं।

सर्वम +येत्

अत्र पुरस्तात् प्रभृत्यात्मनि प्रच्छाद्यमाने पुच्छाप्ययविशयानां पुरतः पुरुषमात्रे प्रादेशोऽवशिष्यते। तत्र पञ्चमभागीयानामसम्भवात् भेदाभावाय पञ्चार्धेष्टका उदीच्य उपधेयाः, तासामुपधाने हेतुरुक्तः। अत्रात्मन्यध्यर्धानां मध्ये पञ्चषष्टिः पञ्चम।

करविन्दीया व्याख्या

भागीयाः पञ्च चार्धाः, पक्षयोर्द्वादश द्वादश पञ्चमभागीयाः, पुच्छे पञ्चदश ता एताः

चतुरुत्तरशतं पञ्चमभागीया:, पञ्चचार्धा:, चतु:पञ्चाशदध्यर्धा:। ता एता: त्रिषष्टि: शतं च, अत्र सप्तत्रिंशत्संख्या सम्पाद्या।।

पञ्च +येत्

अत्र पक्षयोरात्मनि पुच्छे चतस्र: पञ्चमभागीया उद्धृत्य षट्त्रिंशतं पञ्चदशभागीया उपदध्यात्। अत्मनि पूर्वस्यां रीत्यां मध्ये पञ्चोद्धृत्य दशार्धेष्टका उदीचीरुपदध्यादेवं द्विशत: प्रस्तार:।

सुन्दरराजीया व्याख्या

अपरस्मिन+तथापुच्छम्

अत्राप्ययो: पञ्चपञ्चाध्यर्धा:। पार्श्वेषु पञ्चपञ्चाध्यर्धा: अरत्निनिवृद्धौ षट्षडिति द्रष्टव्यम्। पुच्छाप्यये या उपधीयन्ते तासामर्धेष्टकामात्राण्यात्मनि भवन्ति। पुच्छेऽरत्निमात्राणि। एतच्च प्रादेशवृद्धौ। इतरथा अर्धेष्टकामात्राण्येव पुच्छे।

सर्वमग्निं+पूरयेत्

पूर्ववदात्मनि मध्ये चतस्र:षड्वोद्धृत्य एकैकस्य स्थाने नवनवाष्टाङ्गुला:। सारत्निप्रादेशपक्षे पुच्छाप्ययस्थाभ्य: प्राक्पञ्चार्धेष्टका उदगायता उपधेया:। आत्मनि पूर्वरीत्यां मध्यमा: पञ्चोद्धृत्य दशार्धेष्टका उदगायता उपदध्यात्। एवं द्विशत:। अरत्निप्रादेशाभावे तु चतु पञ्चाशता पञ्चदशभागीयाभि: द्व्यूनं द्विशतं भवति। पुच्छपार्श्वयोरेवैकैकां पञ्चमीमपोह्य चतस्रोऽर्धेष्टका: प्रागायता:। एवं द्विशत:।

कपर्दिभाष्यम्

व्यत्यासं चिनुयाद्यावतः प्रस्तारांश्चिकीर्षेत्।।

गतमेतत्।

पञ्च चितयो भवन्ति। पञ्चभिः पुरीषैरभ्यूहतीति पुरीषान्ता चितिः अर्थान्तरत्वात् पुरीषस्य।।

इष्टकासन्धानार्थं पुरीषम्। तस्मात्तदन्ता चिति:। तदर्थत्वात्तद्ग्रहेण गृह्यते।

जानुदघ्नीं साहस्रं चिन्वीत प्रथमं चिन्वानः।।

य: प्रथमं चिनोति स जानुदघ्नीं चिनुयात् सहस्रसङ्ख्यायुतं च। महाग्निमेवाधिकृत्य विधानात्र शालामुखीयधिष्णीयानां सहस्रसङ्ख्यायामन्तर्भाव:। नापि जानुदघ्नीता।।

नाभिदघ्नीं द्विषाहस्त्रं द्वितीयमास्यदघ्नीं त्रिषाहस्त्रं तृतीयम् उत्तरम् उत्तरं ज्यायास्सं।।

नाभिप्रमाणमुत्सेधतः द्विषाहस्त्रं द्वितीयं चिन्वानः। आस्यप्रमाणं तृतीयं चिन्वानः। त्रिषाहस्त्रं च ग्रीवदघ्नमित्यस्मदीया श्रुतिः।

महान्तं बृहन्तम् अपरिमितं स्वर्गकामश्चिन्वीतेति विज्ञायते।।

उत्तरमुत्तरमाहारमाहरेत्। ज्यायान् विधाभ्यासेन। महानुत्सेधतः। बृहत्परिमाणतः। अपरिमितं सहस्त्रादिभ्यः। 'स्वर्गकाम' इति वचनादग्निकल्पे 'वाजिसनेयिकमिति' वचनाच्च विकल्पः।

करविन्दीया व्याख्या

व्यत्या +षेत्

गतं। ननु व्यत्यासे नाम यस्मिन् प्रस्तारे यत्र यादृशानामुपधानं कृतं तदनन्तरे प्रस्तारे तत्रान्यादृशानामुपधानं तादृशानामेवान्यतो दीर्घाणाम्। नच भेदाभावः प्रयोजनम्; स चेहाचार्यप्रवृत्त्यैव सिद्धः, तत्किमर्थमिदमुच्यते व्यत्यासं चिनुयादिति? उच्यते– अन्यप्रस्तारद्वये सूत्रकारस्य व्यत्यासोपधानविधेरुपर्युपरि प्रस्तारेष्वनियमाशङ्का मन्दधियां न भवेदिति व्यत्यासवचनम्। किञ्च मन्त्रोपधानोत्तरमपि प्रामादिक भेददर्शने तत्परिजिहीर्षया लोकवदुपहितानामेव प्रचालनादिप्राप्तौ "स इन्द्र इष्टकामावृहत्। ते वा कीर्यन्तेति" दोषदर्शनादचालनाय शुल्बोपधानसमय एव शुल्बकुशलैर्नियतदेशानामबाधेन भेदाभागवः परिहरणीय इत्येवमर्थं व्यत्यासवचनम्।

पञ्च +षस्य

जलाद्रा मृत्–पुरीषम्। अभ्यूहनमुपलेपः। उपधायोपधाय तां तां चितिं जलार्द्रया मृदोपलिम्पेत्। द्वाभ्यां वाक्याभ्यामेका चितिः पुरीषोपधानपर्यन्ता ज्ञेया। न केवलेत्यर्थः। अर्थान्तरत्वात् पुरीषस्य, अर्थः–प्रयोजनं। अन्तरा–भेदः। प्रयोजनान्यत्वादित्यर्थः। चितीनामन्यत्प्रयोजनं पुरीषाणां चान्यत्। चितीनां प्रयोजनभूतात् जानुदघ्नवदुत्सेधकरणादन्यत् प्रयोजनं पुरीषस्य। तच्चेष्टकानां शोषपाकागतह्रासपूरणं परस्परसंश्ले[1]षश्च। अत एव चानियतपरिमाणं पुरीषम्। नच एतावद्भिः पुरीषैर्ह्रासपरिहारः परस्परसंश्लेषश्च भवतीति प्रमाणमस्ति। तस्मादनियतप्रमाणं पुरीषम्। अत उक्तं पुरीषान्ता चितिरिति। तथाच श्रूयते– 'पुरीषेणाभ्यूहति। तस्मान्मांसेनास्थि च्छन्नमिति'। अयमर्थः–

---

1. षणै च.

यथा शरीरावयवभूतान्यस्थीनि मांसैश्छन्नान्येव शरीरकार्ये प्रभवन्ति। एवमवयवभूतेष्टकाः सर्वतः पुरीषैश्छन्ना एवाग्निकार्ये प्रभवन्ति। तस्मादभ्यूहनपर्यन्ता चितिः। किञ्चयदि पुरीषोपधानं स्वार्थं तदा जानुदघ्नाद्यतिरिक्तप्रमाणताग्नेः स्यात्। अतः उक्तमेव प्रयोजनम्। अनेन 'दश सम्पद्यन्ते द्वादश सम्पद्यन्त' इति चार्थवाददर्शनेन चितिपुरीषयोर्भिन्नार्थताशङ्का माभूदिति एकार्थता प्रतिपादिता।

जानु +यते

अत्र 'जानुदघ्नं चिन्वीत प्रथमं चिन्वान' इत्याद्या उत्सेधविधायिका स्तिस्त्रश्श्रुतयः। तथा 'सहस्त्रं चिन्वीते' त्याद्या अग्नेरिष्टकासङ्ख्याविधायिकास्तिस्त्रःश्रुतयः। जानुदघ्नं जानुप्रमाणं, नाभिदघ्नं नाभिप्रमाणं आस्यदघ्नमास्यप्रमाणम्। साहस्त्रं सहस्त्रसङ्ख्या परिमितं। द्विषाहस्त्रं द्वाभ्यां सहस्त्राभ्यां परिमितम्। त्रिषाहस्त्रं त्रिभिःसहस्त्रैः परिमितम्। उत्सेधविधयः तत्सम्पादनापेक्षाः। संङ्ख्याविधयः तदाश्रयापेक्षाः। तेषां यथाक्रमं नष्टाश्वदग्धरथवत् परस्परापेक्षया मेळनेन पठिताः। ज्यायांसमुत्कृष्टैर्मर्दनादिकल्पैः उत्कृष्टैश्च संसर्जनीयैः महान्तमुत्सेधतः बृहन्तं परिमाणतः अपरिमितं संङ्ख्यात उक्तं। संख्यादिकमपरिमितं परिमितात् परिमाणात् भूयः प्रमाणे साहस्त्रं शास्त्रं प्रमाणमिति कात्यायनः। स्वर्गकामस्य तु विशेषतः। अकामस्य तु नित्य एव। स्वर्गकामस्ये[1] त्युक्तेः अग्निकल्पे 'वाजसनेयिकमिति' वचनाच्च द्विषाहस्त्रादीनां विकल्पः। ग्रीवदघ्नमिति तैत्तिरीयके श्रूयते। उभयमप्येकार्थमेव। इष्टकोत्सेधकरणान्तराविधानात्। 'समानं हि शिरोग्रीवमिति' ब्राह्मणदर्शनाच्च। (किञ्च ग्रीवास्ययोः पर्यायत्वदर्शनाच्च)। किञ्च ग्रीवास्ययोः पर्यायत्वं लोके च दृश्यते– दशास्यो दशग्रीव इति। तस्माच्छुत्योरेकार्थता।

सुन्दरराजीया व्याख्या

व्यत्यासं+पुरीषस्य

इष्टकास्स्थण्डिलार्थाः, तत्सन्धानार्थं पुरीषं। अतो भिन्नप्रयोजनत्वात्संख्यान्तरं नावगाहते।

जानुदघ्नीं+ज्यायांसं

साहस्त्रं सहस्त्रपरिमाणम्। द्विषाहस्त्रं त्रिषाहस्त्रमिति 'पूर्वपदादिति' षत्वम्। उत्तरमुत्तरं चतुर्थप्रभृति।

अत्र ब्राह्मणं प्रमाणत्वेनाह –

---

1. त्युक्तं।

महान्तं+विज्ञायते

महान्तं विधाभ्यासेन। अपरिमितं बृहन्तं ऊर्ध्वप्रमाणेन। अत्र बोधायनः– ऊर्ध्वप्रमाणाभ्यासं जानोः पञ्चमस्य चतुर्विंशेनैके समामनन्ति।

कपर्दिभाष्यम्

द्विषाहस्त्रे द्विप्रस्ताराश्चितयो भवन्ति। त्रिषाहस्त्रे त्रिप्रस्ताराश्चतुर्थप्रभृतिष्वाहारेषु नित्यमिष्टकापरिमाणम्।।

विज्ञायते च 'न ज्यायांसं चित्वा कनीयांसं चिन्वीतेति'।।

निगदव्याख्यातमेतत्। चतुर्थेति–इष्टकापरिमाणमिह त्रिषाहस्त्रमित्युच्यते। त्रिषाहस्त्रमेव नियतं। यदीदं नोच्येत अनीकवदावृत्तिस्स्यात्। अन्यस्याविधानात्। अमुमेवार्थं दर्शयितुं श्रुतिं दर्शयति–विज्ञायत इति। ज्यायांसं–द्विषाहस्त्रं त्रिषाहस्त्रं वा चित्वा कनीयांसं–साहस्त्रं न चिनुयादिति प्रतिषेधः। तथाऽर्धाष्टममर्धनवमं वा चित्वा एकविधाप्तार्धविधपर्यन्ता न चेतव्याः।

इत्यापस्तम्बसूत्र विवरणे कपर्दिस्वामिभाष्ये शुल्बाख्यप्रश्ने तृतीयः पटलः

करविन्दीया व्याख्या

उत्सेधाधिक्यं च प्रस्तारानेकत्वे न भवतीत्याह–

द्विषा +स्ताराः

द्विषाहस्त्रेऽग्नौ द्विप्रस्ताराः चितयो भवेयुः। त्रिषाहस्त्रे त्रिप्रस्ताराः। प्रतिप्रस्तारं तूष्णीं तूष्णीं पुरीषाभ्यूहनम्। 'तासु पुरीषमभ्यूहतीति' दर्शनात्। अन्ये च चितिधर्माः।

चतु +माणम्

आहरेषु–प्रयोगेषु। चतुर्थप्रभृतिषु प्रयोगेष्वनन्तरोक्तं त्रिषाहस्त्रं नित्यं; न न्यूनाधिकमित्यर्थः। नन्वनन्तरार्थादेव त्रिषाहस्त्रं चतुर्थप्रभृतिषु नित्यं भविष्यति किमर्थमिदमुच्यते? उच्यते–यदीदं नोच्यते, तर्हि अनीकवदावृत्तिः प्रसज्येत। यद्वा द्वितीयतृतीयनिमित्ता विवृद्धिरिति चतुर्थादिषु साहस्त्रमेव वा प्रसज्येत्। अत इदमुच्यते– 'नित्यमिष्टकापरिमाणमिति' अमुमेवार्थं श्रुत्या प्रथयति–

विज्ञा +ते

ज्यायांसमधिकप्रमाणं कनियांसमल्पप्रमाणम्। द्विषाहस्त्रं त्रिषाहस्त्रं वा कृत्वा न साहस्त्रं चिन्वीत। तत्त्रिरषाहस्त्रमेव चिन्वीत।। तत्र श्लोकाः–

यदत्र पुच्छे प्रादेशमुपधायेति सूत्रितम्।
तदभेदाय पुच्छाग्रे पृथग्ग्रीतिनिषेधकम्।।
अग्रस्य रीतिभेदे स्युर्बह्वयः पुच्छे भिदा यतः।
अतः पुच्छादनारम्भः पुच्छाग्रप्रभृतिर्भवेत्।।
तथोपधाने तन्मूले यत्क्षेत्रमतिरिच्यते।
चतुर्भिरर्धैः प्रादेशसहितैश्छादयेत्ततः[1]।।
अप्यये विपरीतोक्तिरेवमर्थवती भवेत्।
प्रादेशमात्रा नाग्रे स्युस्तथा बहुभिधा यतः।।
छादने विनियुक्तानां सामर्थ्यं नास्ति यत्र तु।
तत्रान्याभिसमर्थाभिस्तत्रत्याभिश्छदिर्भवेत् ।।
प्रच्छादयेति वचनं सर्वाग्निविषयं यतः।
अतः पञ्चमभागीया पाणिबाहुल्यहेतुका।।
व्यत्यासेनोपधानस्य व्यत्यासवचनस्य च।
पुनःक्रिया तत्र तत्र भेदाभावैकहेतुका।।
व्यत्यासे लोकतस्सिद्धे तत्रासौ यतते यतः।
तेनेष्टका मातृभेदोऽप्यमृष्य इति गम्यते।।
संख्यामात्रमनूद्येह पूरणं विदधाति यत्।
तेन मन्यामहे साम्यं सर्वप्रस्तारगोचरम्।।
न्यूने तु पूरयेदुक्तैः साम्यस्यायतनस्थितेः।
अतिरेके क्रमाभावात् प्रस्ताराःसर्वतःसमाः।।

इति करविन्दस्वामिकृतायां शुल्बदीपिकायां तृतीयः पटलः

सुन्दरराजीया व्याख्या

द्विषाहस्रे +त्रिप्रस्ताराः

प्रतिप्रस्तारं संधानार्थं पुरीषं भवति। चित्यन्ते मन्त्रतः।

चतुर्थप्रभृति +परिमाणम्

नित्यमुत्तरं त्रिषाहस्रमेव–

विज्ञायते +चिन्वीतेति

1. त्तु तत्।

सर्वत्राग्निषु दक्षिणोत्तरे पार्श्वे सदृशे एवोपधेये। तथा पाश्चात्यपौरस्त्ये। यदेवमाह– 'अध्यर्धा दश पुरस्ताद्दश पश्चात् अष्टावष्टौ पादेष्टका: पक्षाग्रयोश्चतस्रश्चलतस्र: पक्षाग्रीया: इत्यादि। तदाह बोधायन:– पशुधर्मा ह वा अग्निर्यथा वै पशोर्दक्षिणेषामस्थ्नां यद्दक्षिणं तदुत्तरेषामुत्तरम्, इत्यादि। एतच्च सति संभवे; यदाह– 'द्वितीयचतुर्थयोश्चान्यतरत: प्रतिसंहितामेकैकां त्रिंशत्षष्ट्य: एकां पञ्चमीम्' इति च। द्विशता एव सर्वे प्रस्तारा:। प्रतिप्रस्तारं संख्यापूरणवचनात् रथचक्रे द्विशतयोरेव प्रस्तारयोर्वचनात् एष द्विशत: प्रस्तार इति श्येनचिति वचनाच्च। अतश्चोडा नाकसदश्चैकीकृत्य संख्येया:। बोधायनस्त्वाह– 'पञ्चम्यां वा चितौ संख्यापूर्तिर्द्विशता: प्रस्तारा:। पञ्चचोडाभिर्नाकसद: समानसंख्या: प्रतीयात्' इति।।

दशम: खण्ड:

इति सुन्दरराजीये आपस्तम्बशुल्बसूत्रव्याख्याने शुल्बप्रदीपे
तृतीय: पटल:

कपर्दिभाष्यम्.

अथ चतुर्थ: पटल:

चतुरश्राभिरग्निं चिनुत इति विज्ञायत। समचतुरश्रा अनुपपदत्वाच्छब्दस्य।।

अस्याश्श्रुतेरर्थस्तर्क्यते–किं समानानां चतुरश्राणां चाविशेषग्रहणं आहोस्वित् समानानामेवेति? कुत:? विशेषाग्रहणात्। न कश्चिद्विशेष: श्रूयते। तस्मादविशेषेणेति प्राप्ते उच्यते–समचतुरश्रा एव ग्राह्या:। कुत: अनुपपदत्वाच्छब्दस्य। यत्रोपपदं न श्रूयते दीर्घो विषम इति वा तत्र समचतुरश्राणामेव मुख्यत्वात् मुख्येर्थे प्रथमं प्रत्ययो भवति; यत: प्रतीयते तस्यार्थो भवति। इतरत्र गौण:। तस्मात्समचतुरश्राभिरेवोपा धातव्य:। नाध्यर्धाभिरिति स्थितम्।

पादमात्रयो भवन्ति अरत्निमात्रयो भवन्त्यूर्वस्थिमात्रयो भवन्त्यणूकमात्रयो भवन्तीति विज्ञायते।।

चतस्र एताश्श्रुतय:। तास्स्वयमेव व्याचष्टे–

चतुर्भागीयमणूकम्। पञ्चमभागीयारत्नि:। तथोर्वस्थि।।

अणूकशब्द: पुरुषचतुर्थस्य वाचक:। अरत्नि: पञ्चमस्य। तथा–तेनैव प्रकारेण ऊर्वस्थि षष्ठस्य। षड्भागीया इति शुल्बान्तरे।

पादेष्टका पादमात्री। तत्र यथाकामी शब्दार्थस्य विशयित्वात्।।

चतुर्भागीयः पाद इति संज्ञा विहिता शास्त्रान्तरे। पाद शब्देन प्रमाणचतुर्भागो गृह्यते क्षेत्रचतुर्भागश्च। पादः प्रमाणमस्याः पादमात्री। पादशब्दस्य संबन्धशब्दत्वात् पुरुषचतुर्भागोऽपि गृह्यते अणूकादिचतुर्भागश्च सन्निहितत्वात्। तेषां पादेष्टकाभिरित्युक्ते पुरुषचतुर्भागा अणूकादिचतुर्भागाश्च प्रतीयन्ते। कुतः? शब्दार्थस्य विष(श)यित्वात्। वक्ष्यति च–अणूकाः पञ्चदशभागीयानां स्थान इति। सङ्ख्यापूरणेऽणूकानां प्रवेशं दर्शयति। ऊर्वस्थ्यरत्न्योः एकार्थत्वं केचिदिच्छन्ति। ते पञ्चदशभागीयाभिःसंख्यापूरणं कुर्वते। तेषां दर्शने प्रस्तारा न युज्यन्ते। सहस्रसङ्ख्या तु पूर्यते प्रतिप्रस्तारमिति वचनमनर्थकमापद्येत। ये प्रस्तारा ते द्विशता इति वचनानि न युज्यन्ते। तस्मात्पूर्वोक्त एवार्थो ग्राह्यः। सर्ववचनानामर्थवत्त्वाय।

करविन्दीया व्याख्या

अथ चतुर्थः पटलः

चतुर +यते

चतुष्कोणाभिरिष्टकाभिरग्निं चिनुते। कीदृश्यो ग्राह्या इत्यत आह–

समच +ब्दस्य

ता इष्टका अदीर्घविषमाः समचतुरश्रा ग्राह्याः। कुतः? अनुपपदत्वाच्छब्दस्य। न ह्यत्रोपपदं श्रूयते दीर्घाभिरिष्टकाभिर्विषमाभिर्वेति। अतः 'समं स्यादश्रुतत्वादिति' न्यायेन समा एव स्युः। पूर्वस्मिन्नग्नौ दीर्घाश्च सन्ति। अतो विधिभेदाद्वा[1] विकल्पः पूर्वेणाग्निना। नित्यश्चाकामश्रुतेः। अग्निकल्पस्यैव श्रवणं प्रदर्शनार्थम्। आसां श्रुत्यैव दर्शयन्नाह–

पाद +यते

एताश्रतस्रस्श्रुतयः इष्टकानां प्रमाणं विदधति। सम्भवाच्च तासां समुच्चयः। पादमात्रयः–पाद प्रमाणाः। पादशब्दश्चरणचतुर्थभागादौ वर्तते। इह चतुर्भागवाची। स चतुर्भागोऽणूकादीनां[2] ग्राह्य इत्युत्तरसूत्रे प्रतिपादयिष्यते। पादप्रणाणाः पादमात्रयः। अरत्निः सकनिष्ठिकः करः। स च पुरुषस्य पञ्चमभागः। वक्ष्यति च पञ्चारत्निः पुरुषः चतुर्विंशत्यङ्गुलयोरत्निरिति। तत्प्रमाणा अरत्निमात्रयः। उर्वस्थि–ऊर्वोरस्थि। अणूकं पृष्ठवंशः। ता ऊर्वस्थिजान्वस्थिनाम्सयोर्नाणूकस्येत्यत्र व्याख्यानात्। पुरुषस्यः षष्ठो भाग उर्वस्थि। चतुर्थो भागोऽणूकः। एतच्च उत्तरसूत्रे स्पष्टं वक्ष्यति। तत्प्रमाणा ऊर्वस्थिमात्रयः। अणूकामात्रयश्च।

---

1. दात। 2. काना।

आ(ता)सोमवाधिकप्रमाणवशेन संज्ञाविशेषविधानार्थमाह–

चतुर्भि + त्री

अणूकारत्न्यूर्वस्थिशब्दैः तन्मात्र्य इष्टका गृह्यन्ते। उपसंहारे पादमात्रीष्टकेति दर्शनात्। संज्ञासु स्त्रीलिङ्गनिर्देशाच्च। किञ्चाणूकादिशब्दैरपीष्टकानां व्यवहारा दृश्यन्ते। 'अणूकाः पञ्चदशभागीयानां स्थाने सन्ध्यन्तराळे पञ्चमभागीयाःसपादाःता आत्मनि चतुर्दशभिः पादैर्यथायोगं पर्युपदध्यात्' इत्यादिषु अणूकमात्री चतुर्भागीया तत्संज्ञा भवतीत्यर्थः। पञ्चमभागीयारत्निः–अरत्निमात्री पञ्चमभागीयाख्या। तथोर्वस्थि–उर्वस्थिमात्री षड्भागीयाख्या। पादेष्टका–पादमात्री। ननु कथमेतल्लभ्यते षड्भागीयोर्वस्थीति! तथेति प्रकारातिदेशात्। कथमतिदेशः? यथारत्निमात्रीसंङ्ख्या सन्निकर्षेण स्वपूर्वोक्तारत्निमात्रीप्रमा(णे)णान्यूनानन्तरपरिमाणवचन संज्ञा स्यादिति तथोर्वस्थिमात्र्यपि संख्या तत्सन्निकर्षेण स्वपूर्वोक्तारत्निमात्री प्रमाणान्यूनानन्तर-परिमाणवचनसंज्ञा स्यादिति। किञ्च षड्भागीयोर्वस्थीति वक्तव्य तथेत्ययमतिदेशः प्रकृतपुरुषावयवप्रमाणप्रकारसमाप्तिसूचनार्थः। तेनोर्वस्थ्यन्तानामेवावयव-प्रमाणपरिमाणत्वं न पादमात्रीणामिति ज्ञायते। अतस्स्ववाक्यसन्निहितत्वात् 'उपधानेऽष्टावष्टौ पादेष्टकाः चतुर्भागीयानां पक्षाग्रयोर्निदध्यात्। सन्ध्यन्तराळे पञ्चमभागीयाःसपादाःता आत्मनि चतुर्दशभिः पादैर्यथायोगं पर्युपदध्यात्' इति दर्शनाच्च। अणूकादीनां पादा इह पादत्वेन गृह्यन्ते न चरणादयः। किञ्चश्रुतिदृष्टमपहायाणूकादीनां व्युत्क्रमेण पाठपौर्वापर्ये पूर्वस्य प्रमाणाधिक्यज्ञापनार्थः। तेनोर्वस्थिप्रमाणानामरत्निमात्रीभ्यो न्यूनप्रमाणत्वं पादमात्रीणामणूकारत्न्यूर्वास्थिमात्रीभ्यो न्यूनप्रमाणत्वं च ज्ञापितं भवति। एतच्च सर्वमुक्तं भगवता बोधायनेन–'समचतुरश्राभिरग्निं' चिनुत 'इत्युपक्रम्य तस्येष्टकाः कारयेत्। पुरुषस्य चतुर्थेन पञ्चमेनः षष्ठेन दशमेन च' इतिवदता। अतोऽणूकादिपादा इह पादत्वेन गृह्यन्ते। ते च तेषामर्धेन ग्राह्याः। अर्धप्रमाणेन पादप्रमाणं विधीयत इति न्यायात्। अतः पञ्चदशाङ्गुलाणूकपादाः द्वादशाङ्गुलारत्निपादाः दशाङ्गुला ऊर्वस्थिपादाः। तेनेह षड्विधा इष्टकाः। तादृशैः करणैः कार्याः। नन्वणूकादिशब्दैरासां परिमाणज्ञाने व्यवहारे च सिद्धे किमर्थं महत्यः संज्ञाः क्रियन्ते उच्यते–श्रौतनामणूकादिशब्दानां पूरुषचतुर्भागादिमात्रपरिमाणपरत्वज्ञापनेन तस्य तस्य पुरुषस्य चतुर्भागादिपरिमाणै-रिष्टकानिर्माणार्थम्। तथाहि–लोके द्विविधाः पुरुषाः समाश्च विषमाश्च। तत्र समास्सामुद्रीया शेषलक्षणोपेताः। कतिपयैर्विहीना विषमाः। समानामणूकादयः। तदपेक्षया नियतपरिमाणत्वान्मुख्यतया गृहीताः। इतरेषां तु गर्भाधानादिकालस्तितप्राकृतादृष्टादिवशेन न्यूनाधिकवक्राद्यनेक रूपाङ्गतयाऽणूकादिषु चतुर्भागादिनियमव्यभिचारात्तत्-

प्रमाणैरुत्पादितानामिष्टकानां उपधानकाले तत्संख्याकानां तासां तत्र तत्रोपधाने ताभिस्ताभिस्तद्देशपूरणं न्यूनाभिर्वा पूरणम्। भिन्नजातीयानां तत्रत्यानां तत्र तत्र संघट्टनमित्येवमादयो महान्तो दोषास्तत्र सम्भविष्यन्तीति। अतःश्रुतिगताणूकादि-शब्दैस्तद्वैषम्यपरिहाराय पुरुषचतुर्भागादयो लक्ष्यन्त इत्यस्यार्थस्य प्रतिपादनायान्वर्था महत्यस्संज्ञाः क्रियन्ते। तेनायमर्थस्संपद्यते-ऊर्ध्वबाहोः पुरुषस्य प्रमाणं गृहीत्वा तस्य चतुर्थेन पञ्चमेनः षष्ठेन वा तेषां अर्धेष्टकाः कारयेदिति। अत्र केचिदूर्वस्थ्यरत्व-योरेकार्थतामिच्छन्ति। तेषां मतेऽग्निकल्पे तथोर्वस्थि शब्दस्यारत्निशब्दस्य वा पृथगुपादानं पुनरुपादानं श्रुतिदर्शनं च सूत्रकारस्य प्रमादकृतमेवावतिष्ठते।

तत्र या +यित्वात्

गतं। अयमर्थः– चतुर्भागादयः पुरुषचतुर्भागपरिमिताः स्युः। पुरुषकल्पनानुरूपाः स्युरिति चतुर्भागीयास्त्रिंशदङ्गुलाः पञ्चभागीयाश्चतुर्विंशत्यङ्गुलाः षड्भागीयाः विंशत्यङ्गुलाः। तासां पादास्तदर्थमिताः पञ्चदशद्वादशाङ्गुलाश्चेति।

सुन्दरराजीया व्याख्या

अथ चतुर्थः पटलः

अथैतमेव चतुरश्रं प्रकारान्तरेणोपधातुमाह–

चतुरश्राभि +त्वाच्छब्दस्य

अनुपपदत्वं दीर्घादिभिरिति विशेषणाभावः।

पादमात्रयो +विज्ञायते

एषां पादादीनां प्रमाणमाह–

चतुर्भागीयाणूकम्

पुरुषस्य चतुर्भागीया त्रिंशदङ्गुला अणूकमात्रीत्युच्यते।

पञ्चमभागीयारत्निः

चतुर्विंशत्यङ्गुला।

तथोर्वस्थि

तथा तेनैव मार्गेणोर्वस्थि ज्ञातव्यं, तच्च षड्भागीयं विंशत्यङ्गुलम्। केचिदूर्वस्थीत्यपि पञ्चमभागीयामेवाहुः, तदयुक्तम्। कुल्मिमात्रोऽरत्निप्रादेश ऊर्वस्थीति' भेदेन निर्देशात्। 'इष्टकाः करोति प्रादेशमात्रयोऽरत्निमात्रय ऊर्वस्थिमात्र्य' इति प्रयोगकल्पे

पृथग्वचनात् तदूर्वस्थीत्यादिवचनाच्च व्यक्तोक्तत्वाच्च बोधायनेन 'तस्येष्टकाः कारयेत् पुरुषस्य चतुर्थेन पञ्चमेन षष्ठेन दशमेन' इति।

पादेष्टका पादमात्रि

पादश्चाविशेषादणूकादीनां च सर्वासां च भवति।

तत्र यथाकामीशब्दार्थस्य विशयित्वात्

लोके पादशब्दश्चतुर्भागवचनः प्रसिद्धः। क्वचिदेकदेशमात्रे। 'कृच्छ्र् पादः प्रकीर्तित' इति 'ऋचं पादग्रहण' इति ऋक्षु च। वेदे त्वेकदेशमात्रे दृश्यते–'त्रिपदा गायत्री पञ्चपदा पंक्तिः। सप्तपदा शक्वरी' इति। इह तदुभयं ग्राह्यं। शब्दार्थस्योभयत्र वृत्तेः। अत्र च पादशब्दार्थनिरूपणं क्रियते एकविधाद्यर्थम्। अस्मिंस्त्वग्नौ चतुर्भागवचनेऽपि पादे न कश्चिद्दोषः। ये तु षड्भागीयान्नेच्छन्ति तेषामेवोपयोगः, अणूकारत्निपादत्वेन दशाङ्गुलाष्टाङ्गुलानां ग्राह्यत्वात्।

कपर्दिभाष्यम्

उपधानेऽष्टावष्टौ पादेष्टकाश्चतुर्भागीयानां पक्षाग्रयोर्निदध्यात्। सन्ध्योश्च तद्वदात्मानं षडङ्गुलापेताः।।

उपधानकाले अष्टावष्टौ चतुर्भागीयानां पादेष्टकाः पक्षाग्रयोरुपदध्यात्। अष्टावष्टाविति विशयाः। अत्मानं षडङ्गुलमात्रमवेताः अवगता व्याप्ता इति यावत्। नवाङ्गुलमात्रं पक्षयोः।

श्रोण्यंसेषु चाष्टौ प्राचीः प्रतीचीश्च।।

श्रोण्यंसयोश्चतस्त्रश्चतस्त्रः। ताः पादाः। प्राचीश्श्रोण्योः। अंसयोः प्रतीचीः। एवं चतुर्भागीयपादा अष्टाचत्वारिंशत्।

सन्ध्यन्तराले पञ्चभागीयास्सपादाः।।

पक्षसन्ध्योरन्तराले पञ्चमभागीयाः पादसहिताः। मध्ये पादाः। दश प्रतीचीः। तासां दक्षिणतः पश्चविंशतिः पञ्चमभागीयाः। उत्तरतो विंशतिः। एवं सन्ध्यन्तराले पञ्चपञ्चाशदिष्टकाः उपधेयाः।

पुच्छे प्रादेशमुपधाय सर्वम् अग्निं चतुर्भागीयाभिः प्रच्छादयेत्।।

प्रादेशशब्देन किं क्षेत्रमभिधीयते? पुच्छे यत्प्रादेशमिति? अथवा इष्टकाः प्रादेशेन कारिताः? यदि क्षेत्रमभिधीयेत प्रादेशपंक्तिरेवोपधातव्या स्यात्। तथा सति भिद्येताग्निः।

इतरस्मिन्पक्षे यथा न भिद्यते तथा प्रादेशेष्टका भवेयु:। प्रादेशमिति जातावेकवचनम्। प्रादेशेष्टकाभिस्सहाणूका न शेरते। शेरते तु पञ्चभागीयास्ताभि:सह। अतश्चतस्रश्चतस्र: श्रोण्यो: पादेष्टकास्त्रयोदश पञ्चमभागीया:। पूर्वार्धेऽष्टावणूका:। एवमेकोनत्रिंशत्पुच्छे। अपरे पुनरेवं वर्णयन्ति–यस्य वितस्त्या वर्धनं कृतं तत्रापि चतुरश्रश्रुतिसामर्थ्यात् प्रादेश एवेष्टकाभिर्व्याप्यत इति। एवमर्थं प्रादेशग्रहणमिति। तस्मिन्नपि पक्षे उक्त उपधानक्रम:। सर्वमिति द्वात्रिंशत्। अष्टाविंशतिरात्मन्युक्ता:। पुच्छपूर्वार्धेऽष्टौ।।

पादेष्टकाभिस्संख्यां पूरयेत्।।

पञ्चदशभागीयाभिस्संख्यां पूरयेत्। आत्मनि द्वितीयायां रीत्यां मध्यमां चतुर्भागीयां मध्यमे द्विशत: प्रस्तार:।

करविन्दीया व्याख्या

उपधा +ध्यात्

उपधानकाले पञ्चदशाङ्गुला अष्टावष्टौ पक्षाग्रयोर्निदध्यात्। पक्षात्मसन्ध्योश्च तद्वदात्मनि षडङ्गुलावेता:। पक्षात्मसन्ध्योश्चाष्टावष्टौ। ताष्षडङ्गुलाश्श्येनात्मनि प्रविष्टा: श्रोण्यंसेषु च। चकारेण तद्वदित्याकृष्य सामर्थ्याद्विशयाभाव:। श्रोण्यंसेषु चतस्रश्चतस्र:। विशेषमाह–अष्टावष्टौ प्राची: प्रतीचीश्च। श्रोण्यो: प्राची: अंसयो: प्रतीची:। ननु अष्टावष्टाविति वीप्सया प्राप्तानां स्थानचतुष्टयनिर्देशे प्रतिस्थानमष्टावष्टौ कथं न स्यु:? उच्यते– 'अष्टौ प्राची: प्रतिचीश्चेति' वचनसामर्थ्यात् प्राचीनां प्रतीचीनां चाष्टत्वमवगम्यते न प्रत्येकं चतस्र एवेति। श्रोण्यो:प्राच्यौ रीत्यावंसयो:प्रतीच्यौ। ता एता अष्टाचत्वारिंशत् चतुर्भागीया: पादा:सन्ध्यन्तराले पञ्चमभागीयास्सपादा: पक्षसन्ध्योर्मध्ये आत्मनि पञ्चमभागीयास्सपादा: सामर्थ्यात् स्वपादैस्सहिता निदध्यात्। अत्र दक्षिणभागे विशयानामुत्तरत: पञ्चविंशति: पञ्चमभागीया:। उत्तरभागे विशयानां दक्षिणतो विंशति: पञ्चमभागीया:। मध्ये दश प्रदेशा: एवमेतास्सन्ध्यन्तराले पञ्चपञ्चाशदिष्टका:।।

पुच्छे + येत्

गतमेतत्। पूर्वाग्नौ पुच्छाग्रप्रदेशे पृथग्रीतित्वे भेदप्रसङ्गेन तत्परिहारायायं यत्न:। अत्र तु मूलप्रदेशस्य पृथग्रीतित्वे उपरितनप्रस्तारे वक्ष्यमाणविशयपञ्चमभागीयाविधेर्भेद: प्रसज्येतेति गम्यते। स चापि परिहार्य एव। ततश्चतुर्भागीयाभिरात्मशेषं पक्षशेषं च प्रच्छाद्य पुच्छे तु पूर्वार्धेऽष्टौ चतुर्भागीया उपधाय पश्चार्धे भेदाभावाय पञ्चदश पञ्चमभागीया उपदध्यात्। उक्तं चाभियुक्तै:–

अवाधः क्लृप्तदेशानां स्तारे स्तारे च पूरणम्।
भेदभावोऽपि चाग्नीनामाचार्याणां परायणाम्।।

इति। चतुर्भागीयाशब्दो बाहुल्याभिप्रायः। प्रच्छादने प्रच्छादन शब्दस्यापि पूर्वोक्तमेव प्रयोजनम्। अत्र प्रादेशपृथग्रीतित्वे भेदप्रसङ्गात् सर्वाग्नेः प्रच्छादनस्य विहितत्वाच्चतुर्भागीयानां चासम्भवादुक्तानामसम्भवे भेदाभावाय च तत्रतत्रोक्तानामसम्भवे तत्रत्याभिस्सम्भवन्तीभिरन्याभिः प्रच्छादनं कार्यमिति पूर्वमेवोक्तम्। तत्र दक्षिणे पक्षे पादानां मध्ये षोडशचतुर्भागीयाः। उत्तरे च ताः षोडश। आत्मनि सन्ध्योरन्तराळस्य पुरतः पुरतः पादानां मध्ये चतुर्दश। ताः पश्चिमतश्चपादानां मध्ये चतुर्दश। अष्टौ पुच्छस्य पूर्वार्धे। अपरार्धे पञ्चदश पञ्चमभागीयाः। सन्ध्यन्तराळे पञ्चचत्वारिंशत् पञ्चमभागीयाः। पुच्छे पञ्चदश। एवं षष्टिः। पञ्चचत्वारिंशत् पञ्चमभागीयाः तत्र षष्टिरणूकाः। षष्टिः पञ्चमभागीयाः। अष्टाचत्वारिंशदणूकापादाः दश पञ्चमभागीयाः पादाः। ता एताःषडशीतिशतम्।

अत्र चतुर्दशसंख्या सम्पाद्या। तत्सम्पादनमाह–

पादे +येत्

गतम्। आत्ममध्ये पञ्चम्यां रीत्यां उपान्त्यां चतुर्भागीयामुद्धृत्य नव षड्भागीयान् पादानुपदध्यात्। पुच्छश्रोण्योरेकैकां पञ्चमभागीयामुद्धृत्य चतुरस्तत्पादानुपदध्यात्। एवं द्विशतः प्रस्तारः। आत्मनि प्राच्यो रीतयः। पक्षयोर्दक्षिणोत्तरयोः पुच्छे चोदीच्यो रीतयः।।

सुन्दरराजीया व्याख्या

उपाधानेऽष्टावष्टौ +दध्यात्

चतुर्भागीयानां पादेष्टकाः पञ्चदशाङ्गुलाः।।

सन्ध्योश्च–वेताः

सन्ध्योः पक्षाप्यययोः तद्वत् पक्षाग्रवदष्टावष्टौ।
ताश्चात्मानं षडङ्गुलेन प्राप्ताः नवाङ्गुलेन पक्षौ।।

शोण्यंसेषु–चीश्च

एकैकत्र चतस्रश्चतस्रः, एवं षोडश प्राचीः प्रतीचीरिति पादाः अष्टावित्यत्र वीप्सार्थो द्रष्टव्यः। अथवा अनेन सूत्रेण श्रोण्यंसेष्वष्टावेव विधीयन्ते, 'अन्या अष्टौ पादेष्टकाभिस्संख्यां पूरेयत्' इत्यनेन। सर्वथा तावत् षोडशैवोपधेयाः।

सन्ध्यन्तराले–पादाः

पक्षाप्यययोरन्तराले पञ्चमभागीयाः पञ्चचत्वारिंशत्। आसां मध्ये दश

प्रादेशमात्र्यः। पादशब्देन च सन्निहितत्वात् पञ्चमभागीयानां पादा उच्यन्ते। तासां पादेष्टकानां दक्षिणतो विंशतिः पञ्चमभागीयाः, उत्तरतः पञ्चविंशतिः, विपरीता वा।।

पुच्छेप्रादेशमुपधाय

पुच्छाग्रे यत्प्रवृद्धं प्रादेशक्षेत्रं तदुपदध्यात् सामर्थ्याद्दशभिः प्रादेशैः।।

सर्वमग्निं–दयेत्।

एवं प्रच्छादिते एकोननवतिशतं (१८९) इष्टका भवन्ति।

पादेष्ट–येत्

पुच्छस्यापरार्धे पार्श्वयोश्चतस्रश्चतस्रः पञ्चदशाङ्गुलाः। एवं कृते पञ्चोनद्विशतं भवति। ततः पुच्छस्य पूर्वार्धे पार्श्वयोर्मध्ये तिस्रस्तिस्रःषड्भागीयाः प्राचीरुपदध्यात्। एवं द्विशतः प्रस्तारः।

कपर्दिभाष्यम्

अपरस्मिन् प्रस्तारे पुच्छाप्यये पञ्चमभागीया विशयाः।।

द्वितीये प्रस्तारे पुच्छाप्यये पुच्छात्मसन्धौ विशया उभयस्थाः पञ्चमभागीया उपधेयाः।

ता आत्मनि चतुर्दशभिः पादैर्यथायोगं पदध्यात्।।

तासानेव पादेष्टकाभिः विशयासंसृष्टाभिः चतुर्दशभिरुपदध्यात्। आत्मनि यथा युज्यन्ते। इह षड्भागीयानां करणमुक्तम्। उपधानं नोक्तम् यथा पूर्वत्रार्धेष्टकानां पुरस्ताच्चोपधेयाः पुच्छस्य पूर्वार्धे पार्श्वयोस्तिस्रस्तिस्रः षड्भागीयाः मध्ये चतस्रः। शिष्टे द्वादश चतुर्भागीयाः।

सर्वम् अग्निं पञ्चमभागीयाभिः प्रच्छादयेत्।।

पादेष्टकाभिस्सङ्ख्यां पूरयेत्।।

इह पादेष्टकाशब्देन पुरुषस्य पूरयितव्यस्य चतुर्भागकारिका अणूका गृह्यन्ते। पञ्चमभागीयाश्च कृता उपधेया इत्युच्यन्ते। द्वादश चतुर्भागीया आत्मनि। प्रथमा रीतिः पञ्चमभागीयानाम्। द्वितीया रीतिश्चतुर्भागीयानाम्। षष्ठी प्रादेशानाम्। नवमी चतुर्भागीयानाम्। शिष्टे पञ्चमभागीयाः। एष प्रस्तारो द्विशतः। अत्र केचन याज्ञिकाः अनुपासितगुरवः आचार्याभिप्रायमजानन्तः ऊनाद्द्वय(ह्य)धिकप्रस्तारं कुर्वन्ति। अस्य तु सूत्रकारस्य प्रतिप्रस्तारं पूरयेदिति वदतस्तदनभिप्रेतमेव। यद्येवमभिमतमभविष्यत् सर्वत्र प्रतिप्रस्तारं संख्यां पूरयेदिति नावक्ष्यत्। उक्तं च तस्माद्द्विशतः प्रस्तारः कर्तव्यः।

तत्र श्लोकः–

अष्टौ श्रोण्यंसयोश्च स्युः पादाः सूत्रकृतेरिताः।
तासां मध्ये चतुर्थ्यस्स्युः चतुर्दश चतुर्दश।।
सन्ध्यन्तराले पञ्चम्याः पादैश्च दशभिस्सह।
तासां मध्ये दश प्रोक्ताः प्राच्यस्युःशुल्बकर्मणि।।
अष्टौ पुच्छस्य पूर्वार्धे चतुर्थ्यशिष्ट एव तु।
द्वितीया नवमी चैव चत्तुर्थी नाम वात्मनि।।
उदीच्य एव नित्यं स्युर्मध्याः पञ्चमपादकैः।
कृताभिश्चतुरश्राभिरणूकोविर...... त्निभिः।।
अस्या एव सपादाभिः प्रस्तारो द्विशतः कृतः।।

इति।।

करविन्दीया व्याख्या

अपर +याः

द्वितीये प्रस्तारे पुच्छाप्यये एवं पञ्चपञ्चमभागीया उपधेयाः। अविशेषादात्मपुच्छयोः समं प्रविष्टाः।।

ता आ +ध्यात्

ता विशयाश्चतुर्दशभिः पादैः प्रकृतत्वात् पञ्चमभागीयानां यथा योगं परितस्सर्वतः उपदध्यात्। विशयानां पुरस्तादृश।

सर्व +येत्

पक्षयोस्त्रिंशत्त्रिंशत्पञ्चमभागीयाः पुरस्तात्प्रभृत्यात्मनि प्रच्छाद्यमाने उदगायताः पञ्चमभागीयानां नव रीतयः। चतुर्दशीयानां पादानां दक्षिणतो द्वे पञ्चमभागीये उत्तरतश्च द्वे। पुच्छे तु यथोक्ताभिः प्रच्छाद्यमाने बहुभेदप्रसङ्गात् षड्भागीया उत्पन्ना अपि न युक्ता इति षड्भागीयास्तिस्रस्तिस्रो विशयानां पश्चात् पुच्छपार्श्वयोः प्रतीचीरुपदधाति "तासां पार्श्वे द्वेद्वे चतुर्भागीये प्रतीच्यौ उपधाय तासां मध्ये तिस्रः षड्भागीयाः प्रतीचीरुपदध्यात्। अपरार्धे चाष्टावणूकेष्टका उपदध्यात्। एवमात्मनि विशयाभिः सह एकोनशतं पञ्चमभागीयाश्चतुर्दशप्रादेशाः पक्षयोस्त्रिंशत्त्रिंशत् पञ्चमभागीयाः पुच्छे द्वादश चतुर्भागीया नव षड्भागीयाः। ता एताः षडूनं द्विशतम्। तत्र षट्संख्या सम्पाद्या"।

पादे +येत्

अत्र नवपञ्चमभागीयारीतीनां मध्यस्थामेकां पञ्चमभागीयारीतिमुद्धृत्य मध्ये विंशतिप्रादेशेष्टका उदीचीरुपदध्यात्। अत्र चतुस्संख्यातिरिच्यते। अतिरेके अधिकप्रमाणोपधानेन संख्यापूरणस्यान्याय्यत्वादणूकाः पञ्चमभागीयानां स्थान इति परिभाषयाणूकोपधानेन संख्यापूरणस्य न्याय्यत्वाच्च। ततः प्रादेशरीत्या पूर्वरीतिः यथा संश्लिष्टा भवति तथा कृत्वा पूर्वान्तरीतिमुद्धृत्य तत्राष्टावणूका उपदध्यात्। एवं प्रादेशरीत्याः परितस्तिस्रो रीतीः प्रच्याव्य द्वितीयां रीतिमुद्धृयाष्टावणूका उपदध्यात्। एवं द्विशतः प्रस्तारः। अत्र केचित्–प्रथमे प्रस्तारे पुच्छाग्रे दशप्रादेशानुपधाय पादेष्टकाश्चानादृत्य पञ्चदशभागीयाभिःसंख्यां पूरयन्ति। भेदमपि सहन्ते। प्रथमेऽपि प्रस्तारे सन्ध्यन्तराळेऽणूकास्तत्पादाश्चोपदधाति। तथोपधाने प्रयोजनं मृग्यम्। केचित्तु प्रच्छादनकाले संख्यापूरकाणां स्थानमवशिष्य प्रच्छाद्य संख्यापूरका उपदधति। तत्र तु सूत्राञ्जस्यमस्ति वा नवेति चिन्त्यम्।। तत्र श्लोकाः।

ऊर्वस्थिशब्दसंयुक्ता श्रुतिर्मुख्यात्र या कृता।
आचार्येणैव सूत्राणां षड्भागीया कृते तु सा।
आख्यातमर्थं चाचार्यैस्तथोर्वस्थीति सूत्रितम्।
षड्भागीयापदं तद्वदप्यन्यैस्सूत्रितं परैः।
हिरण्यकेशिनां शुल्बे तथोर्वस्थीति सूत्रितम्।
व्याख्यातारोऽपि तत्रैतत् षड्भागीयापरं विदुः।
बोधायनश्च भगवान् समे तु चतुरश्रके।
तुर्यपञ्चमषष्ठैश्च सपादैः करणं व्यधात्।
उर्वस्थिनामधेयानामुपदेशबलादिह ।
प्रच्छादितानामाभिस्तद्बाधःसूत्रकृतेष्यते ।
अरत्नयोऽप्यणूकाश्च छादने स्युर्विपर्ययात्।
पूर्वस्मिन्नपरस्मिंश्च प्रस्तारे संभवो न हि।
न पञ्चदशभागीया श्रूयते न द्वितीयके।
श्रूयन्ते तास्तु पूर्वाग्नौ न तत्पूर्वो द्वितीयकः।
प्रकृतित्वादद्वयोरग्नयोः नित्यत्वाच्च द्वयोरपि।
अतस्तास्त्रं द्वितीयेऽग्नौ कथं प्राप्तिर्विमृश्यताम्।
किन्तु तासां तु यत्कार्यं तत्राणूकास्तु बोधिताः।
प्रथमाग्नेरतोऽन्यत्र तत्स्थाने स्युरणूकिकाः।

ये त्वत्र पञ्चदशभागीयाभि:संख्यापूरणं कुर्वन्ति ते किमुपदेशतो वा प्राप्तं मन्वते? अतिदेशतो वा उभयथापि न युज्यते। द्वयो: प्रकृतित्वात् प्रकृतिविकाराभावाच्च। नन्वणूका: पञ्चदशभागीयानां स्थान इति वचनसामर्थ्यात्तासां प्राप्तिर्भविष्यति।। इति चेन्न; पञ्चदशभागीयानां स्थान इति वचनं तत्कार्ये संख्यापूरणोऽणूकानां प्रापकम्। न तु संख्यापूरणमात्रे तासामप्युपधायकम्। तस्माच्चिन्त्यमिदम्। कथमर्थमिदमाचार्येणोक्तं उच्यते–उपधीयमानानामिष्टकानां संख्यायास्स्थाने। न च प्रस्तारै संख्यासम्पत्तौ यदीष्टकाभेदादवयवभेद:स्यात् स मर्षणीय इति मन्यमानेनोक्तम्। तदेतद्द्वितीयश्येने प्रतिपादयिष्यते। केचित्तु याज्ञिका न्यूनाधिकप्रस्तारमग्नौ कुर्वन्ति समुदाये संख्यासम्पत्तिं मन्यमाना:। तदयुक्तम्। पञ्चदशप्रभृतिभि: प्रस्तारे: सहस्रादि संख्यायां सम्पाद्यमानायां विशेषाश्रवणे 'समं स्यादश्रुतत्वात्' इति प्रस्ताराणां द्विशतत्वस्यैव न्याय्यत्वात्। रथचक्राग्नौ तस्य करण्या द्वादशेनेत्यादिना द्विशतानामेवोत्पादनाच्च। ननु यत्र यत्र प्रस्तारे पूरयेदिति वचनान्तरमस्ति तत्र प्रस्तारे संख्यापूरणमस्तु। तद्यत्र नास्ति तत्र समुदायसंख्या पूरणसंख्या इतरथा पूरणवचनस्यानर्थक्यप्रसङ्गात् उच्यते–न तत्रानर्थक्यप्रसङ्ग:। कथं तत्र हि न्यायप्राप्तं संख्यापूरणं तत्साधनत्वेन पञ्चदशभागीयानां विधानात्। यदि सर्वे प्रस्तारा द्विशता: किमर्थमेष द्विशत प्रस्तार इत्युच्यते सिद्धे सत्यारम्भमात्रोद्देशेन सर्वेषां प्रस्ताराणां द्विशतत्वसम्पादनार्थम्। यथैकविधप्रस्तारो द्विशत: एवमन्येऽपि सर्वे प्रस्तारा द्विशतसंख्या: कार्या:। पूरणवचना भावेऽपीति न्यायप्राप्तमेवार्थं अनुवादेन द्रढयितुमयं यत्न:। तस्मात्सर्वे प्रस्तारा द्विशता: कार्या इति न न्यूनाधिका इति सिद्धं सर्वप्रस्ताराणां द्विशतत्वम्। प्रकृतिभूतस्सप्तविध उक्त:। इदानीं नित्या विकृतय उच्यन्ते-- एकविधेति। एकविधादीनां षड्विधपर्यन्तानां षण्णामग्नीनां तस्यतस्याग्ने: करणीनां द्वादशभागेन त्रयोदशभागेन च इष्टका: कारयेत्। अत्रैकविधस्य करणी शतं विंशति: (120) अङ्गुलय:। द्विविधस्य एकोनसप्ततिशतं अङ्गुलय: चतुर्विंशतितिलाश्च। ($169\frac{24}{34}$) त्रिविधस्य द्वे शते सप्त-ङ्गुलय: एकोनत्रिंशत्तिलाश्च ($207\frac{29}{34}$) चतुर्विधस्य द्वे शते चत्वारिंशच्चाङ्गुलय: (240) पञ्चविधस्य द्वे शते षष्ठिरङ्गुलय: एकादश तिलाश्च ($260\frac{11}{34}$) षड्विधस्य द्वे शते त्रिनवतिरङ्गुलय: एकत्रिंशत्तिलाश्च ($293\frac{31}{34}$)। एतासां करणीनां सर्वतो द्वादशैनैकं करणम्। सर्वतस्त्रयोदशेनैकं करणम्। तयो: पादेष्टकानां करणं चकारादर्धेष्टकानामपि षड्विधं नवविधं वा करणम्। उपधानमुच्यते अभित: पादास्तिस्रो रीत्यो द्वादश्य:। तत: पञ्चरीत्यस्त्रयोदश्य:। तत एका त्रयोदशीपादा:। तत एका त्रयोदश्य:। ततस्तिस्रोऽभित: पादा द्वादश्य: इति त्रयोदश रीत्य:। तत्र द्वितीयायां रीत्यां द्वादश्यां चतुर्थीमष्टमीं चेष्टकामुद्धृत्य द्वेद्वेऽर्धेष्टके उपदध्यात्। तत्रैव चोपान्त्ये उद्धृत्य चतस्रोऽर्धेष्टका:। द्विशत एव प्रस्तार:। द्वितीये प्रस्तारे द्वे रीत्यौ त्रयोदश्य:। तत एक

त्रयोदशीपादा। तत एकाऽभितः पादा त्रयोदश्यः। ततश्चतस्रो रीत्यो द्वादश्यः। तत एकाऽभितः पादा द्वादश्यः। ततस्तिस्रो रीत्यस्त्रयोदश्यः इति त्रयोदश रीत्यः। अत्र मध्यमायां वा षडुद्धृत्य पादा उपदध्यात्। प्रस्तारो द्विशतः। अथवा प्रथमप्रस्तारे द्वादशभिः द्वितीयस्त्रयोदशभिस्तथोच्यते। कृत्स्नद्वादशी पक्षे दीर्घा पादेष्टका अर्धेष्टकाश्च तत्रतत्र प्रथमप्रस्तारे प्राच्यस्सप्तदश रीतयः। ताःसर्वा द्वादशेष्टकाः। तासां सर्वासां दक्षिणा अर्धेष्टकाभिः। ततस्तिस्रो द्वादशीभिः। तत एका पादाभिः। तत एका अर्धाभिः। तत एका पादाभिरततरितस्रो द्वादशीभिस्तत एका पादाभिस्तत एकार्धाभिः। तत एका पादाभिस्ततस्तिस्रो द्वादशीभिः। अन्त्यार्धाभिरेवं सप्तदश रीतयः। तत्र षञ्चमीषष्ठीसप्तमीनां रीतीनामन्त्यास्तिस्र उद्धृत्य एकां द्वादशीमुपदध्यात्। अथैकादशी द्वादशी त्रयोदशीनामन्त्याः तिस्र उद्धृत्य एकादशीमुपदध्यात्। एवं द्विशतः। यद्द्वितीयं त्रयोदशभिरुदीच्यो रीतयश्चतुर्दश तासां प्रथमार्धाभिर्द्वादशीत्रयोदशीभिरन्त्यार्धाभिः ताश्चतुर्दश रीतयः। एवं द्वादश शतमिष्टकाः। तत्र पूर्वार्धे त्रयोदशीः षडुद्धृत्य चतुर्विंशतिं पादा उपदध्यात्। एवं द्विशतः। यदि सर्वे प्रस्तारा द्वादशीभिः तदा पूर्वोक्तप्रकारेण प्रथमं प्रस्तारमुपधाय द्वितीयप्रस्तारत एव रीतीरुदीचीरुपदध्यात्। एष द्विशतः। यदि सर्वे त्रयोदशीभिः, तदा द्वितीयप्रस्तारोक्ता रीतिः प्रथमे प्रस्तारे प्राचीरुपधाय पश्चार्धे त्रयोदशीरुद्धृत्य पादा उपधायापरस्मिन् प्रस्तारे ता उदीचीरुपदध्यात्। एष द्विशतः। यद्येकत्र त्रयोदशान्यतो द्वादश तदा प्रागायता इष्टका उदीच्यः त्रयोदश रीतयः। तावष्टट्पञ्चाशच्छतं च पूर्वस्यां रीत्यां पञ्चम्यां चाष्टावष्टावुद्धृत्याष्टाविंशतिं पादाः द्वे द्वे चार्धे। एवं द्विशतं द्वितीये प्रस्तारे ता एव प्राच्यो रीतयः। यत्र दक्षिणतः उत्तरतश्चाष्टावष्टावुद्धृत्य पूर्ववत् पादा अर्धाश्चोपदध्यादेवं द्विशतः। एवमेव प्रउगादिष्वपि करणानि द्वादशभागीयाभिस्त्रयोदशभागीयाभिर्वा यथायोगमुपधाय पादेष्टकाभिरर्धेष्टकाभिश्च संख्यां पूरयेत्। अलमतिप्रसङ्गेन।

सुन्दरराजीया व्याख्या

उभयत्र प्रादेशमात्रमविशेषात्। ततः पुरस्ताद्दश प्रादेशाः पार्श्वयोर्द्वौद्वौ।

सर्वमग्निं+पूरयेत्

आत्मनि विशयाभिस्सह उदीच्यो दश रीतयः, तासां द्वितीयां नवमीं चतुर्थीभिरुपदध्यात्, षष्ठीं प्रादेशैः। आत्मशेषे पक्षयोश्च पञ्चमभागीयाः। पुच्छस्यापरार्धे पार्श्वयोर्मध्यतो नव षड्भागीयाः प्राच्यः। पुच्छशेषे द्वादशाणूकाः। एवं द्विशतः प्रस्तारः।

व्यत्यासं चिनुयाद्यावतः प्रस्तारांश्चिकीर्षेत्।।

गतमेतत्।

एकादशः खण्डः

कपर्दिभाष्यम्

क्रत्वर्थेनोपादीयमानामामेकविधादीनां पक्षपुच्छत्वं प्रतिपादितम्। तथा तेषामुपधानविधिः कथं भवतीत्युच्यते–

एकविधप्रभृतीनां करणीनां द्वादशेन त्रयोदशेनेतीष्टकाः कारयेत्।।

करणानां द्वादशेन त्रयोदशेन कृतैःसमचतुरश्रैः इष्टकाः कारयेत्। सर्वतो द्वादशेनैकं करणं सर्वतस्त्रयोदशेन द्वितीयम्।

पादेष्टकाश्च व्यत्यासं चिनुयाद्यावतः प्रस्तारांश्चिकीर्षेत्।।

पादेष्टकाश्च [1]द्वादशीवधास्त्रयोदशविधाश्चार्धेष्टकाश्चेति शुल्बान्तरम्। अस्माकमपि प्रउगेऽर्धेष्टकाः कार्याः। एकविधादिष्वपि यदि प्रथमप्रस्तारो द्वादशभिः द्वितीयस्त्रयोदश-भिरित्यस्मिन्पाक्षेऽर्धेष्टकाः कार्याः। इतरथा सङ्घया न पूर्यत एव।

तत्र श्लोकाः–

द्विविधे [2]मानिका रज्जुःसप्तत्या च शतेन च।
अङ्गुलीनां मिता सा स्यादूनाग्नेर्दशभिस्तिलैः।।
त्रिविधे [3]मानिका रज्जुरष्टोत्तरशतद्वयम्।
षड्भिरेव तिलैरूना गणकैः परिकल्पिता।।
विधस्यापि चतुर्थस्य मानिका रज्जुरुच्यते।
मिता शतद्वयेनाथ चत्वारिंशाधिकेन च।।
विधस्य पञ्चमस्येयमष्टषष्टिःशतद्वयी।
एकादशतिलैर्युक्तां मानिकां गणका विदुः।।
चतुर्भिश्च नवत्या च शताभ्यां च मिता भवेत्।
त्रिभिरेव तिलैरूना षड्विधस्य विधानिका।।

उपधानेऽभितः पादास्तिस्रो रीत्योऽथ द्वादश्यः। ततः पञ्च त्रयोदश्यः। तत एका त्रयोदशी। पादरीतिः तत एका त्रयोदशी ततस्तिस्रोऽभितः पादा रीत्यां द्वादश्यः। द्वितीयस्यां एका चतुर्थी च तेभ्योऽन्योऽष्टमी। एष प्रस्तारः। अपरस्मिन् प्रस्तारे द्वे रीत्यौ त्रयोदश्येका त्रयोदशी पादा तत एकाभिहितपादा त्रयोदशी। ततश्चतस्रो द्वादश्यः। अथ मध्यमाषडिष्टकाः चतुर्भेदाः एष द्विशतः प्रत्तारः।।

---

1. द्वादशपादास्त्रयोदशपादाश्चा।

2, 3. मात्रिका।

व्यत्यासमिति–गतमेतत्

एकविधप्रभृतीनां प्रथमाहारेण द्वितीयेन तृतीयेनेति यो युज्येत। सर्वेषां यथा श्रुतिसङ्ख्या तथोर्ध्वप्रमाणम्।।

एकविधप्रभृतीनां षड्विधपर्यन्तानां सर्वेषां प्रथमाहारे द्वितीयाहारे च यथा सङ्ख्याः श्रूयन्ते। किमुक्तं भवति? यदि प्रथमाहारःसहस्रसङ्ख्या जानुदघ्नता च। अथ द्वितीय एते युक्ता एव। ते धर्माः सप्तार्धस्वरूपयुक्ता एवेति। तच्च वचनं[1] सप्तार्धप्रकृतित्व-ज्ञापनार्थम्।।

करविन्दीया व्याख्या

व्यत्या + र्षेत्

गतं। विकृतिषु पुनर्व्यत्यासे वचनं किमर्थम्? उच्यते– प्रकृतौ चितीनां प्रस्ताराणां च वैषम्यात् किमयं व्यत्यासः प्रस्तारधर्मः चितिधर्म इति कस्यचित्सन्देहस्स्यात्। विकृतौ तु द्विप्रस्ताराश्चितय इति प्रस्तारयोर्वैषम्येणायं व्यत्यासः कस्य धर्म इति सन्देहे यावन्तः प्रस्तारास्तावतो व्यत्यस्य चिनुयात् भेदाभावाय। व्यत्यासस्य प्रस्तारधर्मताप्रतिपादनाय पुनर्वचनं व्यत्यासस्य।

एकवि + माणम्

एकविधप्रभृतिषड्विधपर्यन्तानां प्रथमाहारः प्रथमप्रयोगः यो युज्येत भृशं युक्तो भवति। यथाश्रुतिसङ्ख्या श्रुत्युक्तेन प्रकारेण सङ्ख्या सहस्रादिः यथा भृशं युज्यते तथोर्ध्वप्रमाणं जानुदघ्नादि च योयुज्येतेति च सम्बन्धः। एकविधप्रभृतिषड्विधपर्यन्तानां सर्वेषां प्रथमाहारेण द्वितीयाहारेण तृतीयाहारेण 'साहस्रं चिन्वीत प्रथमं चिन्वानः' इत्याद्याः श्रूयमाणाः साहस्रादिसङ्ख्याजानुदघ्नादिपरिमाणाश्चैतेषु सम्पाद्यतयोपदिश्यन्ते। एतेन एकविधस्य। प्रकृतित्वे द्विविधादीनां तत्प्रकृतित्वे च साहस्रादिसङ्ख्याजानुदघ्नादि परिमाणत्वं सिद्धं भवति। एकविधादयोऽपि नित्या एव अकामसम्बन्धात्। प्रकृतयो विकृतयश्च नित्या उक्ताः। इदानीं काम्याः प्रउगादय उच्यन्ते। काम्या गुणविकाराः गुणशास्त्रत्वात्। नित्यस्य सप्तविधाग्नेर्विकाराः प्रउगाद्याकृतिविशेषेण गुणेन विकृताः। कुतः? गुणशास्त्रत्वात्। गुणं शास्ति विदधातीति गुणशास्त्रम्। 'प्रउगचितं चिन्वीत' इति वक्ष्यमाणं वाक्यं प्रउगस्याग्नेश्चयनमनूद्य तत्र भ्रातृव्यापनोदनफलार्थं प्रउगाद्याकृतिविशेषं गुणं विधत्ते। तस्मात्काम्याः प्रउगादयः। गोदोहनादिवन्नि-त्यस्याग्नेर्गुणविकाराः न नित्याः नैव प्रकृतय इति।

---

1. कल्पवचनम्।

सुन्दरराजीया व्याख्या

(व्यत्या +र्षेत्)

'सन्ध्यन्तराले पञ्चमभागीयाःसपादाः' इत्यस्यापरा व्याख्या–पादशब्देन प्रस्तुता एवाणूकापादा गृह्यन्ते। प्रस्तुताश्च पादा अष्टसंख्या इति तथैवेह ग्राह्याः। तत्रैवमुपधानम्– प्रथमे प्रस्तारे सन्ध्यन्तराले पार्श्वयोस्त्रिंशदङ्गुलं परिशिष्य मध्यमे पञ्चत्रिंशत्पञ्चमभागीयाः, परिशिष्टयोस्त्रिंशदङ्गुलयोः पश्चात्पुरस्ताच्च द्वेद्वे पञ्चदशाङ्गुले उदीच्यौ, मध्ये तस्रस्तिस्रोऽणूकाः पञ्चमीभिः पूरयितुमशक्यत्वात्पुच्छस्य पार्श्वयोः पुरतःषट्षट्पञ्च-दशाङ्गुलाः। पुच्छशेषे त्रयोदशाणूकाः एवं कृते अष्टोनद्विशतं भवति। पुच्छमध्येऽणूकामेकामुद्धृत्य दशाङ्गुला नवोपदध्यात्। आत्मनि द्वितीये मध्ये वा मन्त्रोपधानसौकर्यार्थम्। एवं द्विशतः प्रस्तारः। अपरस्मिन् पुच्छवर्जं यथासूत्रमेवात्मनि प्राच्यो दश रीतयः। तत्र दक्षिणस्यां मध्ये पञ्चमीं निधाय ततः प्राक्पश्चाच्च द्वेद्वे प्रादेशमात्रौ। एवमुत्तरस्यां पुच्छस्यापरार्धे पार्श्वयोर्मध्ये च तिस्रस्तिस्रष्षड्भागीयाः प्राच्यः, पुच्छशेषे द्वादशाणूकाः। ये तु षड्भागीया नेच्छन्ति तेषामपि पुच्छवर्जमेवमेवोपधानम्। तत्र पुच्छे प्रादेशमुपधायेत्यस्य प्रादेशेष्टकामुपधायेत्येवं वर्णयन्ति। अन्यथा भेदप्रसङ्गात्। प्रादेशाश्चतुर्भागीयाभिस्सह न शेरत इति सामर्थ्यात् पञ्चमभागीयानामाक्षेपः। तत्रैवमुपधानम्–पुच्छस्य पूर्वार्धे पार्श्वयोश्चतस्रः पञ्चदशाङ्गुलाः। मध्ये षडणूकाः। अपरार्धे पञ्चदश पञ्चम्यः। पुच्छाग्रे मध्यमा अभितो द्वे उद्धृत्याष्टौ प्रादेशेष्टका उपधेयाः। एवमष्टोनद्विशतं भवति। ततः पूर्ववदेकां चतुर्थीं पञ्चमीं वोद्धृत्य दशाङ्गुला वाऽष्टाङ्गुला वोपदध्यात्। द्विशतः प्रस्तारः। द्वितीये प्रस्तारे पुच्छे षोडशाणूकाः आत्मन्युत्तरस्यां रीत्यां चतसृभ्यः पञ्चमीभ्यः प्राक्तिस्रोऽष्टाङ्गुला उदीच्यः तत एका पञ्चमी। ततांस्तिस्रोऽष्यङ्गुलाः। तत एका पञ्चमी ततस्तिस्रोऽष्टाङ्गुलाः। ततस्तिस्रः पञ्चम्यः। दक्षिणारीतिः पूर्ववदेव। द्विशतः प्रस्तारः। एवं सारत्निप्रादेशस्योपधानमुक्तमाचार्येण। तद्रहितस्योच्यते–पक्षाग्रयोस्तिस्रस्तिस्रोऽणूकाः। तासां पश्चात्पुरस्ताच्च द्वेद्वे पञ्चदशाङ्गुले। एवमन्ययोरप्यात्मानं प्रादेशेनोपेताः पार्श्वयोः षट्षट् प्रादेशाः। पक्षशेषे पञ्चम्यः। सन्ध्यन्तराले चत्वारिंशत्पञ्चमभागीया आत्मशेषः पूर्वोक्तवदेव। पुच्छस्य पूर्वार्धे पार्श्वयोरष्टौ पञ्चदशाङ्गुलाः, पध्ये षडणूकाः। अपरार्धे षड्भागीयाभिरुदीच्यस्तिस्रो रीतयः। तासु पूर्वस्यां पार्श्वयोर्द्वेद्वे दशाङ्गुले। पुच्छस्य पूर्वार्धे षड्भागीया अष्टादश। अपरार्धे पृष्ठयामभितः पञ्चम्यावुद्धृत्य अष्टौ पादेष्टका उपदध्यात्। आत्मनि पूर्वरीतौ मध्ये पञ्चमीं निधायाभितश्चतस्रः पादेष्टका उपदध्यात्। एवं द्विशतः प्रस्तारः। अथात्रापि षड्भागीयामनिच्छतां पुच्छस्य पार्श्वयोः पुरतष्षट्षट् पञ्चदशाङ्गुलाः। पुच्छशेषे

त्रयोदशाणूकाः। पक्षाग्रयोश्चतस्रश्चतस्रोऽणूकाः। शेषं पूर्वोक्तवदेव। एवं कृते चतुरशीतिशतमिष्टका भवन्ति। तत्रात्मनि पृष्ठ्यान्ते चतुर्थ्यौ पञ्चम्यावुद्धृत्याष्टादशाङ्गुला अष्टाङ्गुला वोपदध्यात्। द्विशतः प्रस्तारः। अन्यस्मिन् प्रस्तारे पुच्छाप्यये पञ्चमभागीया इत्यादि यथासूत्रम्। आत्मनः पूर्वरीतिः पूर्वोक्तवत्। पुच्छस्य पूर्वार्धेऽष्टावणूकाः अपरार्धे पञ्चम्यावुद्धृत्याष्टङ्गुला उपदध्यात्। द्विशतः प्रस्तारः। एवमुपधानस्यानेकप्रकारा उक्ताः। तत्र युक्ततरः प्रकारो विद्वद्भिरादरणीयः। सर्वेष्वेव प्रकारेषु पुच्छाप्यये पक्षाप्यये वा अन्यतरत्र विशया इष्टका उपधीयन्त इत्यनुसन्धातव्यम्।

एकादशः खण्डः

एकविधप्रभृतीनां+त्पादेष्टकाश्च

व्याधिकरणषष्ठ्यौ। एकविधप्रभृतीनां षड्विधपर्यन्तानां याः करण्यः तासां द्वादशेन त्रयोदशेनेति समचतुरश्रा इष्टकाः कारयेत् पादेष्टकाश्च। ताश्चतुर्भागीया नवम्यश्चेति द्विविधाः।

तत्र श्लोकाः–

अङ्गुल्यो विंशतिशतं करण्येकविधे भवेत्।
द्विविधे सप्ततिशतं ज्ञेयं दशतिलोनितम्॥
त्रिविधे द्वे शते चाष्टौ चाङ्गुल्यषट्तिलोनिताः।
चतुर्विधस्य करणी चत्वारिंशच्छतद्वयम्॥
अष्टषष्टिः पञ्चविधे सैकादशतिले शते।
षड्विधे त्रिशतात्त्याज्याष्षडङ्गुल्यस्तिलावपि॥

एकविधस्य तावत् करण्या द्वादशेन दशाङ्गुलेनैकं करणम्। तदर्धेन पञ्चाङ्गुलेन द्वितीयं पादेष्टकारूपम्। तृतीयेन च सैकादशतिलेन त्र्यङ्गुलेन तृतीयम्। सा नवमीत्युच्यते। एवं त्रयोदशेन साष्टतिलेन नवाङ्गुलेनैकम्। तदर्धेन तत्पाद्याः। चतुरङ्गुला सैकविंशतितिला। तृतीयेन च नवमी त्र्यङ्गुला सतिलत्रया। एवं द्विविधादिषु द्रष्टव्यम्।

व्यत्यासं+श्चिकीर्षेत्

तत्र प्रस्तारयोरनुक्तत्वात् द्वादशीत्रयोदशीनामेव सावयवानां प्रस्तारेषु व्यत्यासः। द्वादशीभिस्सावयवभिरेकः प्रस्तारः त्रयोदशीभिरपर इति। संकलितोपधानं तु न भवत्यवचनात् एतदतिदिष्टप्रउगचित्यसम्भवाच्च। तत्र प्रथमे प्रस्तारे अग्निमध्ये नवद्वादशीनां नवम्यश्चतुरश्रीकृताः। ताः परितःषष्टिः पाद्याः। ताः परितोऽष्टाविंशतिशतं द्वादश्यः। उत्तरांस एकामुद्धृत्य चतस्रः पाद्याः। द्विशतः प्रस्तारः। अपरस्मिन् त्रयोदशभिः

प्रच्छादिते नवषष्टिशतमिष्टका भवन्ति। अग्निमध्यस्थमुद्धत्य चतस्रः पाद्याः। प्रतिकोणं चतस्रश्चतस्रः पाद्याः पृष्ठयायां पश्चात्पुरस्ताच्चैकैकामुद्धृत्य नवनव नवम्यः। द्विशतः प्रस्तारः।

एकविध +र्ध्वप्रमाणं

एकविधादीनामपि सहस्रादिसंख्या। ऊर्ध्वप्रमाणं च जानुदघ्नादिसप्तविधादिपद्धवत्येव। क्षेत्रापचयेऽपि संख्योर्ध्वप्रमाणयोर्नापचय इत्यर्थः।।

कपर्दिभाष्यम्

काम्या गुणविकाराः गुणशास्त्रत्वात्।। ३।।

काम्याः प्रउगादयः गुणेन विकृताः–किमुक्तं भवति? गुणसिद्धिर्नाग्नेः। कुतः? गुणशास्त्रत्वात्। शास्तीति शास्त्रम्। गुणोऽत्र शिष्यते नाग्निः। तस्माद्गुणशास्त्रत्वात् गोदोहनादिव, द्गुणफलान्येतानि।।

प्रउगं चिन्वीत भ्रातृव्यवानिति विज्ञायते।। ४।।

प्रउगः शकटपूर्वभागः। तदाकारं चिन्वीत भ्रातृव्यवान्यस्य बहवः भ्रातृव्याः स एवं चिन्वीत।

यावानग्निस्सारत्निप्रादेशो द्विस्तावतीं भूमिं चतुरश्रां कृत्वा पूर्वस्याः करण्या अर्धाच्छ्रोणीं प्रत्यालिखेत्। सा नित्या प्रउगम्।। ५।।

कराणानि चयनमित्येकविधोक्तम्।। ६।।

एतच्च वचनं सप्तार्धस्य प्रकृतित्वज्ञापनार्थम्। पञ्चदशभिरङ्गुलैर्नवभिश्च तिलैः अन्तरा चतुःपुरुषा रज्जुः द्विस्तावतीं करोति। तथा चतुरश्रं विहृत्य सूत्रोक्तेन मार्गेण श्रोणीं परिलिखेत्। करणानि च कारयेत्। द्वादशेन त्रयोदशेन सपादेन च प्रउगाकारः।।

प्रउगा इष्टकाः कारयेत्।।

चतुःपुरुषारत्निना च पञ्चदशभिरङ्गुलैस्तिलैरेकविंशत्या परिमिता रज्जुरीषामात्री भवति वाक्षयोः प्रमाणम्। तस्या द्वादशेन च त्रयोदशेन च करणानि च कारयेत्। द्वादश्या प्रथमे प्रस्तारे प्रउगमुख्यः। चतुःषष्टिः पादेष्टकाः चतस्रश्चतस्रःश्रोण्योः। एवं चतुर्विंशोत्तरं शतं। चतस्रोऽर्धेष्टकाःश्रोण्योरेव। अन्यस्मिन् प्रस्तारे त्रयोदश्यः श्रोण्योः पादाश्चत्वारिंशत् द्वावर्धौ अष्टपञ्चाशदधिकशतं त्रयोदश्यः। प्रस्तारो द्विशतः। एवं व्यत्यासं चिनुयात्। तत्र श्लोकाः–

एकोनविंशत्यरत्निभिरङ्गुलीभिःसहाष्टभिः ।
तिलानां पञ्चविंशत्या मिता पश्चाद्विमानिका।।
एकविंशत्यरत्निभिरङ्गुलीनां त्रिपञ्चकैः।
तिलानामेकविंशत्या मिता त्वेका विमानिका।।
कुर्वन्ति प्रउगमग्निमेतास्तिस्त्रःसमीकृताः।
आसामेव यथासूत्रं करणानि प्रकल्पयेत्।।

करविन्दीया व्याख्या

प्रउगं+यते

प्रौगः शकटस्य पूर्वभागः। तदाकृतिमग्निं चिन्वीत। भ्रातृव्यवान्भ्रातृव्यैश्शत्रुभिर्बाध्यमानः। तेन भ्रातृव्यान् प्रणुदत एव।।

यावान–उगम्

यावानरत्निप्रादेशाभ्यां सहितःसप्तविधः तावद्द्विगुणां समचतुरश्रां भूमिं कृत्वा तस्य चतुरश्रस्य पूर्वस्याः करण्या मध्यादारभ्य श्रोणी प्रत्यक्ष्णया लिखेत्। सप्तार्धविधस्य द्विस्तावती भूमिः पञ्चदशपुरुषाः। तस्याः करणी त्रयःपुरुषाश्चतुरधिकशताङ्गुलयः पञ्चविंशतितिलाश्च। तयाऽपरेण यूपावटदेशं सञ्चरमवशिष्यानुप्रष्ठ्यं समचतुरश्रं विहृत्य पूर्वस्याः करण्या अर्धाच्छ्रोणी प्रत्यालिखेत्। सा भूमिःसप्तविधपरिमितप्रउगाकृतिर्भवति।।

कर–येत्

अत्र करणी करणीनां द्वादशत्रयोदशकृतानि। ताभिश्च यनं प्रस्तारव्यत्यास इत्येवमाद्येकविधवत् ग्राह्यमित्यर्थः। विशेषस्तु प्रउगा इष्टकाः कारयेत्। करणानि प्रउगाकृतीनि भवेयुः। ता द्वादशत्रयोदशभागीयाः पादा अर्धाश्च प्रउगाकारा ग्राह्याः। चत्वारः पुरुषा एकोनचत्वारिंशदङ्गुलयः एकविंशतितिलाश्च प्रउगस्यैषा मात्रा। सा प्रउगस्य पार्श्वमानी। तस्याः द्वादशेन त्रयोदशेन च करणानि कारयेत्। पादा अर्धाश्च द्वादश भागीयानामष्टत्रिंशदङ्गुलयः पञ्चविंशतितिलाश्च। एषामात्री तन्मुखम्। पार्श्वमान्यौ त्रिचत्वारिंशदङ्गुलयः दशतिलाश्च। अर्धेष्टकानामेकापार्श्वमानी। सैव अन्या अष्टत्रिंशदङ्गुलयः पञ्चविंशतितिलाश्च। एकोनविंशतिरङ्गुलयोऽर्धत्रयोदशतिलाश्च मुखम्। पादेष्टकानामेकोनविंशतिरङ्गुलयः द्वाविंशतितिलाश्च एवां मुखं। पार्श्वमान्यावेक विंशतिरङ्गुलयः द्वाविंशतितिलाश्च। अथ त्रयोदशभागीयानां तासां पञ्चत्रिंशदङ्गुलयः पञ्चविंशतितिलाश्चैकं मुखम्। पार्श्वमान्यौ तिलोनचत्वारिंशदङ्गुलयः। अर्धेष्टकानामपि सैवैका पार्श्वमानी। अन्याः पञ्चत्रिंशदङ्गुलयः पञ्चविंशतितिलाश्च। सप्तदशाङ्गुलयः

एकोनत्रिंशत्तिलाश्च तिलार्धाश्चैकं मुखम्। पादेष्टकानां सप्तदशाङ्गुलय एकोनत्रिंशत्तिलाश्चैकं मुखम्। पार्श्वमान्यौ विंशतिरङ्गुलयोऽर्धतिलोनाः। उपधाने प्रथमप्रस्तारे प्रउगमुखे चतुष्षष्टिः पादेष्टका उपदध्यात्। श्रोण्योश्चतस्रश्चतुर्विंशोत्तरं शतं द्वादश्यः चतस्रोऽर्धेष्टकाः। एष द्विशतः प्रस्तारः। अपरस्मिन् श्रोण्योर्विंशतिविशतिस्त्रयोदशपादाः द्वावर्धावष्टपञ्चाशदधिकशतं त्रयोदश्यः। एष द्विशतः प्रस्तारः। व्यत्यासश्च कार्यः।।

सुन्दरराजीया व्याख्या

काम्याः+गुणशास्त्रत्वात्

काम्याः छन्दश्चित्प्रभृतयोऽग्नयो नित्यस्य चतुरश्रस्य गुणविकाराः तस्यैवाग्नेर्गुणमात्रेण विकृतत्वात् गुणफलं स्वफलं च साधयन्ति। यथा अग्निष्टोमस्य गुणविकारा उक्थ्यादयः।

प्रउगचितं+विज्ञायते

प्रउगं शकटस्य मुखं त्रिकोणं, तद्वच्चीयत इति प्रउगचित्। 'कर्मण्यग्न्याख्यायाम्' इति क्विप्।

तस्याग्नेर्मानमाह–

यावान +लिखेत्

सारत्निप्रादेशस्य सप्तविधस्य करणी त्रीणि शतान्यष्टाविंशतिश्चाङ्गुलयोऽर्धद्वादशतिलाः। तस्या द्विकरणी पादोनपञ्चषष्टिचतुःशताङ्गुलयः द्विस्तावत्याः पञ्चदशपुरुषायाश्चतुरश्रीकृताया भूमेः करणी। प्रउगस्य पार्श्वमानी चत्वारः पुरुष एकोनचत्वारिंशदङ्गुलय एकविंशतितिलाश्च। यावानग्निरित्येव सिद्धे सारत्निप्रादेशग्रहणं तस्य पक्षस्य शाखान्तरीय त्वेन यत्नसाध्यत्वात् एकविधादिष्वेकशतपर्यन्तेषु केवलेषु सारत्निप्रदेशेषु च यथाकामं गुणविकारा भवन्त्येवेति पूर्वमेव प्रतिपादितम्। तत्र पक्षपुच्छरहितानां प्रउगचिदादीनां खाकाशश्रुतिवेदैकामित्यादिना आनीतस्य पुरुषस्य विंशतिशततमो भागोऽङ्गुलिः कल्प्या। तस्याश्चतुस्त्रिंशो भागस्तिलः।

सा +प्रउगं

नित्या प्रकृत्येव। सा भूमिरेवं कृते प्रउगं भवति।

करणानि +थोक्तं

करणं द्वादशेन त्रयोदशेनेत्यादिना।

प्रउगा:+रयेत्

द्वादश्याः पार्श्वे त्रिचत्वारिंशदङ्गुले सपाददशीतलयुक्ते नवतिलोनं नवत्रिंशदङ्गुलमपरम्। तेषामर्धैः पाद्याः। तृतीयैर्नवम्यः। त्रयोदश्यास्तु चत्वारिंशदङ्गुले तिलोने पार्श्वे त्रिपादोनषाट्त्रिंशदङ्गुलमपरम्। एतेषामर्धैः पाद्याः। तृतीयैश्च नवम्यः। उपादाने प्रथमे प्रस्तारे चतुश्चत्वारिंशच्छतेन द्वादशीभिरुदीच्यो द्वादश रीतयः। मध्यमरीतिचतुष्टये मध्यो षोडशोद्धृत्य चतुष्षष्टिः पाद्याः। प्रउगमुख्यामुद्धृत्य नव नवम्यः। द्विशतः प्रस्तारः। अपरस्मिन् प्रस्तारे त्रयोदशीभिः नवषष्टिशतेन त्रयोदश रीतयः। तासु दशम्यां सप्तेष्टका उद्धृत्य विंशतिः पाद्याः। अष्टादशनवम्यश्च निधेयाः। एवं द्विशतः।

कपर्दिभाष्यम्

उभयय: प्रौगं चिन्वीत य: कामयेत प्रजातान् भ्रातृव्यान्नुदेय प्रतिजनिष्यमाणानिति विज्ञायते।।

उभयत:शकटमेव चिन्वीत य: कामयेतोत्पन्नानुत्पत्स्यमानांश्च शत्रून् बाधेयेति।

यथा विमुखे शकटे।।

तावद् एव तीर्घं चतुरश्रं विहृत्य पूर्वापरयोः करण्योरर्धात्तावति दक्षिणोत्तरयोर्निपातयेत्।।

नित्योभभयतः प्रउगम्। प्रउगचितोक्तीः (क्तं)।

उभयतः प्रउगा इष्टकाः कारयेत्। तावदेव सप्तार्धस्य द्विगुणम्। इह तु दीर्घचतुरश्रस्य द्विगुणायामप्रमाणविस्तारः। पुरुषद्वयेन त्रिभिररत्निभिः षोडशभिरङ्गुलैः सार्धैकविंशत्या तिलैः मिता तिर्यङ्मानी द्विगुणा पार्श्वमानी। एवं दीर्घचतुरश्रं विहृत्य तिर्यङ्मानीमध्ये च शङ्कून्निहत्य शङ्कुषु रज्ज्वा वेष्टयित्वा बाह्यतस्त्यजेत्। सप्तषष्ठिशतत्रयमङ्गुलीनां चतुर्दशभिस्तिलैस्सार्धयीषाप्रामाण्यम्। आसां द्वादशेन करणानि कारयेत्। प्रउगचितोभयतः प्रौगेष्टकाः कारयेत्। उभयतः प्रउगाकाराः इष्टकाः पादाश्चोभयतः प्रउगीभूताः। चयनविधिरुक्तः प्रउगे। तत्र श्लोकः–

त्रिसप्तकैस्तिलैर्युक्तां साष्टाविंशशतत्रयीम्।
प्रउगस्योत्तरस्याग्नेः तिर्यङ्मानीं विदुर्बुधाः।।
तिर्यग्द्विगुणितायामे चतुरश्रे हविर्भुजः।
शङ्कून्निहत्य मध्येषु करणेषु चतुर्ष्वपि।।

रज्जुं शङ्कुषु संयोज्य श्रोण्योरंसान् परित्यजेत्।
शिष्टं सप्तार्धमेव स्याच्छकटे विमुखे यथा।।
चतुर्दशतिलैर्युक्तं सप्तषष्टिशतत्रयम्।
प्रउगस्योत्तरस्यैतदीषामात्रं प्रकल्पितम्।।
ईषाद्वादशभागेन तथा भागोत्तरेण च।
उभयतः प्रउगीभूताः सपादाः कारयेदिह।।

करविन्दीया व्याख्या

उभ–ते

उभयतः प्रउगं–उभयतः शकटमुखं। प्रजातान् शत्रून प्रणुदेयं जनिष्यमाणांश्च प्रणुदेयं यथा न जायन्ते तथा करवाणीत्यर्थः।

श्रुतिपदं व्याचष्टे–

यथावि–तोक्ताः

विमुखे–नानामुखे शकटे यथा पृष्ठे संहिते तिष्ठेते तादृगाकारमुभयत्र प्रउगं तथा चिन्वीतेत्यर्थः। तावदेव पूर्वोक्तं सारत्निप्रादेशश्च सप्तविधस्य द्विगुणं दीर्घं चतुरश्रं विहृत्य तिर्यङ्मानीपार्श्वमानीनां मध्ये शङ्कुं निहत्य पूर्वस्माच्छङ्कोः दक्षिणं शङ्कुं प्रत्यक्ष्णया लिखेद्दक्षिणतः पश्चिमं पश्चिमतः उत्तरमुत्तरतः पूर्वं एवं लिखेदुभयतः प्रउगाकृतिक्षेत्रं भवति। विस्तारद्विगुणायामं दीर्घं पञ्चपुरुषाः सप्तदशाङ्गुलास्वायामः, द्वौ पुरुषावष्टषष्टिरङ्गुलय एकविंशतितिलाश्च तिर्यङ्मानी दीर्घचतुरश्रस्य।।

उभय–येत्

करणानि चयनविधिश्च प्रउगवत्। विशेषस्तूभयतः प्रौगाः इष्टकाः। त्रयः पुरुषास्सप्त चाङ्गुलयः सप्तदश तिलाश्च एषां प्रमाणम्। अस्य द्वादशो भागस्त्रिंशदङ्गुलयः पञ्चविंशतितिलाश्च। त्रयोदशो भागोऽष्टाविंशतिरङ्गुलयः त्रिभागोना नव तिलाश्च। शतद्वयं अष्टाविंशतिरङ्गुलयः एकविंशतितिलाश्चोभयतः प्रउगस्य तिर्यङ्मानी। तस्या द्वादशभागेन त्रयोदशभागेन परिमितं करणं यथा भवति तथा भवेत् करणम्। अर्धेष्टका द्वादशभागीयाभिस्त्रयोदशभागीयाभिश्च आयामतस्तुल्याः विस्तारतस्तदर्धविस्ताराः। पादेष्टका आयामतो विस्तारतश्चार्धाः। प्रथमे प्रस्तारे याःपादा उपहिताः ते द्वितीये तदन्यत्रोपधेयाः द्वादशभागीयापक्षे चतस्रोऽर्धेष्टकाः त्रयोदशभागीयापक्षे द्वे।

सुन्दरराजीया व्याख्या

उभयतः–शकटे

विमुखे–विपर्यस्तमुखे प्राक्पश्चान्मुखे यथा शकटभागे तादृगेषोऽग्निर्भवति।

ताव+येत्

द्विस्तावदग्निक्षेत्रविस्तारद्विगुणायामं दीर्घचतुरश्रं विहरेत्। त्रीणि शतान्यष्टाविंशतिश्चाङ्गुलयो [1]द्वाविंशतितिलाश्च तिर्यङ्मानी। द्विगुणा पार्श्वमानी। एवं विहृत्य पूर्वापरयोः करण्योर्मध्यात् दक्षिणोत्तरयोर्मध्ये निपातयेत्। बहिष्पन्द्यमपच्छिन्द्यात्।

सा+तोक्तः

एकविधोक्त इष्टकादिः।

उभ +रयेत्

द्वादश्याश्चत्वारि फलकानि त्रिंशदङ्गुलानि सैकविंशतितिलानि। एकाक्ष्णया सप्तविंशत्यङ्गुला त्रयोदशतिलयुक्ता। द्विगुणाऽन्या। एषामर्धैः पाद्यास्तृतीयैर्नवम्यः। त्रयोदश्याश्चत्वारि फलकानि सपादाष्टाविंशत्यङ्गुलानि इत्येकः कर्णरज्जुः। एक विधवदेवोपधानम्। रीतयस्तु कोणादिमुखाः। द्वितीयप्रस्तारे मध्ये विंशतिः पाद्याः, अष्टादश नवम्यः। ता अपि मध्यस्थपादानां पश्चात्पुरक्ताच्च विधेयाः।।

कपर्दिभाष्यम्

रथचक्रचितं चिन्वीत भ्रातृव्यवानिति विज्ञायते।। ११ ।।

यावानग्निः सारत्निप्रादेशस्तावतीं भूमिं परिमण्डलां कृत्वा तस्मिंश्चतुरश्रमवदध्याद्यावत्सम्भवेत्।। १२ ।।

शुल्बान्तरे रथचक्रद्वयमुक्तम्; अनेनाचार्येणैकमेवोक्तम्; तस्मात्तदेवोच्यते। यावानग्निस्सारत्निप्रादेशो द्विस्तावतीं भूमिं परिमण्डलां कृत्वा उभयतः प्रउगस्य या तिर्यङ्मानी तया चतुरश्रं करणं कृत्वा तेनेष्टकाः कारयेत्। ताश्चतुरश्रे चतुश्चत्वारिंशदधिकशतमुपधाय तासां चतुरश्रमवदध्याद्यावत्सम्भवेत्।

इति द्वादशः खण्डः

तस्य करण्या द्वादशेनेष्टकाः कारयेत्।। १ ।।

तासां षट्प्रधा उपधाय शेषमष्टधा विभजेत्।।

1. अर्धद्वाविंशति।

प्रधिकाश्चत्वारः। तेषु प्रधिकेषु षडिष्टका द्वादशेन कारिताः उपधाय शेषं प्रधिकमष्टधा विभजेत् अष्टभिरपदध्यात्। तासां करणं वक्ष्यामः–त्रयस्त्रिंशदङ्गुल-मष्टभिस्तिलैरूनमेकं, एकत्रिंशदङ्गुलं द्वादशभिस्तिलैरूनमेकं[1], अष्टाविंशत्यङ्गुलमेकं अष्टाविंशत्यङ्गुलं तिलाभ्यां सहैकं, एतैश्चतुर्भिः फलकैः एकं करणं, तस्य चतुर्थं फलकं तक्षेत्। यथा धनुराकारं भवति यथा शरमष्टादशतिलमात्रं भवति। तथा एकत्रिंशदङ्गुलं द्वादशभिक्तिलैरूनं, एकविंशत्यङ्गुलं एकादशभिक्तिलैरूनमेकं अष्टात्रिंशदङ्गुलं त्रिभिस्तिलैस्सहैकं, नवत्रिंशदङ्गुलं द्वादशतिलैः सहैकं एतैश्चतुर्भिः द्वितीयं करणम्। अस्य चतुर्थं पूर्ववत्तक्षेत्। शरप्रमाणं तिलाभ्यां सहैकं भवति तथा तक्षेत्। [2]चत्वारिंशदङ्गुलं दशभिस्तिलैरूनमेकं त्रयस्त्रिशदङ्गुलं दशभिस्तिलैरूनमेकं , द्वात्रिंशदङ्गुलं तिलेन सहैकं द्वात्रिंशदङ्गुलं द्वादशभिस्तिलैःसहैकं, अष्टाविंशत्यङ्गुलं एकादशभिस्तिलैःसहैकं [3]पञ्चचत्वारिंशदङ्गुलं चतुर्भिस्तिलैरूनमेकं एतैश्चतुर्भिश्चतुर्थं करणम्। तस्य चतुर्थं तक्षेत्। पूर्ववच्च प्रमाणद्वयङ्गुलं त्रिभिस्तिलैरूनम्–तत्र श्लोकौ भवतः–

रज्जुः कृतान्यतः पाशा सप्ताशीतिशताङ्गुला।
[4]विमानं रथचक्रस्य करोत्येषा तु मण्डलम्।।
चतुरश्रकरणी रज्जुः चतुःषष्टिशतद्वयी।
तिलैस्त्रयोदशैर्युक्ता रथचक्रे हविर्भुजि।।

करविन्दीया व्याख्या

रथच +ते

रथचक्रं मण्डलाकारं भ्रातृव्यवान् तैर्बाध्यमानः तान् जेतुम्।।

यावा +भवेत्

अरत्निप्रादेशसहितस्य करणी द्वौ पुरुषावष्टाशीतिरङ्गुलयः विष्कम्भार्धं एकविंशतितिलाश्च। तस्य मध्ये यावत्सम्भवं चतुरश्रं विहृत्य विलिख्य।।

तस्य +येत्

चतुरश्रस्य करणी द्वे शते चतुःषष्टिश्चाङ्गुलयः त्रयोदशतिलाश्च। तस्या द्वादशभागः सतिला द्वाविंशतिरङ्गुलयः। चतुर्भिः द्वादशभागीयानां करणी। तन्मध्ये

1. मेकं फलकं–B।
2. त्रिचत्वा।
3. पञ्चपञ्चाश।
4. भ्रमिता।

चतुश्चत्वारिंशच्छतमिष्टचकाः तासां द्वादशभागीयानां षडिष्टका एकैकस्मिन् प्रधावुपधाय सम्पाद्य शेषं प्रधिशेषमष्टधा विभजेत्। तत्र पूर्वस्मिन् प्रधौ दक्षिणार्धे चत्तुरश्रकरणीसमीपे दक्षिणोत्तरास्तिस्रः द्वादशभागीयाः। उत्तरतो व्यवलिख्य शेषं प्रध्यर्धं चतुर्धा विभजे देकैकस्मिन् भागे एकैकं करणं तिसृणां द्वादशभागीयानां पुरस्ताद्द्वौ भागौ। तस्मिन् दक्षिणतो द्वौ भागौ। एवं विभागे चतुर्णां विभागानां पश्चात्तिर्यङ्मानी त्रयस्त्रिंशदङ्गुलयः एकतिलम्। तत्र दक्षिणभागस्य करणं त्रिभिः फलकैर्भवति। तत्र तिर्यङ्मान्युक्ता चतुर्णां समेति पार्श्वमान्येकैव। सा च षड्विंशतिरङ्गुलयः द्वादशतिलाश्च। द्वितीयं वक्तव्यं द्विचत्वारिंशदङ्गुलयः सार्धपञ्चविंशतितिलाश्च। तद्विष्कम्भार्धप्रमाणया रज्ज्वा कर्कटेन वऽऽलिख्य तक्षयेत्। द्वितीयदक्षिणपार्श्वमानी सैव या दक्षिणस्योत्तरा। तिर्यङ्मानी चोक्ता। उत्तरपार्श्वमानी द्विचत्वारिंशदङ्गुलयः पञ्चविंशतितिलाश्च। मुखं चतुस्त्रिंशदङ्गुलयः दश तिलाश्च। तत्पूर्वं तक्षयेत्। तान्येव विपरीतान्युत्तरार्धे करणानि। एषैवोत्तरार्धे विभागकल्पना। तत्र सर्वषां सैव पश्चात्तिरश्ची। दक्षिणमुत्तरेषां दक्षिणं भवति। तान्येव मुखानि। अत्र चतुर्थवत् पञ्चमं। तृतीयवत् षष्ठम्। द्वितीयवत् सप्तमम्। प्रथमवदष्टमम्। एवं दक्षिणोत्तरपश्चिमप्रधिषु दक्षिणोत्तरपश्चिममुखान्येतानि करणानि भवन्ति।।

सुन्दरराजीया व्याख्या

रथचक्र+त्संभवेत्

विष्कम्भो मण्डलविधावेव प्रपञ्चितः। मध्ये शङ्कुं निहत्य पञ्चाशीतिशताङ्गुलेन चतुर्दशतिलयुक्तेन परिमण्डलं भ्रमयेत्। तस्य परिणाहस्तिलन्यूनं पञ्चषष्ठ्यधिक-शतोत्तरसहस्राङ्गुलयः। तस्य मध्ये विष्कम्भार्धद्विकरण्या द्विषष्टिशतद्वयाङ्गुलया सप्ततिलसहितया समचतुरश्रमवदध्यात्। चतुरश्राद्बहिश्चत्वारः प्रधयः।।

इति द्वादशः खण्डः

तस्य +कारेयेत्

द्वाविंशत्यङ्गुलेन पञ्चतिलोनेन समचतुरश्रकरणम्। चतुरश्रमध्ये चतुश्चत्वारिंशच्छतमिष्टकाश्शेरते।

तासां–विभजेत्

[1]प्रधिमध्ये षट् चतुरश्रा उपधाय तस्य प्रधेश्शेषमष्टधा विभजेत्। उपहितानां षण्णां पार्श्वयोर्द्वेद्वे मुखे चतस्र उदीरिताः। तासां चत्वारि करणानि। त्रिकोणमाद्यम्।

1. प्रधिमूलमध्ये।

तस्य तिलत्रययुक्तं [1]षड्विंशत्यङ्गुलमेकं तिर्यक्फलकम्। सार्धसप्ततिलहीनं त्रयस्त्रिंशदङ्गुलं द्वितीयम्। [2]एकादशतिलयुक्तद्विचत्वारिंशदङ्गुलं तृतीयम्। कर्णरूपं तद्धनुरिव तक्षेत्। यथा षट्तिलयुक्ताङ्गुलिश्शरो भवति। द्वितीयस्य षड्विंशत्यङ्गुलं तिलत्रययुक्तं तिर्यक्फलकमेकम्। एकादशतिलयुक्तं द्विचत्वारिंशदङ्गुलमपरम्। [3]सप्ततिलोनं त्रयस्त्रिंशदङ्गुलमेकं पार्श्वम्। षट्त्रिंशकं सविंशतितिलं पार्श्वान्तरम्। तद्धनुरिव तक्षेत्। यथा तिलत्रयोनाङ्गुलिश्शरो भवति। तृतीयस्य [4]सार्धविंशत्यङ्गुलमेकं तिर्यक्फलकम्। त्रिंशकं षोडशतिलहीनं द्वितीयम्। [5]सप्ततिलोनं त्रयस्त्रिशकमेकं पार्श्वम्। चतुस्त्रिंशत्पार्श्वान्तरं, तद्धनुरिव तक्षेत्। पञ्चांशोनाङ्गुलिश्शरो भवति। चतुर्थस्य त्रिंशदङ्गुलं षोडशतिलहीनमेकं तिर्यक्फलकम्। सार्धद्वात्रिंशकं द्वितीयम्।[5] सप्ततिलोनत्रयस्त्रिंशमेकं पार्श्वम्। तिलत्रयोनं त्रयस्त्रिंशकं पार्श्वान्तरम् तद्धनुरिव तक्षेत्। पञ्चविंशतितिलास्तस्य शरः। एतान्येव चत्वारि करणानि अन्यस्मिन् प्रध्यर्धे विपर्यासेन भवन्ति। एव मेव चत्वारः प्रधयः।।

कपर्दिभाष्यम्

उपधाने चतुरश्रस्यावान्तरदेशान् प्रति स्रक्तीः सम्पादयेत्। मध्यानीतरस्मिन् प्रस्तारे। व्यत्यासं चिनुयाद् यावतः प्रस्तारांश् चिकीर्षेत्।। ३।।

गतमेतत्। एष एव प्रस्तारो मण्डले श्मशाने द्रोणे च।

द्रोणचितं चिन्वीतान्नकाम इति विज्ञायते।। ४।।

अन्नकामस्य द्रोणचिदिति श्रुतिः।

द्वयानि तु खलु द्रोणानि चतुरश्राणि परिमण्डलानि च।। ५।।

तत्र यथाकामी शब्दार्थस्य विशयित्वात्।। ६।।

द्रोणशब्दो जलाधारस्य वर्तुलाकारस्य वाचकः। दारुमयस्य सत्सरुकस्य चतुरश्रस्य च। तत्रैकतरो गृह्यत इत्युच्यते। यथाकामी चतुरश्रं परिमण्डलं वा। अगृह्यमाणत्वाद्विशेषस्य चतुरश्रं परिमण्डलं वा चिनुयात्। उभयशब्दप्रवृत्तेः।।

---

1. षट्त्रिंशदङ्गल।
2. तिलत्रयहीन।
3. सार्थसप्त।
4. सार्घतिलषोडशकं।
5. सार्थसप्त।

चतुरश्रं वा यस्य गुणशास्त्रम्।। ७।।

स चतुरश्रः।। ८।।

पश्चात्सरुर्भवत्यनुरूपत्वायेति विज्ञायते।। ९।।

वाशब्दः पक्षव्यावृत्तौ। न विकल्पार्थः। नैष मण्डलाकारश्चेतव्यः; चतुरश्र एव चेतव्यः। यस्य गुणशास्त्रं 'द्रोणे वा अन्नं भ्रियते' इति। तच्चतुरश्रे युज्यते न वर्तुलाकारद्रोणे। अतो गुणसम्बन्धाच्चतुरश्र एव निश्चीयेत। तस्माच्चतुरश्र एव चेतव्यः। पश्चात्पुच्छस्थानेत्सरुर्भवति अनुरूपत्वश्रुतेः, तथाकारसंपादनाय।

करविन्दीया व्याख्या

उपधा–र्षेत्

गतम्।

द्रोण–ते

अन्नाधारं पात्रं द्रोणमित्युच्यते। तदाकारं चिन्वीत अन्नकामः।

द्वयानि–च

तुशब्दो भेदे। न प्रउगादिवदेकप्रकाराणि द्रोणानि किन्तु द्विप्रकाराणि चतुश्राणि परिमण्डलानि च। खलुशब्दः प्रसिद्धौ।।

या–त्वात्–

गतम्।

उभयत्र द्रोणशब्दप्रयोगादुभयप्रकारौ ग्राह्यौ।।

चतुर–श्रः

चतुरश्राण्येव ग्राह्याणि। कुतः? यस्येदं गुणशास्त्रं स चतुरश्रः प्राकृतं चतुरश्रं अग्निमनूद्यान्नकामाय द्रोणाकारं विधीयते। अत इदमपि चतुरश्रमेव ग्राह्यमित्यर्थः।

पश्चा–ते

आत्मनः पश्चात् पुच्छस्थानेत्सरुर्भवति। त्सरुर्मुष्टिः। प्राङ्मुखावस्थितस्थ पुरुषस्य पश्चात् स्थितः द्रोणोऽपि पश्चान्मुष्टिर्भविष्यति एवमिहापीत्यर्थः।।

सुन्दरराजीया व्याख्या

उपाधाने–चतुरश्रं वा

तत्र हेतुमाह–

यस्य–स चतुरश्रः

गुणप्रापक:समचतुरश्र:। यस्य–अग्ने:।

पश्चास्तरु–विज्ञायते

पश्चात्सरुर्यस्य स तथोक्त:। असमासो वा। त्सरुशबद उभयलिङ्ग:। 'त्सरु: पुमान' इति नैघण्टुक: प्रमाद:। 'दशमंत्सरु' इति निर्देशात्। अनुरूपत्वं द्रोणानुरूप्यम्। एतच्च मण्डलचतुरश्रयोस्समानम्। तथाह भारद्वाज:–

द्रोणिचितं चिन्वीतान्नकामश्चतुरश्रं परिमण्डलं वा पश्चात्सरुर्भवति। इति। स्पष्टमेवाह कात्यायन:–

'दशमभागो वृत्त: पश्चात्पुरस्ताद्वा मण्डलेऽप्येवमेव' इति।

कपर्दिभाष्यम्

सर्वस्या भूमेर्दशमं त्सरु। तस्य पुच्छेन निर्हार उक्त:।। १०।।

तस्य करण्या द्वादशेनेष्टका: कारयेत्। अध्यर्धा: पादेष्टकाश्च।। ११।।

द्वादशचतुर्भागीयाक्षेत्रं सारत्निप्रादेशस्य दशमोंऽश:। षष्ठयङ्गुलप्रमाणं तिर्यङ्मानी तस्य द्विकरणी पार्श्वमानी। तस्या क्षणया रज्ज्वा कृते चतुरश्रे द्वादशचतुर्भागीया क्षेत्रं भवति। यत्सरो: प्रमाणम्। तयैव त्रिगुणीकृतया द्रोण:।

तस्य पुच्छेन निर्हार उक्त:–पुच्छेनैव मानमार्गो व्याख्यात:। तस्य करण्या द्वादशेष्टका: कारयेत् तस्येति द्रोण: परामृश्यते नत्सरु:। स च त्रिकोण समदेशेन चतुर्भागीयेनेत्यर्थ:। अध्यर्धा: पादेष्टेकाश्च अत्र विप्रतिपन्ना याज्ञिका: अक्ष्णया पादमिच्छन्ति केचित्। केचिद्दीर्घपदपादमर्धेष्टका: कर्तव्या: ताभिर्विना संख्यापूरण-स्याशक्यत्वात्। व्यक्तमुक्तं शुल्बान्तरे 'अर्धेष्टकाश्चेति। इहापि चकारादर्धेष्टकाश्चेति। करणानि च षट्त्रिंशदङ्गुलं तिलोनमेकं करण; एकतोऽध्यर्धं द्वितीयं; प्रथमकरण-मुभयतोऽक्ष्णया चतुर्धा दीर्घं', तेन पादानां तृतीयं करणं, तृतीयेनैव करणेन दीर्घेण वाऽर्धेष्टकानां करणं चतुर्थम्।

उपधानेऽध्यर्धा: पुरस्तात्प्रतीचीरात्मन्युपदधाति।। १२।।

त्सर्वगे श्रोण्योश्च प्राची:।। १३।।

सर्वम् अग्निं चतुरश्राभि: प्रच्छादयेत्।। १४।।

पादेष्टकाभिस्सङ्ख्यां पूरयेत्।। १५।।

अपरस्मिन् प्रस्तारेऽध्यर्धा दक्षिणतः उदीचीरात्मन्युपदधात्युत्तरतश्च दक्षिणाः। त्सरुपार्श्वयोर्दक्षिणा उदीचीश्च।। १६।।

सर्वमग्निं चतुरश्राभिः प्रच्छादयेत्।। १७।।

पादेष्टकाभिस्सङ्ख्यां पूरयेत्।। १८।।

व्यत्यासं चिनुयाद् यावतः प्रस्तारांश्चिकीर्षेत्।।

इति त्रयोदशः खण्डः

उपाधाने यथासूत्रमध्यर्धा उपधाय पूर्वार्धे सप्तदशेष्टका अक्ष्णया छिन्द्यात् द्वावर्धौ। यदि दीर्घाश्चेत् पादा उत्तरस्यां रीत्यां नेवष्टकाः छिन्द्यात् यथा प्राचीः प्रपादाः यथा दक्षिणस्यामष्टौ तथैव प्राचीरेकाद्विधा। तत्र तथैव पूर्णः प्रस्तारः। अपरस्मिन्प्रस्तारे पश्चादात्मन्यष्टादशेष्टकाः करणे छिन्द्यात्। द्वे द्वे इष्टके द्विधाकरणेनैव। यदि दीर्घाः पादाः पूर्वस्यां रीत्यां नवेष्टका भिन्द्यात्। यथा वा उदीच्याश्श्रोण्या द्वे द्वेत्सरोः पश्चादेवाग्रतः पाशमध्येऽर्धाः पादाश्चोदीच्यः। एवं प्रस्तारो द्विशतः। तत्र श्लोका भवन्ति–

मितास्त्रिभिस्तिलैरूना चतुर्भिश्च शतेन च।
द्रोणस्यैषात्सरोर्मात्रा तस्य त्रिगुणितैव सा।।
पादा अर्धाश्च भेदास्युः करणानि विभावसौ।
द्रोणाख्ये तु स्मशाने च चतुरश्रे हविर्भुजि।।
प्रस्तारे प्रथमे पादा यत्र स्युस्तत्र नोत्तरे।
द्वावर्धौ प्रथमस्तारे चतस्त्र स्तूत्तरे स्तरे।।
निधाय चोत्तरे स्तारे अध्यर्धत्वविपूर्वके।
अध्यर्धा यत्र तत्र स्युः पादा दीर्घा यदि त्वथ।।
प्राच्यस्युः प्रथमे स्तारे उदीच्यस्तूत्तरे स्तरे।
अभितः पादमध्यर्धा रीतयसप्त चोत्तरे।। इति।।

करविन्दीया व्याख्या

सर्व–क्तः

सर्वस्याग्निक्षेत्रस्य दशमोंशः त्सरुः। छान्दसोनपुंसककलिङ्गनिर्देशः। सारत्निप्रदेशस्य दशमोभागो द्वादशभागीयाक्षेत्रम्। तस्यत्सरोर्निर्हारः समुदायात् पृथक् करणं पुच्छेन पुच्छप्रदेशेन भवेत्। स उक्तो निर्हारः चतुरश्राच्चतुरश्रं निजिहीर्षन्निति। चतुरश्रस्यात्मनः करणी शतत्रयमेकादशाङ्गुलयः षड्विंशतितिलाश्च। त्सरोस्तुत्र्यधिकं शतमङ्गुलयः एकत्रिंशत्तिलाश्च।

करण्यः का तस्य– क श्च

तस्यद्रोणस्य करणी दशकी षड्विंशतिरङ्गुलयः तिलोनाः। द्वादशभागीयानां करणी एकतः षड्विंशतिरङ्गुलयः तिलोनाः अन्यत्रैकोनचत्वारिंशदङ्गुलयः अध्यर्धतिलोनाः द्वितीयं करणं पादेष्टका द्वादशभागीयानामेव। चकारादर्धेष्टकाश्च। ताभिर्विना-सङ्ख्यापूरणाशक्तेः उक्तञ्च शुल्बान्तरे पादेष्टका अर्धेष्टकाश्चेति प्रथमकरणमक्ष्णया भिन्द्यात्।।

सापादेष्टका अथवा द्वादशभागा पार्श्वमानिका। तत्तुरीयं। तिर्यक्मानिका पादेष्टका।।

उपधाने–प्राची:

आत्मनि पूर्वभागे द्वादशेष्टकाः प्रतीचीरुपदधाति। त्सर्वग्रे चतस्रः। श्रोण्योः प्रत्येकं चतस्रः। एवं चतुर्विंशति रध्यर्धाः।।

सर्व–येत्

शिष्टमग्निक्षेत्रं द्वादशभागीयाभिः प्रच्छादयेत् पुच्छे चतुरिष्टके द्वे रीत्यौ द्वयोः पुरस्तात् पुच्छाप्य य विशयरूपैकाः चतुरिष्टकाश्च। तस्याः पुरस्ताद्दिश्येका। अत्मनि द्वादशेष्टकाः उदीच्योनवरीतयः। एकविंशति शतं चतुरश्राः। चतुर्विंशतिरध्यर्धाः। उत्तरस्मिन्पार्श्वे नवचतुरश्रा उधृत्य षट्त्रिंशतं दीर्घाः पादाः प्रतीचीरुपदध्यात्। दक्षिणस्मिन् पार्श्वेच नवोद्धृत्यषट्त्रिंशतंपादाः। पूर्वस्यां दिशि द्वादशभागीयानामुपान्त्ये उद्धृत्यद्वेद्द्वे चार्धे उपदध्यात्। अक्ष्णयापादाश्चेत् पूर्वार्धेऽष्टादशचतुरश्रा उधृत्यद्विसप्ततिपादाः द्वे इष्टके उद्धृत्य द्वे द्वे चार्धे। द्विशतः एष प्रस्तारः।

अपरस्मिन्–उदीचीश्च

आस्मनि दक्षिणतोद्वादश। तथैवोत्तरतः। पुच्छपार्श्वयोश्चतस्रश्चतस्रः। प्राच्योरीतयः द्वात्रिंशत्।

सर्व–येत्

पुच्छे चतस्रश्चतुरश्रा आत्मनि द्वादशेष्टकाः प्राच्योनवरीतयः। ताद्वादशशतम्। पश्चादात्मनि। दशचतुरश्रा उद्धृत्य द्वात्रिंशतमक्ष्णयापादा उपदध्यात्। चतस्रश्चार्धाः दीर्घाश्चेत् पादाः पूर्वस्यां रीत्यां नवेष्टका उद्धृत्य षटत्रिंशतं पादा उदीच्य उपदध्यात्। पश्चादात्मन्यष्टादश चतुरश्राः नवपादा उदीचीरुपधाय तासां पुरस्तादभितो द्विपादाः सप्तार्धाः उपधायतासां पुरस्तादष्टादशार्धा उपधायतासां पुरस्तान्नवपादा उपदध्यात्। द्विशत एषप्रस्तारः।

सुन्दरराजीया व्याख्या

सर्वस्या + उक्त:

पुच्छमिवात्मनो वहिर्भूतं पश्चान्मिनुयादित्यर्थ: तत्र चतुरश्रद्रोणचित् द्वादशत्रिशताङ्गुलेनाष्ठतिलोनेन समचतुरश्र: तस्य पश्चान्मध्यदेशे करणीतृतीयेनत्सरु-सगचतुरश्रम्।

तस्य करण्य +कारयेत्

आत्मकरण्या द्वादशेन षड्विंशत्यङ्गुलेनैकतिलोनेन समचतुरश्रा:।

अध्यर्धा:–पादेष्टकाश्च

तृतीयेन च नवम्य: पूर्ववत्।

उपाधाने–दधाति

द्वादशीभिरुदीची रीति:।।

त्सर्वग्रे–प्राची:

त्सर्वग्रे चतस्रोऽध्यर्धा:, श्रोण्योश्च चतस्रश्चतस्र:। एवं द्वादश।

सर्वमग्निं–प्रच्छादयेत्

द्वादशीभिरेवं प्रच्छादितेऽष्टाचत्वारिंशच्छतं भवति।

पादेष्टकाभि:–पूरयेत्

आत्मनि प्राच्यो द्वादशरीतय:। तत्र दक्षिणस्यां पश्चाद्द्वयं हित्वा पूर्वास्तिस्रो नवम्य उदीच्य:। ततो द्वादश पाद्या:। ततस्तिस्रो नवम्य:। तत: प्राक्पाद्या द्वादश। ततस्तिस्रो नवम्य: उदीच्य:। तत: प्राग्द्वादशयध्यर्धे। एवमेव द्वादशीरीति:। एवं द्विशत: प्रस्तार:।

अपरस्मिन्– उदीचीश्च

द्वादश द्वादश। दक्षिणेति द्वितीयावहुवचनस्वीकार:। त्सरुपार्श्वयोर्दक्षिणा उदीचीश्चतस्रश्चतस्र:।

सर्वमग्निं–प्रच्छादयेत्

चतुश्चत्वारिंशच्छतं भवति।।

पादेष्टकाभि'–पूरयेत्

ततो द्वादशी, ततस्तिस्रो नवम्य:। ततश्चतस्र: पाद्या:। ततस्तिस्रो नवम्य:। तत: पाद्याश्चतस्र। ततस्तिस्रो नवम्य:। ततो द्वादशी। ततस्तिस्रो नवम्य:। ततोऽष्टे पाद्या:। ततो द्वादशी। ततस्त्रिो नवम्य:।। 2।।

इति ईदृशलेखामध्यङ्गस्थले इदं पाठान्तरं दृश्यते।

आत्मन्युदीच्यो द्वादश रीतयः। अत्रापरस्यां दक्षिणाध्यर्धाया उदक्तिस्रो नवम्यः प्राच्यः। ततोऽष्टौ पाद्याः। ततस्तिस्रो नवम्यः। ततो द्वादशी ततस्तिस्रो नवम्यः। ततोऽष्टौ पाद्याः ततस्तिस्रो नवम्यः। ततोद्वादशी। ततस्तिस्रो नवम्यः। ततोऽध्यर्धा। एवं पूर्वा रीतिः। द्विशतः प्रस्तारः।

व्यत्यासं–चिकीर्षेत्

अथ परिमण्डलस्य द्रोणचितेः प्रकारो वक्ष्यते।

षट्सप्ततिशता[1] ङ्गुलस्त्रयस्तिलोनो वेणुरुभयतश्छिद्रः। मध्येशङ्कुं निहत्य तस्मिन् वेणोश्छिद्रं प्रतिमुच्य छिद्रान्तरेण परिमण्डलं परिलिखेत्। मध्यशङ्कोः पश्चादष्टषष्टिशताङ्गुले सतिलद्वये शङ्कुः। तस्य पश्चात्सरुः। समचरश्रं तिलद्वयोनचतुश्शताङ्गुलं कुर्यात्। मण्डलमध्यशङ्कोः पश्चाच्चतुश्शताङ्गुले तिलत्रयोने शङ्कु निहत्य तस्मिन् वेणोछिद्रं प्रतिमुच्यान्येन च्छिद्रेणत्सरुणो दक्षिणापरकोणादारभ्य उत्तरापरकोणादालिखेत्, यथात्सर्वग्रं प्रध्याकारं भवति। मण्डलभ्रमणेत्सरुपूर्वान्तेऽर्धे यावद्भ्रियते तावत्पश्चादागच्छति। ततो मण्डलमध्ये पूर्ववच्चतुरश्रं नवचत्वारिंशद् द्विशताङ्गुलमष्टतिलोनमवदध्यात्। तस्य करण्या द्वादशेनेष्टकाः एकविंशत्यङ्गुला नवतिलोनाः चतुरश्रमध्ये चतुश्चत्वारिंशच्छत-मिष्टकाश्शेरते। ततो दीर्घमेकं करणम्। तस्य तिलोनषड्विंशत्यङ्गुला तिरश्ची। चतुस्त्रिंशकं द्वाविंशतितिलं पार्श्वम्। ताः प्रधिमूलमध्ये चतस्रश्चतस्रो निधेयाः पूर्वापरयोः प्रागायता दक्षिणोत्तरयोरुदगायताः। प्रधिशेषेषु सप्तसप्तेष्टकाः। चतसृणां मुखेषु तिस्रः। पार्श्वयोर्द्वेद्वे इति तासां चत्वरि करणानि। त्रिकोणमाद्यं, तस्य षट्तिलोनमष्टाविंशत्यङ्गुलमेकं फलकं। षट्त्रिंशकम् सप्ततिलोनं द्वितीयम्। त्र्यंशोनितं षट्चत्वारिंशदङ्गुलं तृतीयं कर्णरूपं, तद्धनुरिव तक्षेत्, यथाऽध्यर्धाङ्गुलिश्शरो भवेत्। द्वितीयस्य षट्तिलोनमष्टाविंशकमेकं तिर्यक्फलकम्। त्र्यंशोनचतुश्चत्वारिंशदङ्गुलमन्यत्। सप्ततिलं षट्त्रिंशकमेकं पार्श्वम्। साष्टादशतिलं नवत्रिंशकं पार्श्वान्तरम्। तद्धनुरिव तक्षेत् यथा स [2]चतुस्तिलाङ्गुलिश्शरः। तृतीयस्य सतिलं नवकमेकं तिर्यक्फलकमेकम्। सतिलं षोडशाङ्गुलमन्यत्। द्वादशतिलोनं पञ्चत्रिंशदङ्गुलमेकं पार्श्वं द्वादशतिलयुक्तं पञ्चत्रिंशकं पार्श्वान्तरम्, तद्धनुरिव तक्षेत्। त्रिंशत्तिलाश्शरः। चतुर्थस्य सतिले षोडशिके तिरश्चयौ [3]पार्श्वे च दशतिलोनेपञ्चत्रिंशके। एफं पार्श्वं धनुरिव तक्षेत्। एकोनत्रिंशत्तिलाश्शरः। एषा इष्टका प्रधिमध्ये स्थाप्या अभितस्तिस्रस्तिस्रः पूर्वोक्ताः क्रमोत्क्रमेण। एवं मण्डलक्षेत्रे अष्टाशीतिशतमिष्टका

1. अङ्गुलश्चतुस्ति।
2. एकोनचत्वारिंशदङ्गने तिलोने।
3. चतुस्तिलोनाङ्गुलि।

भवन्ति। ततोऽपरप्रधेर्मध्यास्तिस्र उद्धृत्यत्सर्वग्रे निदध्यात्। त्सरुशेषे द्वादश दीर्घेष्टकाः। द्विशतः प्रस्तारः। एवमेवापरः प्रस्तारः। चतुरश्रस्त्रक्तयस्तु महादिक्षु भवन्ति। त्सरुणस्त्वन्ये द्वे करणे। तत्रैकस्य तिलोने षड्विंशत्यङ्गुले तिर्यक्फलके। [1]चत्वारिंशदङ्गुले त्र्यंशे पार्श्वे। एकाक्षणयारज्जुस्त्रिचत्वारिंशदङ्गुला षट्तिलयुक्ता। अन्या त्वेकपञ्चाशदङ्गुला सदशतिला। एकं पार्श्वफलकं धनुरिव तक्षेत्। स चतुस्तिलाङ्गुलिश्शरः। अन्यदपि पार्श्वमेवमेव। अन्तश्चापं तु भवति यथैवमिष्टकारूपं, एता इष्टकाःत्सरुपार्श्वयोश्चतस्रश्चतस्र उदगायताः। अथान्यत्तिलोनषड्विंशकं समचतुरश्रं तस्यैकं तिर्यक्फलं धनुरिव तक्षेत् यथा षोडशतिलाश्शरो भवति। एवमेवान्यत्तिर्यक्फलकं अन्तश्चावीं तु भवति। यथैवमिष्टकाःत्सरुमध्ये एताश्चतस्रः प्रस्तारो द्विशतः।

व्यत्यसं चिनुयाद्यवतः प्रस्तारांश्चितीषौत्

इति त्रयोदशः खण्डः

कपर्दिभाष्यम्

समूह्यं चिन्वीत पशुकाम इति विज्ञायते।।

समूहन्नेवेष्टका उपदधाति।। २।।

दिक्षु चात्वाला भवन्ति। तेभ्यः पुरीषमभ्युदूहतीति विज्ञायते।। ३।।

समूह्यं इत्युपधानप्रकारविशेषो नाकृतिविशेषः। प्रकृतावेवायं विधिः नाकृतिविकारेषु। अग्निक्षेत्रस्य परित इष्टकाः स्थापयित्वा यथा समूहनं क्रियते तथोपदधाति सर्वत उपादायोपदधातीति यावत्। स एवोपधानविधिः– 'प्रतिदिशं चात्वाला भावन्ति बहिर्वेदि। तेभ्यश्चात्वालेभ्यः पुरीषं पांशूनभ्युदूहतीति' श्रुतिः।

परिचाय्यं चिन्वीत ग्रामकाम इति विज्ञायते।। ४।।

अयमप्युपधानविधिः।।

मध्यमां स्वयमातृण्णां प्रदक्षिणमिष्टकागणैः परिचिनोति। स परिचाय्यः।। ५।।

तृतीयस्यां चितौ स्वयमातृण्णामुपधाय इष्टकागणैः प्रदक्षिणं तां स्वयमातृण्णां परित उपदधाति। स परिचाय्यः।

उपचाय्यं चिन्वीत ग्रामकाम इति विज्ञायते।। ६।।

1. पार्श्व च द्वादश।

परिचाय्येनोक्तः।। ७।।

पूर्ववत्परिचाय्येन व्यत्यासः।

करविन्दीया व्याख्या

समू–ते

समूहनमत्र गुणो नाकृतिविशेषः। तमेतमग्निं चिन्वीत पशुकामः। समूह्यशब्दस्य प्रवृत्तिनिमित्तमाह–

समूह +धाति

समूहन्निव उपधान इत्ति परितोऽग्निक्षेत्रमिष्टकास्स्थापयित्वा समूहन्–सम्पादयन्निव यथायथा बाह्याभ्यन्तरा इष्टकाः उन्नता भवेयुः तथातथोपदध्यात्। अयमर्थः यथा सर्वमग्निक्षेत्रमन्तरत उन्नतं बहिर्निनतं भवति तथा पुरिषेण कृत्वा तत्रेष्टका उपधाय सपुरीषाभिः क्षेत्रपूरणं कुर्यादिति।।

दिक्षुचा–यते

दिक्षु चतसृष्वपि चात्वालाः। पुरीषाणां वाहुल्याच्चात्वालबाहुल्यं दिक्ष्वेकैकं चात्वालं शम्यया विमाय काल एव प्रकृतिवदुत्तरवेदिषु यवयति। तेभ्यः सर्वेभ्यः पुरीषाण्यादाय चितिमभ्यूहयेदिति। प्रकृतान्येव विमानकरणोपधानानि।

परिचत–ते

परिचयनमत्र गुणः। क्षुत्यर्थं व्याचष्टे–

मध्यमा–य्यः

तृतीयस्यां चितावाक्रमणादिस्वयमातृण्णान्तमुपधाय हिरण्येष्टकाभिर्गणैः प्रदक्षिणैः प्रदक्षिणं स्वयमातृण्णां परिचिनुयात्। प्राकृतानां स्थानानां वाधकं परिचयनम्। एष द्विशतः।

उप–क्तः

उपचयनमपि गुणः। उपचयनं समीपे चयनम्। तान्येव विमानकरणोपधानानि। सर्वं परिचाय्यवत्। अयं भेदः। आद्यस्य बहिरारभ्य स्वयमातृण्णासमीपे समाप्तिः। द्वितीयस्य स्वयमातृण्णासमीप आरभ्य वहिस्समाप्तिः।

सुन्दरराजीया व्याख्या

अथ चतुर्दशः खण्डः

समू+धाति

अग्निक्षेत्रं परित इष्टकाःस्थापयित्वा समूहन् एकत्र राशीकूर्वन्निवोपदधाति।।

दिक्षु चात्वाला +स परिचाय्यः

स्वयमातृण्णामुपधायान्याःसर्वा इष्टकाःस्वयमातृण्णां परित उपदधाति। न तु प्राचीः प्रतीचीरित्यादयो विशेषाः। पूर्वःपूर्वो गणस्सवयमातृण्णासमीपे। ततस्ततो बहिरुत्तरउत्तरः। अनयोस्समूह्यपरिचाय्ययोः प्रकृतिवदेव रूपं इष्टकाश्च विशेषावचनात्। अथवा समूहस्य परितस्थित्वा समूहने क्रियमाणे मण्डलरूप इष्टकाचयो भवतीत्यर्थान्मण्डल-रूपत्वमग्नेर्भवति। परिचाय्यस्यापि स्वयमातृण्णापरिचयनं मण्डलरूप एवाग्नावुपपद्यते इति अर्थादेव मण्डलरूपत्वं। तथाच बोधायनः-समूह्यपरिचाय्यौ पूर्वेण रथचक्रचिता व्याख्याताविति।

उपचा-क्रः

पूर्वस्यैवेदं शाखान्तरीयं संज्ञान्तरमित्यर्थः।

कपर्दिभाष्यम्

श्मशानचितं चिन्वीत यः कामयेत पितृलोक ऋध्नुयामिति विज्ञायते।।८।।

पितृलोके ऋध्यासमिति यः कामयेत स एवं चिनुयात्।

द्वयानि खलु श्मशानानि चतुरश्राणि परिमण्डलानि च।। ९।।

तत्र यथाकामी शब्दार्थस्य विशयित्वात्।। चतुरश्रं वा। यस्य गुणशास्त्रम्।। ११।।

स चतुरश्रः। त्सरुवर्जं द्रोणचितोक्तः।। १२।।

चतुरश्राकाराणि सन्ति श्मशानानि परिमण्डलाकाराणि च। तत्रेच्छातः प्रवृत्तिः शब्दस्योभयप्रवृत्तेः। यदि वर्तुलाकारः रथचक्रवत्। चतुरश्रं वेति-गतमेतत्। यस्य गुणशास्त्रं पितृलोकसम्बद्धं तच्चतुरश्रे श्मशाने न वर्तुले। खाला हि तत्र निक्षिप्यन्ते। येषु पैतृमेधिकक्रिया तेषां पितृणां सम्बन्धः ऋध्या च। तस्माच्चतुरश्र एव चेतव्यः यदि चतुरश्रस्तदात्सरुवर्जं द्रोणचितोक्तः-तत्सर्वं द्रोणचित्येव व्याख्यातम्।।

छन्दश्चितं चिन्वीत पशुकाम इति विज्ञायते।।

छन्दोभिरेव यत्रेष्टकाश्चीयन्ते तं छन्दश्चितं पशुकामश्चिनुयादित्यस्याः श्रुतेरर्थं श्रुतिद्वयेन व्याचष्टे-

सर्वैश्छन्दोभिश्चिनुयादित्येकम्। प्राकृतैरित्यपरम्।। १४।।

चतुर्दशः खण्डः

सर्वैश्छन्दोभिर्दाशतयीभिश्चेतव्य इत्येका श्रुतिः। प्राकृतैः-प्रकृतौ यानि छन्दांसि अग्निर्मूर्धेत्यादीनि तैरेवेत्यपरा श्रुतिः।।

इत्यापस्तम्बसूत्रविवरणे शुल्बाख्यप्रश्ने कपर्दिस्वामिभाष्ये
चतुर्थः पटलः

करविन्दीया व्याख्या

श्मशा-ते

श्मशानमिव चिन्वीत पितृलोके वृद्धिं कामयमानः।

द्वयानि-यित्वात्

गतं। अग्न्यायतनप्रकाररूपाणि द्वयान्यपि श्मशानानि लोके दृश्यन्ते चतुरश्राणि परिमण्डलानि च।

चतुरशः-श्रः।

प्रकृतित्वाच्चतुरश्रमेव चिन्वीत न मण्डलमिति समास उक्तः। श्मशानानि द्रोणचितेतिवत् कर्तव्यानि। त्सरुं वर्जयेदन्यत्सर्वं द्रोणवत् विमानानि। द्वादशभागीया अध्यर्धाः अर्धाः पादाश्च द्वादशभागीयाःसप्तविंशतिरङ्गुलयः त्रयोदशतिलाश्च। अध्यर्धा एकतस्तादृशाः अन्यत एकचत्वारिंशदङ्गुलयः त्रयश्च तिलाः अर्धाः पादाः एकतो द्वादशभागीयासदृशाः अन्यतस्तदर्धाः। पादा एकतो द्वादशभागीयासदृशाः अन्यतो नवाङ्गुलयः साधिकाश्चत्वारस्तिलाश्च। उपधाने प्रथमप्रस्तारे पुरस्तात् पश्चाच्चाध्यर्धाः चतुरश्राभिः प्रच्छादनं। पादाभिरर्धाभिश्च संख्यापूरणं। द्वितीये दक्षिणत उत्तरतश्चाध्यर्धाभिश्चतुरश्राभिः प्रच्छादनादि पूर्ववत्।

छन्द-ते

छन्दोभिः ऋग्भिश्चीयते इति च्छन्दश्चित् एतावानेव विशेषः। अन्यत् सर्वं प्रकृतिरेव।।

सर्वै–कम्

सर्वैर्दशतयीगतैश्छन्दोभिश्चिनुयात्। तानि सहस्रधा विभज्य तेषामेकैकेन भागेनैकैकामिष्टकामुपदध्यात्। यजुषां स्थाने छन्दांसि भवेयुः। तत्र यावत्यः यजुष्मत्यः इष्टकाः तावत्यश्छन्दांसि विभज्य तेषामेकैकेन विभागेनैकैकामिष्टकां यजुष्मतीरुपदध्यात्। लौकम्पृणास्तु पूर्ववदेव। अथवा दशतयीगतैस्सर्वैश्छन्दोभिर्गायत्रीभि-स्त्रिष्टुब्भिर्जगतीभिरनुष्टुब्भिबृहतीभिरुष्णिग्भिः पङ्क्तिभिरक्षरपङ्क्तिभिर्विषुरुपाभिस्त्रेधा विभक्ताभिरतिच्छन्दोभिस्त्रिधा विभक्तैसर्वाभिद्द्विपदाभिश्च पुरस्तादारम्य याज्ञसेनीभिरुपदध्यात्।

प्राक्–नाम्

प्राकृतैः अग्निकाण्डगतैः अग्निर्मूर्धेत्यनुवाकस्थैर्गायत्रयादिभिः न दशतयी भिरित्यपरम्। नास्मात्परं विभज्यत इति सिद्धान्तितम्। अत्र श्लोकाः–

एकैकवृद्धा एकैकधा ह्यग्नयः क्रमश एकशतम्।
पटले तृतीय उदितास्तेषां भेदाश्चतुर्थादौ।।
प्रकृतिस्त्ववह्नीनामेकविधा वाथ सप्तविधाः।
एकविधप्रकृतित्वे तदा षण्णां न पक्षपुच्छानि।।
सप्तविधप्रकृतित्वे भवति च तेषां सपक्षपुच्छत्वम्।
सप्तविधप्रभृतीनां सैव भवेत्प्रकृतिरेकशतविधात्।।
करणीनां द्वादशांशैः तैरुक्तांशयुतायुतैः।।
पृथगुत्पन्नरूपाभिरिष्टकाभिस्त्रिधोपधेः ।
त्रैधमेकविधादीनां चातुर्विध्यं सपक्षतः।।
एवं प्रउगयुग्मस्य त्रैधं नान्यदपक्षतः।
द्वौ चतुरश्रौ प्रउगौ रथचक्रद्रोणचित्समूह्यश्च।।
पर्युपपूर्वौ चान्त्यौ श्मशानचिच्छन्दश्चितिश्येनौ।
कङ्चिदलजौ सप्तविधाः पञ्चपूर्ववद्दशदहनाः।।
प्रउगचिदुभयप्रउगो रथचक्रो द्रोणचिछ्श्मशानाग्निः।
एते त्वपक्षपुच्छाः कूर्मचिदाद्याः परोक्ताश्च।।
अन्ये सपक्षपुच्छा अग्नय उक्ताः प्रवक्ष्यमणाश्च।
श्येनप्रमुखाननलान् व्याख्यास्ये पटलयोरिहोत्तरयोः।।

इति करविन्दस्वामि कृतायां शुल्बप्रदीपिकायां
चतुर्थः पटलः

सुन्दरराजीया व्याख्या

(श्मश-यते) (द्वया-त्वात्) (चतु) क्तः।

अत्र चतुरश्रत्वे त्रीणि शतान्यष्टाविंशतिश्चाङ्गुलाः एकविंशतिलाश्च करणी। तस्या द्वादशेन सप्तविंशत्यङ्गुलेन त्रयोदशतिलयुक्तेन द्वादशभागीयाः। तदर्धेन पाद्याः तृतीयेन च नवम्यः। अर्धाश्च च पूर्ववत्। उपाधानेऽध्यर्धा द्वादशपुरस्तात्प्रतीच्यः। पश्चाद्द्वादश प्राच्यः। शेषं द्रोणदेव। तत्र सर्वाभावात् षोडशेष्टका हीयन्ते। अतोऽग्निमध्ये द्वे उद्धृत्याष्टादशनवम्यो निधेयाः। द्विशतः प्रस्तारः। एवमेवापरः। प्राच्युदीच्योस्तु विपर्यासः। मण्डले श्मशानीचद्रथचक्रचिता व्याख्यातः

छन्दः+अयते

छन्दोभिश्चीयत् इति छन्दश्चित्। छान्दसः करण उपपदे क्विप्। अन्यत्र कर्मण्यग्नयाख्यायामिति।

सर्वैः परं

तत्र सर्वैर्गायत्र्यादिभिश्चतुरुत्तरैः अतिधृति पर्यन्तैः चतुर्दशभिरुत्कृति-पर्यन्तैर्वैकविंशत्या त्रिवृत्ककुभादिविशेषयुक्तैर्दाशतयीभ्य आहृतैश्छन्दोभिः सर्वा इष्टकाश्चिनुयादित्येकं मतं। प्राकृतैरग्निर्मूर्धेत्यनुवाकाधीतैर्याज्ञसेन्यर्थैः पुनः पुनरभ्यस्तैरित्यपरं मतं। अस्याग्रेः प्रकृतिवदेव रूपं। केचितु वयसां वा एष प्रतिमयेत्यस्यापि नित्यत्वाद्वयस आकारमपीच्छन्ति। यथाह वोधायनः-तस्य रूपं श्येनाकृतिर्भवतीति।

इति श्रीमत्सुन्दरराजकृतायां शुल्बप्रदीपिकायां
चतुर्थः पटलः

कपर्दिभाष्यम्

श्येनचितं चिन्वीत सुवर्गकाम इति विज्ञायते।। १।।

वक्रपक्षो व्यस्तपुच्छो भवति।। २।।

श्येन इव चेतव्यः श्येनचित् तदाकारं चिन्वीत। आकृत्याः फलमाकारसंपादनं स्वयमेव वक्ष्यति। अनृजुपक्षः व्यस्तपुच्छोऽसङ्कोचितपुच्छः। कथं वक्रता ?-

पश्चात्प्राङुदूहति।। ३।।

पुरस्तात्प्रत्यङुदूहति।। ४।।

एवम् इव हि वयसां मध्ये पक्षनिर्णामो भवतीति विज्ञायते।। ५।।

उन्नयति पुरस्तात्प्रत्यङ्ङु उन्नयति। एवमेव वक्राः पक्षा यस्य स वक्रपक्षः। हिशब्दः प्रसिद्धौ। एवमिव–एवमेव वयसामुत्पततां मध्ये पक्षनिर्णामो नमनं भवतीति श्रुतिः।

यावानग्निः सारत्निप्रादेशः सप्तविधः संपद्यते।

प्रादेशं चतुर्थमात्मनश्चतुर्भागीयाश्चाष्टौ।

तासां तिस्त्रश्शिर इतरत्पक्षयोर्विभजेत्।।

अरत्निा प्रादेशेन च वर्धितोऽग्निः प्राकृतो यावान् संपद्यते प्रादेश इति गृह्णीयादिति शेषः। सारत्निप्रादेशाग्नौ यत्प्रादेशं पुच्छे आत्मनि चतुर्थं पुरुषक्षेत्रं चतुर्भागीयाश्चाष्टौ शिष्टे पुरुषे[1]ऽष्टौ चतुर्भागीयाः क्षेत्रं च गृहीत्वा तासां चतुर्भागीयानां तिस्त्रश्चतुर्भागीयाःशिरसि निधातव्याः। इतरत्सर्वं पक्षयोर्विभज्य क्षिपेत्। षडङ्गुलमात्रं प्रादेशे। षष्ट्यङ्गुलं पुरुषे। चतुर्भागीयासु पञ्चसु पादोनं नवदशाङ्गुलम्। एतदेवैकैकस्मिन् पक्षे क्षिपेत्।

पञ्चारत्निः पुरुषः। चतुररत्निः व्यायामः। चतुर्विंशत्यङ्गुलयोऽरत्निः। तदर्धं प्रादेश इति क्लृप्तिः।

पञ्चेति–एतत्पुरुषस्य प्रमाणम्। चतुरिति– एतदरत्निप्रमाणम्। क्लृप्तिः– एवं कल्पना। इतिशब्दः प्रकारे। अनेन मार्गेण कल्पयेदित्यर्थः। त्रिंशदङ्गुलं चतुर्भागीयम्।

करविन्दीया व्याख्या

श्येन–ते

श्येनः–पक्षिविशेषः। तदाकारमग्निं चिन्वीत स्वर्गकामः। वयसां वा एष प्रतिमया चीयत इति वयोमात्रसदृशः प्राकृतोऽग्निः। अयं तु श्येनसदृशः। कीदृशः श्येन इत्याह–

वक्र–ते

वक्रौ–अनृजू पक्षौ यस्य स वक्रपक्षः। व्यस्तं विस्तीर्णं पुच्छं यस्य मूलादारभ्य उपर्युपरि विस्तीर्णं सः। पश्चात् प्राङ्ङुदूतीति उदूहनमुन्नयनं प्रथमपक्षार्धं मूलादारभ्य पश्चात्प्रभृति प्रागुन्नयेत्। पुरस्तात्प्रत्यङ्ङुदूहति। द्वयं पक्षार्धं मध्यादारभ्य पुरस्तात् प्रभृति प्रत्यगुन्नयेत्। एवमिवहीति निपातसमुदायः प्रसिद्धौ। वयसां मध्ये श्येनानां पक्षयोर्मध्ये। निर्णामः–निर्णमनं निर्गत्य प्रह्वीभावः। विज्ञायते–श्रूयते दृश्यते वा। पक्षनिर्णाम इति वचनसामर्थ्यात् पक्षयोर्मध्ये इति गम्यते। यद्वा वयसां पक्षिणां मध्ये श्येनानां पक्षयोर्मध्ये निर्णामः दृश्यते–पक्षिणां दृश्यते इति।।

1. त्रिपुरुषे-B।

यावान्–जेत्

प्राकृतमग्निमात्मपक्षपुच्छशिरःसु विभजेत्। कान् विभागानित्याह–पुच्छात् प्रादेशक्षेत्रमात्मनश्चतुष्पुरुषादेकपुरुषक्षेत्रम (ष्टौ) ष्टादशचतुर्भागीयाः यावति क्षेत्रे उपधीयन्ते तावच्चात्मक्षेत्रं संगृह्य तासां चतुर्भागीयानां तिस्रोग्ने(ग्नेः)ग्रे शिरः कुर्यात्। अवशिष्टपञ्च दश(विंशति)चतुर्भागीयाः पुरुषः प्रादेशश्च प्राकृतयोः अध्यरत्निपुरुषयोः पक्षयोर्विभजेत् क्षिपेदित्यर्थः। एवं सत्यर्धदशमा अरत्नयश्चतुर्भागोनाङ्गुलिश्चैकैकः पक्षः। अर्धतृतीयपुरुष आत्मा। पुरुषमात्रं पुच्छं। तिस्रश्चतुर्भागीयाश्शिरः।।

पञ्चार–क्लृप्तिः

'पञ्चारत्निरग्नौ पुरुषः। यावान् पुरुष ऊर्ध्वबाहुस्तावान भवतीति पुरुषप्रमाण–विशेषविधेः। अन्यत्र चतुररत्निः। चतुर्विंशतिरङ्गुलयोऽरत्निः। तदर्धं प्रादेशः। स च द्वादशाङ्गुलः। क्लृप्तिः अचार्यस्य समयः।।

सुन्दरराजीया व्याख्या

श्येन+यते

तैत्तिरीयके काम्यप्रकरणे पठितोऽप्ययं श्येनचित् नित्य एव स्वर्गफलकत्वात् चतुरश्राग्निवत्तस्यापि स्वर्गफलकत्वं।'सुवर्गाय वा एष लोकाय चीयते। यदग्निः' इति लिङ्गानि चात्र प्रागेव दर्शितानि।

वक्र+यते

श्रुत्यन्तरमिदं श्येनचिद्वाक्यस्य शेषभूतं। तत्र वक्रता पक्षमध्ये। व्यासः पुच्छाग्रे। पक्षयोर्वक्रीकरणप्रकारमपि श्रुतिरेवाह–

पश्चात्प्राङ्दूहति पक्षमध्ये। पुरस्तात्मत्युङ्दूहति पक्षाग्राप्यययोः।

एवमिव हि वयसां पक्षस्य मध्ये मध्यपक्षं निर्णामो वक्रता। मध्येपक्षनिर्णामः–वयसामुत्पततां पक्षमध्ये निर्णाम एवमिव हि दृश्यत इत्यर्थः।

यावा + ते

सारत्निप्रोदशश्चतुरश्रोऽग्निर्यावान् सम्पद्यते तावानेवायं श्येनचिद्भवति। सारत्निप्रादेशग्रहणस्य प्रयोजनमुक्तमेव।

तत्र–

प्रादे +ष्टौ

आदधीतेति शेषः पुच्छे पुरुषादधिकं प्रादेशमात्मनश्चतुर्थं पुरुषं चतुर्भागीयाश्चाष्टौ आत्मन एवादधीत। शिष्ट आत्मा। अर्धतृतीयः पुरुषः। पुच्छं पुरुषप्रमाण(मात्र)मेव।

ता–शिरः

तासां तिस्रश्चतुर्भागीयाः शिरः प्रकल्पयेत्।

इतर +जेत्

पुच्छादात्मनश्चात्र शेषं द्वेधा विभज्य पक्षयोर्निदध्यात्। एकैकस्मिन् पक्षे प्रादेशार्धं षडङ्गुलं आत्मचतुर्थादर्धं षष्टिरङ्गुलयः। पञ्चानां चतुर्भागीयानां मध्ये पुरुषायामे पक्षे न्यस्ते पादेना एकान्नत्रिंशतिरङ्गुलयः प्राकृतः पक्षः। चतुश्चत्वारिंशदधिकशताङ्गुलयः। एभिः सहितः पादोनैकान्नत्रिंशच्छतद्वयाङ्गुलः सम्पद्यते। तदेतद्वक्ष्यति अर्धदशमा अरत्नय इत्यादि।

पञ्चा+क्लृप्तिः।

सार्वत्रिकी चैषा क्लृप्तिः।

कपर्दिभाष्यम्

अर्धदशमा अरत्नयोऽङ्गुलयश्च चतुर्भागोनाः पक्षायामः।।५।।

प्रादेशदशमा अरत्नयोऽङ्गुलयश्च चतुर्भागोनाः पक्षायामः–पक्षयोरायमः प्राकृताः षडरत्नयः अर्धपुरुषे प्रादेशसहितारत्निद्वयमष्टादशाङ्गुलाश्चतुर्भागोनाश्च प्रादेशे षडङ्गुलाः। ता अष्टादशभिःसहारत्निः सर्वं सम्भूयार्धदशमा अरत्नयोऽङ्गुलास्व चतुर्भागोनाः। एष पक्षयोरायामः।

द्विपुरुषां रज्जुमुभयतःपाशां करोति। मध्ये लक्षणम्। पक्षस्यापरयोः कोट्योरन्तौ नियम्य लक्षणेन प्राचीनमायच्छेदेवं पुरस्तात्। स निर्णामः।। एतेनोत्तरः पक्षो व्याख्यातः।।६।।

द्विपुरुषप्रमाणां रज्जुमुभयतः पाशां कृत्वा मध्ये लक्षणं; कुर्यादिति शेषः। अनेनैव मार्गेणोत्तरस्यापि पक्षस्य नमनं व्याख्यातम्। एषा पक्षयोर्वक्रता।।७।।

आत्मा द्विपुरुषायामोऽध्यर्धपुरुषव्यासः।।८।। पुच्छेऽर्धपुरुषव्यासं पुरुषं प्रतीचीनमायच्छेत्। तस्य दक्षिणतोऽन्यमुत्तरतश्च।।९।।

द्विपुरुषायाम आत्मा अध्यर्धपुरुषव्यासः। एवं दीर्घचतुरश्रं विहृत्य पुच्छस्थानेऽर्धपुरुषा तिर्यङ्मानी पुरुषप्रमाणा पार्श्वमानी भवति यथा तथा यच्छेत्–कुर्यादित्यर्थः। तस्य चतुरश्रस्य दक्षिणपार्श्वेऽन्यं तादृग्विधं चतुरश्रमुत्तरतश्चान्यम्। एवं त्रीणि चतुरश्राणि अर्धपुरुषव्यासानि।

तावक्ष्णया व्यवलिखेत्। यथाऽर्धपुरुषोऽप्यये स्यात् शिरस्यर्धपुरुषेण चतुरश्रं कृत्वा पूर्वस्याः करण्या अर्धात्तावति दक्षिणयोर्निपातयेत्।। १०।।

इति पञ्चदशः खण्डः

तौ चतुरश्रौ यौ पार्श्वस्थौ। तावक्ष्णया कर्णेन आलिखेत् यथाप्यये आत्मपुच्छसन्धौ अर्धपुरुषमात्रं कृतं पूर्वस्य भवति। प्राच्यमिव दक्षिणं प्राच्यमिवोत्तरम्। एवं कृतेऽप्ययेऽर्धपुरुषमात्रं भवति। शिरश्स्थानेऽर्धषुरुषप्रमाणेन चतुरश्रं कृत्वा पूर्वस्याः करण्या अर्धादारभ्य तावत्येवार्धे मध्ये निपातयेत्–आलिखेत्। तिस्रः परिशिष्यन्त इत्युपरितने वक्ष्यति। अत्रापि तिस्रः शिरसीत्युक्तम्।

पञ्चदशः खण्डः

करविन्दीया व्याख्या

अर्धद–यामः

अपरेण यूपावटदेशं संचरमवशिष्येत्यादि विमाय पक्षाप्ययेषु शङ्कुं निहत्य दक्षिणोत्तरया रज्ज्वा नवारत्नीन् प्रादेशमङ्गुलं चतुर्भागोनां चायामं कृत्वा पक्षाग्रेषु शङ्कुं निहन्यात्। एवमेकादशभिरङ्गुलीभिः प्रादेशेन च पुरुषो हीयते। तत्रार्धाष्टमाभिरङ्गुलीभिरेका चतुर्भागीया भवति। तदर्धेनार्धद्विपुरुषायामां रज्जुमुभयतः पाशां कृत्वा मध्ये लक्षणं कृत्वा पक्षस्यापरकोटिशङ्क्वोः प्रतिमुच्य लक्षणेन प्राचीमपसार्य शङ्कुं निहन्यात्। एवं तस्यैव पूर्वयोः कोट्योः प्रतिमुच्य लक्षणेन प्रतीचीमपसार्य तत्र शङ्कुः। एवं कृते पश्चिमपार्श्वमान्याः पुरस्तात् पक्षमध्ये चतुर्विंशत्यङ्गुले सार्धसप्ततिले लक्षणं निपतति पुरतश्चैवं। स निर्णामः–निर्णमनं पक्षस्य। अर्धदशमा इत्यादि स निर्णाम इत्यन्तेनोत्तरमपि पक्षं कुर्यात्।।

आत्मद्वि–व्यासः

आत्मानं प्राक्त्वेन द्विपुरुषायाममुदक्त्वेनाध्यर्धपुरुषमनुपृष्ठयं मिनुयात्।।

पुच्छे –येस्यात्

पुच्छे पुरुषायामानि तदर्धविस्ताराणि प्रत्यगायतानि त्रीणि चतुरश्राणि दक्षिणोत्तराणि विहृत्य दक्षिणं चतुरश्रं दक्षिणापरकोटिं प्रत्यक्ष्णयालिखेत्। एवमुत्तरापरकोटिं प्रति। एवं कृते पुच्छमूलेऽर्धपुरुषविस्तारमग्रेऽध्यर्धपुरुषविस्तारं पुरुषमात्रायामं चतुरश्रं भवति।।

शिरः–येत्

आत्मनः पूर्वकरणीमध्ये पुच्छवदर्धायामविस्तारं चतुरश्रं कृत्वा तत्पूर्वकरणीमध्याद् दक्षिणोत्तरकरण्योर्मध्ये रेखां निपातयेत्–रेखयोर्बहिस्त्यजेत्।

पञ्चदशः खण्ड.

सुन्दरराजीया व्याख्या

अर्धद–यामः

व्यासः पुरुषमात्र एव। अथ तस्य निर्णामः–

द्विपु–णामः

कोट्योरग्राप्ययोरेवं पुरस्तात्पूर्वयोः कोट्योरन्तौ नियम्य यत्पश्चादपच्छिद्यते तत्पुरस्तादागच्छति।

एतेन–ख्यातः+आत्मा–व्यासः

एवमेवात्मनि त्रयः पुरुषाः स्थिताः।

पुच्छे –येत्

आत्मनः पुरस्ताच्छिरः।

इति पञ्चदशः खण्डः

कपर्दिभाष्यम्

अप्ययान् प्रति श्रोण्यंसानपच्छिन्द्यात्।। १।।

अप्ययशब्देन पक्षपुच्छशिरसां सन्धिरुक्तः। तान्प्रत्यपच्छिन्द्यात्श्रोण्यंसात्त्यजेत्। शिरसोऽप्ययादारभ्य पक्षाप्ययं प्रति। एवं श्रोण्योरंसे च। एवं द्वे द्वे चतुर्भागीये निरस्ते भवतः। वक्ष्यति चत्वारिंशत्परिशिष्यन्त इति।

एवमिव हि श्येनः।। २।।

प्रसिद्धः। वक्ष्यति च 'यावदाम्नानसारूप्यम्' इति।

करणं पुरुषस्य पञ्चमायामं षष्ठव्यासं कारयेद्यथायोगनतं तत्प्रथमम्।। ३।।

पुरुषपञ्चमायामं पुरुषषष्ठव्यासं–अरत्निमात्री पार्श्वमानी षड्भागा तिर्यङ्मानी यथा युज्यते तथा नतः नतशब्देन प्रजम्भनमुच्यते। तथा प्रजम्भयेत्। [1]एकामक्ष्णयादीर्घां कुर्यात्। यथा युज्यत इति यथायोगः। तत्प्रथमं करणम्। प्रथममित्यस्य संज्ञा।

1. मक्षदीर्घ–B।

ते द्वे प्राची संहिते। तद्द्वितीयम्।। ४।।

ते द्वे विपर्यस्ते उपसृत्य मध्यमफलके संसृष्टे यथा तिष्ठतः तथाविधं करणं द्वितीयम्।

प्रथमस्य षड्भागमष्टभागेन वर्धयेत्। यथायोगनतं तत् तृतीयम्।। ५।।

प्रथमस्य षड्भागकरणमष्टभागेव वर्धयेद्दीर्घं कुर्यात्। मात्रा? तमक्ष्णया छिन्द्यात्। छिन्ना यथा युज्यते नमनं तथा योगः। यथा पक्षनमनेऽध्यर्धं युज्यते तथा नतं वक्रं तृतीयकरणम्।

चतुर्भागीयाऽध्यर्धा। तस्याश्चतुर्भागीयामात्रम् अक्ष्णया छिन्द्यात्। तच् चतुर्थम्।। ५।।

चतुर्भागीयाध्यर्धं भूमावालिख्य चतुर्भागीयां न त्यजेत्। तथाभूतेष्टका येन करणेन क्रियते तच्चतुर्थं करणम्। षोडशीं चतुर्भिरिति वक्ष्यति। तदेतत्करणम्।।

करविन्दीया व्याख्या

अप्य–श्येनः

अप्ययशब्देनात्मनः पक्षपुच्छशिरसां सन्धिरुच्यते। शिरसोऽप्ययादारभ्य आपक्षाप्ययात् पुच्छाप्ययादारभ्य आपक्षाप्ययात्। एवमिवहीति गतम्।।

कर–प्रथमम्

पुरुषस्य पञ्चमं चतुर्विंशतिरङ्गुलय एकतः अन्यतोविंशतिरङ्गुलयः प्रथमं करणम्। यथायोगनतं भवेत्–उपधाने यथायुज्यते तथा कुर्यात्। नमनप्रकारश्चोपरि [1]श्येने वक्ष्यते। प्रथमादयश्शब्दा व्यवहारसौकर्याय।।

तेद्वे–यम्

प्रथमकरणे प्रागायते दक्षिणमेकमुत्तरमेकमिति संहिते चतुर्विंशत्यङ्गुले पार्श्वमान्यौ चत्वारिंशदङ्गुले तिर्यङ्मान्यौ। तयोरेकानमनविधिना मध्ये निर्णता एकपार्श्वे उन्नता। तद्द्वितीयं करणम्।

प्रथ–तीयम्

प्रथमकरणस्य षड्भागो विंशत्यङ्गुलमष्टभागेन पञ्चदशाङ्गुलेन यथायोगनतेन वर्धयेत्; यथा षड्भागः पक्षानुरोधी वक्रःस्यादष्टमभाग आत्मानुरूप ऋजुर्भवेत्तत्तृतीयं करणम्।।

---

1. तने C

चतुर्भा+र्थं

चतुर्भागीयाऽणूकाख्या। साऽध्यर्धा कार्या। तस्याश्चतुर्भागीयामात्रमक्ष्णयामात्रमक्ष्णया छिन्द्यात्। एतदुक्तं भवति–पञ्चचत्वारिंशदङ्गुलायामं त्रिंशदङ्गुलव्यासं कृत्वा त्रिंशदङ्गुलमक्ष्णया छिन्द्यात्। एवमेका पार्श्वमानी। पञ्चचत्वारिंशदङ्गुलयः एका तिर्यङ्मानी त्रिंशङ्गुलयः एकाक्ष्णया स्थिता द्विचत्वारिंशदङ्गुलयः चतुर्दश तिलाः एतच्चतुर्थं करणम्।

सुन्दरराजीया व्याख्या

अप्य–छिन्द्यात्

पक्षपुच्छशिरोऽप्ययेभ्यः अन्योन्यं प्रत्यक्ष्णया परिच्छिन्द्यात्। एवमात्मनोऽर्धपुरुषो निरस्तो भवति।

एवमिव–प्रथमम्

चतुर्विंशत्यङ्गुलं। पार्श्वफलकम्। विंशत्यङ्गुलं तिर्यक्फलकम्। यथायोगनतं यथा युज्यते पक्षे तथा नतम्। तस्यैकाक्ष्णयारज्जुः पञ्चत्रिंशिका विंशतितिलयुक्ता। अपरा षड्विंशिका षट्तिलयुक्ता। एवं कृते पक्षायामस्य द्वादशभागः एकान्नविंशतिरङ्गुलयः तिलौ च इष्टकाव्यासो भवति। तदेतत्प्रथमं करणम्। अरत्निप्रादेशरहितप्रकृतिके पक्षायामस्य त्रिंशदङ्गुलहानिः। तदनुगुणं चेष्टकानां नमनं भवति। तत्र कर्णौ एकविंशकैकान्नत्रिंशकौ तिलत्रययुक्तौ।

तेद्वे–द्वितीयम्

यथा षडश्री भवति तथा संहिते।

प्रथ–तृतीयम्

पञ्चदशाङ्गुलव्यासं अरत्न्यायामं समकर्णं दीर्घचतुरश्रं प्रागायतं भूमौ लिखित्वा प्रथमेन प्रागायतेन युञ्ज्यात्तत्तृतीयम्। ऋज्ववस्थितमेव प्रथमापेक्षया नतमित्युच्यते यथायोगनतमिति।

चतुर्भाग–चतुर्थम्

एका पार्श्वमानी पञ्चदशाङ्गुला। अन्या पञ्चचत्वारिंशदङ्गुला। एका तिर्यङ्मानी त्रिंशदङ्गुला। अन्या द्विचत्वारिंशदङ्गुला सचतुर्दशतिला।

कपर्दिभाष्यम्

चतुर्भागीयार्धं पञ्चमम्।। ६।।

एकतस्त्रिंशदङ्गुलमन्यतः पञ्चदशाङ्गुलं तत्पञ्चमम्।

तस्याक्ष्णया भेदष्षष्ठम्।। ७।।

तस्य पञ्चमस्याक्ष्णया कर्णेन विभज्यत इति भेदष्षष्ठम्।

पुरुषस्य पञ्चमभागं दशभागव्यासं प्रतीचीनमायच्छेत्। तस्य दक्षिणतोऽन्यमुत्तरतश्च। तावक्ष्णया दक्षिणारयोः कोट्योर् आलिखेत्। तत् सप्तमम्।। ८।।

अरत्निमात्रायामं प्रादेशव्यासं प्रतीचीनं प्रत्यगायतमायच्छेत्। भूमौ दक्षिणपार्श्वेऽन्यं तथाविधमुत्तरतश्चान्यं तथाविधम्। तावक्ष्णया कर्णेन दक्षिणावरयोः कोट्योरारभ्य [1]स्रुच्यवदालिखेत्। तत्सप्तमम्।।

एवमन्यत्। उत्तरं तूत्तरस्याः कोट्यालिखेत्तदष्टमम्।। ९।।

एवमेव कृत्वोत्तरं चतुरश्रमुत्तरस्याः कोट्या आरभ्य दक्षिणां कोटिं प्रत्यालिखेत् स्रौववत्तदष्टमम्।

चतुर्भागीयाक्ष्णयोभयतो भेदो नवमम्।। १०।।

अक्ष्णया उभयतः कर्णेन भेदनं खण्डनं तस्याश्चतुर्भागीयायास्तथाविधं नवमं करणम्। पादमात्रं पादेष्टका त्रिभिरिति।

उपधाने षष्टिष्षष्टिः पक्षयोः प्रथमा उदीचीर्नि (रुप) दध्यात्।। ११।।

पुच्छपार्श्वयोरष्टावष्टौ षळ्ययस्तिस्त्रोऽग्रे तत एकान्ततस् तिस्त्रः तत एका।। १२।।

पुच्छाप्यये चतुर्थ्यौ विशये। तयोस् तु पश्चात् पञ्चम्यावनीकसंहिते।। १३।।

उपधानकाले एकस्मिन् पक्षे षष्टिः प्रथमा उदीचीरुदगायता निदध्यात्–उपदध्यात् त्रिंशत्त्रिंशद्विपर्यस्य कारिताः। एवमुत्तरपक्षेऽपि। पुच्छस्य पार्श्वयोरुभयोष्षष्टयः अष्टावेकस्मिन् पार्श्वेऽपरस्मिंश्चाष्टौ। कथमित्याह पुच्छाग्रे तिस्त्रः तासां पुरस्तादेकाम्।। एवमुत्तरस्मिन् पार्श्वे विपर्यस्य कारिताः। पुच्छे चात्मनि च स्थिते तिर्यक्–तयोश्चेति तयोः पश्चात्पुच्छे अनीकसंहिते–मुखसहिन्ते [2]मेषयूथवत्।

षोडशः खण्डः

---

1. सूच्यवदा-B।
2. मेषयुद्ध।

करविन्दीया व्याख्या

चतु–मम्

त्रिंशदङ्गुलायामं पञ्चदशव्यासं यत्तत्पञ्चमं करणम्।

तस्या–षष्ठम्

पञ्चमस्याक्ष्णया भेदं कृत्वा षष्ठं करणं भवति सा पादेष्टका। तस्यैकत्रिंशदङ्गुलमन्यत् पञ्चदशाङ्गुलमन्यदक्ष्णया एकोनविंशतितिलाधिकं त्रयस्त्रिंशदङ्गुलम्। एतत् षष्ठं करणम्।

पुरुष–मम्

चतुर्विंशत्यङ्गुलायामं तदर्धविस्तारं चतुरश्रं कृत्वा तस्य दक्षिणत उत्तरतश्च तादृशे चतुरश्रे। एवं त्रीणि चतुरश्राणि कृत्वा दक्षिणोत्तरचतुरश्रे दक्षिणापरकोटी प्रत्यालिखेत्। एवं पार्श्वमान्यौ षड्विंशत्यङ्गुले अष्टाविंशतितिलाधिके। तिर्यङ्मान्यौ चतुविंशत्यङ्गुले। एतत्सप्तमं करणम्।।

एवम–ष्टमम्

सप्तमवत्रीणि चतुरश्राणि कृत्वा दक्षिणं दक्षिणापरकोटिं प्रत्यालिखेदुत्तर-मुत्तरापरकोटिं प्रति। एवमपि ते एव पार्श्वमान्यौ पूर्वं पार्श्वं द्वादशाङ्गुलं पश्चिमं तु षट्त्रिंशदङ्गुलं। यदेव तदष्टमं करणम्।।

चतुर्भ–मम्

चतुर्भागीयाया उभयतो भेदोऽक्ष्णयाभवेत्। इयमपि पादेष्टका। पार्श्वमान्यौ अक्ष्णया एकविंशत्यङ्गुले सप्ततिलसहिते तिर्यगेकं त्रिंशदङ्गुलम्। एवं नवमं करणम्।

अथोपधानमुच्यते–

उप–ध्यात्

उपधानकाले दक्षिणे पक्षे षष्टिः प्रथमा उदीचीर्निदध्यात्। उत्तरे च षष्टिम्। छान्दसो विभक्तिव्यत्ययः।

पुच्छ–ष्ठयाः

षष्ठकरणोत्पन्ना अष्टावष्टौ पुच्छपार्श्वयोः।

उपधानप्रकारमाह–

तिस्रो–काम्

पुच्छपार्श्वयोरित्येव। तिस्रोऽग्रे पुच्छस्य दक्षिणश्रोण्यामेका प्राची बाह्यविशेषा। तस्या उत्तरतो द्वे नानाग्रे विशेषसहिते। तयोः पुरस्तादेका बाह्यविशेषा। प्रागग्रा। तस्याः पुरस्तात्पूर्ववत्तिस्रः। तासां पुरस्तात् पूर्ववदेका। एवमुदक्पार्श्वेऽपि।

पुच्छा–ये

पुच्छात्मसन्धौ द्वे चतुर्थ्यौ विशये। अविशेषादात्मनि पुच्छं च समे।।

तयो–हिते

तयोश्च पश्चात् द्वे पञ्चम्यावर्धेष्टके। अनीकं मुखम्। तेन संहिते मेषयुद्धवत्।

षोडशः खण्डः

सुन्दरराजीया व्याख्या

चतु–पञ्चमम्

त्रिंशदङ्गुलायामं पञ्चदशाङ्गुलव्यासं। समकर्णं दीर्घचतुरश्रम्।

तस्या–षष्ठम्

पुरुष–मम्

यथा पुरस्तात्प्रादेशस्तिर्यङ्मानी पश्चात्तु प्रादेशत्रयम्। सप्तमाष्टमयोरुभयोरपि पार्श्वफलकानि सप्तविंशकानि षट्तिलोनानि।

चतु–मम्

चतुर्भागीयामुभयतोऽक्ष्णयाभिन्नायां चत्वारो नवमा भवन्ति त्रिकोणाः। तेषामेकं करणं नवमं। तस्यैकं फलकं त्रिंशदङ्गुलं। अन्ये एकविंशके सप्ततिले।

उप–ध्यात्

प्रथमाः प्रथमकरणकृताः। एवं षष्ठ्य इत्यादिषु उदीचीरुदगायताः।।

पुच्छ–षष्ठ्यः

प्रागायता एताः। आसामुपधानप्रकारमाह।

तिस्र–काः

तिसृणां द्वे प्रागग्रे। एका प्रत्यगग्रा।

पुच्छा–ये

उदगग्रा दक्षिणाग्रा च। ते आत्मानं पुच्छं च पञ्चदशाङ्गुलावेते।

तयो–हिते।

अनीकसंहिते मुखसंहिते। उदगायते।

षोडशः खण्डः

कपर्दिभाष्यम्

शेषे दश चतुर्थ्यः श्रोण्यंसेषु चाष्टौ प्राचीः प्रतीचीश्च।।

पुच्छशेषे चतुर्थ्यो दश तिर्यगायताः। श्रोण्यंसेषु चाष्टौ श्रोण्याश्चतस्रः प्रागायताः। उत्तरस्यां दक्षिणस्यां च विपर्यस्य कारिताः। अंसयोश्चैवम्।

शेषे च षड्विंशतिरष्टौ षष्टयश्चतस्रः पञ्चम्यः।।

आत्मनि शेषे शिष्टे देशे षड्विंशतिश्चतुर्थ्यः। अष्टौ चतस्रः पञ्चम्यः। तासामुपधानमार्ग उच्यते–विशयानां मार्गे तिर्यगात्मनि चतुर्दश चतुर्थ्यः। तासां पार्श्वयोर्द्वे द्वे प्राच्यौ च विपर्यस्य कारिते। उत्तरे पार्श्वे चतुर्दशानामेव पार्श्वयोर्मध्ये द्वे द्वे तिर्यक्। एताष्षड्विंशतिश्चतुर्थ्य उपहिताः। चतस्रश्चतुर्भागीयाकोणेषु स्थिताः। तासु चतस्रः पञ्चम्यः तिर्यक्। षष्टयश्चाष्टौ तिर्यगेव।

शिरसि चतुर्थ्यौ विशये। तयोश्च पुरस्तात् प्राच्यौ।। एष द्विशतः प्रस्तारः।।

तयोर्विशययोः पुरस्तात्प्राच्यौ चतुर्थ्यौ विपर्यस्य कारिता दक्षिणतः। एषेति। किर्मथमिदम् यावता द्विशत एव? परिभाषेयम्। योऽयं प्रस्तारो द्विशत(स्स) इति परिभाष्यते। सङ्ख्यां पूरयेदित्युक्ते द्विशत एव पूर्यते। इतरथा का संख्या पूरयितव्येति न ज्ञायते। अस्ति सहस्रसंख्येति चेन्न। प्रतिप्रस्तारं पूरयेदिति वचनमनर्थकं सम्पद्यते। तस्मात्परिभाषेयमिति।

अपरस्मिन् प्रस्तारे पञ्चपञ्च निर्णामयोर्द्वितीयाः। अप्यययोश्च तृतीया आत्मानमष्टभागावेताः।।

द्वितीया वक्रीभूताः। निर्णामो वक्रप्रदेशः। तस्मिन् प्रदेशे पञ्चपञ्च द्वितीयाः। अप्यययोश्च तृतीयाः–पक्षाप्ययोस्तृतीया आत्मानमष्टभागावेता व्याप्ताः। चतुर्भागीयेष्टकामात्रमात्मनि स्थिताः। पञ्चपञ्च विपर्यस्य कारिता उत्तरे पक्षाप्यये।

शेषे पञ्चचत्वारिंशत् प्रथमाः प्राचीः।।

दक्षिणे पार्श्वे पञ्चविंशतिः। दक्षिणे पक्षे उत्तरे पार्श्वे पञ्चविंशतिरुत्तरे पक्षे विंशतिः।

पुच्छपार्श्वयोः पञ्चपञ्च सप्तम्यः।।

उत्तरे पार्श्वे विपर्यस्य कारिताः।

द्वितीयचतुर्थ्योश्चान्यतरतः प्रतिसंहितामेकैकाम्।।

द्वितीयायां रीत्यां चतुर्थ्यां च रीत्यां अन्यस्मिन्पार्श्वे एकैका सप्तमी। एका दक्षिणे पार्श्वे विपर्यस्य कारिता। अपरा उत्तरे पार्श्वे।।

शेषे त्रयोदशाष्टम्यः।। पुच्छदेशे त्रयोदशाष्टम्यःशेरते श्रोण्यंसेषु चाष्टौ चतुर्थ्यो दक्षिणा उदीचीश्च।।

दक्षिणस्यां दक्षिणायते विपर्यस्य कारिते। उत्तरस्यां श्रोण्यां उदगायते। दक्षिणेंऽसे दक्षिणापतेन उत्तरेऽसे उदगायते विपर्यस्य कारिते।।

शेषे च विंशतिस् स्त्रिंशत् षष्ठयः एकां पञ्चमीम्।।

चकारेण चतुर्थ्योऽनुकृष्यन्ते त्रिंशत् षष्ठयः एका च पञ्चमी। तासामुपाधानदेश उच्यते–आत्मनो दक्षिणे पार्श्वे दश चतुर्थ्यः। पञ्च प्राचीः पञ्च प्रतीचीः एवमुत्तरे पार्श्वे। मध्ये त्रिंशत् षष्ठयः प्राचीः एका च पञ्चमी। तासां पञ्चदश प्राचीः[1]।।

शिरसि चतुर्थ्यौ तयोश्च पुरस्ताच्चतस्रो नवम्यःएष द्विशतप्रस्तारः।। ४६ ।।

व्यत्यासं चिनुयाद् यावतः प्रस्तारांश्चिकीर्षेत्।।

नवम्यश्चतस्रः पुरस्तात्। एषेति गतमेतत्। किमर्थमिदम् नियमार्थम्। किमत्र नियम्यते? विषमद्विशतप्रस्तारो नियम्यते नोपरि श्येनः। श्येन एव नियम्यते नान्यः। कथमवगम्यते नान्य इति? प्रस्तारपूरणवचनात्– तत्रापि व्यत्यासं चिनुयादित्येतदेवोक्तं न पूरणवचनम्। तस्मादन्ये द्विशतप्रस्ताराः। अत्रैव परिभाषितत्वात्। इष्टकाकरणे पञ्चचत्वारिंशदङ्गुलं दक्षिणेन गृहीत्वा चतुर्थीः कारयेत्। विपर्यस्ताः सव्ये। व्यत्यासं चिनुयाद्यावतः प्रस्तारांश्चिकीर्षेत् इति। गतमेतत्।

अत्र श्लोका भवन्ति–

एकोनविंशतिस्तिर्यगङ्गुलं सतिलद्वयम्।
यथा भवेत्तथा कार्या यथायोगनतं तु तत्।।
यथोदीच्येव षड्भागे षष्ठभागेन वर्धनम्।
करणस्य तृतीयस्य यथायोगनतं भवेत्।।

1. प्रतीचीः।

स विशेषश्चतुर्थस्य द्विचत्वारिंशदङ्गुलम्।
चतुर्दशतिलैर्युक्तं करणस्य भविष्यति।।
षष्ठस्य कर्णफलकं स्यात्त्रयस्त्रिंशदङ्गुलम्।
अष्टादशतिलैर्युक्तं इतरे सूत्रचोदिते।।
पार्श्वस्थाः सप्तमस्येयं विंशत्यः सह सप्तभिः।
षड्भिरेव तिलैरूनं फलकेऽष्टाष्टमस्य च।।
प्रथमेन तृतीयेन विपर्यस्य पुनः पुनः।
तथा सप्तमषष्ठाभ्यां कारयेदिष्टकाः क्रतौ।।
पञ्चत्रिंशद्विपर्यस्य चतुर्थेनापि कारयेत्।
एतावदेव कुशलाः इष्टकाकरणे विदुः।।
पुच्छे तिर्यङ्निधातव्याः चतुर्थ्यां दश चोदिताः।
ययोश्चान्तरा तिर्यक् चतुर्थ्यस्स्युश्चतुर्दश।।
चतुर्थ्यः पार्श्वयोस्तासां षट्षट्तिर्यक्तु मध्यमाः।
कोणेषु तिर्यक् पञ्चम्यः षष्ठश्चाष्टौ तथाविधाः।।
आपुच्छस्याप्ययात्तद्वत् शिरसि त्रिंशदिष्यते।
प्राच्यश्चैव प्रतीच्यश्च प्राचीष्वेव च पञ्चमी।।
चतुर्थ्यः पार्श्वयोस्तासां तथा शिष्टे च विंशतिः।
अन्यत्सर्वं यथासूत्रं प्रस्तारो द्विशतः क्रतौ।।
श्रोण्या चैव तथैवांसौ षट्सु त्वेव तयाविधा।
चतुर्थ्यो .... दक्षिण न पैताः ।।
श्रोण्योर्दक्षिण विज्ञेयं तथा चैवांस उत्तरे।।

इत्यापस्तम्ब सूत्रविवरणे कपर्दिस्वामिभाष्ये शुल्बाख्यप्रश्ने
पञ्चमः पटलः

करविन्दीया व्याख्या

शेषे–र्थ्यः

पुच्छे दश चतुर्थकरणनिष्पन्नाः तिर्यगायताः।।

श्रोण्यं–श्च

एवं श्रोण्योश्चतस्रः उत्तरपार्श्वे विपर्यस्य कारिताः।।

शेषे–म्यः

शेषे चेति चकाराच्चतुर्थ्योऽनुषज्यन्ते। आत्मशेषे षड्विंशतिश्चतुर्थ्यः। अष्टौ च षष्ठ्यः। चतस्रः पञ्चम्यः। ता एता अष्टात्रिंशत्। असामुपधानमुच्यते–

शिरसि–स्ता

पुच्छगतविशयानां मध्ये तिर्यगात्मनि चतुर्दश चतुर्थ्यः प्राच्यो रीतयः। तासां पार्श्वयोः पश्चाद्द्वेद्वे पुरस्ता द्वेद्वे दक्षिणत उत्तरतश्च। ता अष्टौ। अष्टानां चतस्रः प्राच्यश्चतस्रः प्रतीच्यः। [1]चतुर्दशानामेव पार्श्वयोर्मध्ये दक्षिणत उत्तरतश्च द्वेद्वे। ताश्चतस्रः। एवं षड्विंशतिश्चतुर्थ्यः। अत्रानुपहिताः कोणेषु चत्वारश्चतुर्भागीयादेशाः। तेषु चतस्रः पञ्चम्यः तिर्यक्। षष्टिश्चाष्टौ तिर्यगेव। शिरसि प्रत्येकं दक्षिणोत्तरतः प्राच्यौ तयोर्विशययोः पुरतः प्राच्यौ चतुर्थ्यौ। एवं बाह्यविशेषे।।

एष द्विशतः प्रस्तारः

उपदानविधिगतदेशादि संख्यासमुदायवशेन प्रस्तारे शतद्वये सिद्धेऽपि द्विशतः प्रस्तार इति वचनं प्रस्तारे द्विशतत्वसिद्धिकरणाय।।

अप–क्रियाः

निर्णामः पक्षयोर्मध्ये वक्रप्रदेश इत्युक्तम्। तस्मिन् द्वितीयाः दक्षिणोत्तरपक्षयोः पञ्चपञ्च निर्णामानुरूपमुपधेयाः।।

अप्य–वेताः

तृतीयकरणावेताः पञ्चपञ्चैवाष्टभागेन वर्धितेनात्मानमवगताः षड्भागेन पक्षम्।।

शेषे–प्राचीः

दक्षिणपक्षस्य दक्षिणभागे पञ्चविंशतिः। उत्तरपक्षस्य उत्तरभागे पञ्चविंशतिः दक्षिणे विंशतिः।।

पुच्छ –म्यः

पुच्छस्य दक्षिणे पार्श्वे पञ्च सप्तम्यः। उत्तरे पञ्च प्राच्यो रीतयः।।

द्विती– काम्

अनेनान्ययोः सप्तम्योरुपधानमुच्यते। पुच्छपार्श्वगतसप्तमीरीत्योरन्यतरस्यां रीत्यां द्वितीया। प्रतिसंहितामेकामन्यस्यां चतुर्थीप्रतिसंहितां चैकां सप्तमीमुपदध्यात्। एवं द्वादश सप्तम्य उपहिता भवन्ति।।

1. अष्टाना-C

शेषे–ष्टम्याः

पुच्छशेषे अष्टमकरणोत्पन्नाः त्रयोदशोदीच्यः पञ्च रीतयः। पुच्छाग्रे पार्श्वगतयोः सप्तम्योर्मध्ये पञ्चाष्टम्यौ। ननाग्रा द्वितीयायाम्। तिसृणां सप्तमीनां मध्ये तिस्रोऽष्टम्यः। तृतीयायां च तिस्रः। चतुर्थरीत्यां तिसृणां सप्तमीनां मध्ये एका। पञ्चमरीत्यां सप्तम्योर्मध्ये एका। एवं त्रयोदशाष्टम्यः यथायोगं प्रागग्राः प्रत्यगग्राश्च भवेयुः।

श्रोण्यंसेभ्यश्च श्रोण्यं–श्च।

श्रोण्योश्चतस्रः प्रत्येकं द्वेद्वे दक्षिणयोर्दक्षिणा उत्तरयोरुत्तराः। सर्वा बाह्यविशेषाः।।

शेषे– मीम्

आत्मशेषे विंशतिः। चकारेण वचनाभावे शिरसिचतुर्थ्यौ। तयोश्च पुरस्तात् चतस्रो नवम्यः।

एष द्विशतः प्रस्तारः

प्रस्तारशतद्वयानियमशङ्कानिराकरणाय द्विशतवचनम्।।

व्यत्यासं–षेत्

गतम्।।

अथ फलकानां प्रजम्भनमुच्यते–प्रथमकरणस्य विंशत्यङ्गुला तिर्यङ्मानी प्रजम्भिते यथैकोनविंशतिरङ्गुलयस्साष्टादशतिलद्वयं च ऋज्ववस्थिता भवति, तथा करणं प्रजम्भयेत्। वक्ष्यमाणप्रकारेण द्वितीयस्य करणस्य पक्षनमनी चतुर्विंशत्यङ्गुला सार्धसप्ततिला। तस्याष्षष्ठो भागश्चतस्रोऽङ्गुलयः। सपादतिलश्च। तेन द्वितीयकरणस्य दीर्घतया चत्वारिंशदङ्गुलयोः फलकयोर्मध्ये चतुर्विंशत्यङ्गुले एकस्मिन्नुन्नतिं च कुर्यात्; यथा तस्य भागद्वयमेकैकशः पूर्वकर्णसदृशं भवति तथेति। तृतीयस्य तु षष्ठाष्टभागसन्धौ नमनं। षष्ठं भागं पूर्ववन्नमयेत्[1]। अष्टमस्य तु नमनमात्मानुरूपं ऋज्ववस्थानमेव। तस्मिन्नमनं षष्ठापेक्षया।

तत्र श्लोकाः–

श्येने प्रथम आद्यस्य करणस्य प्रजम्भनम्।
द्वितीयस्य तृतीयस्य चोच्यते फलकानतिः।।
अस्मिन् श्येने त्वादिमस्य करणस्य प्रजम्भनम्।
पुच्छस्य[2] पक्षकरणी षष्ठस्यासौ यथार्जवम्।।

---

1. पूर्वं न मयेत्
2. पक्षस्य-C

द्वितीयस्य तृतीयस्य पक्षकाणां नतेः फलम्।
व्यासस्य पक्षकरणीं षष्ठतानादिमे नतिः।।
एकोनविंशत्यङ्गुल्यस्साष्टांशं च तिलद्वयम्।
तिर्यङ्मानी यथा सा स्यात्तथा रज्ज्वा प्रजम्भयेत्।।
सपादतिलसंयुक्तचतुरङ्गुलमात्रतः ।
पक्षस्य नमनी षष्ठः तेन स्यात्फलकानतिः।।
एवं द्वितीयश्येनोक्तमार्गेणोन्नीय जम्भनम्।
करणस्य विधातव्यं फलकानमनं तथा।।

इति करविन्दस्वामिकृतायां शुल्बप्रदीपिकायां
पञ्चमः पटलः

सुन्दरराजीया व्याख्या

शेषे–र्थ्यः

पुच्छ उदगायताः।

श्रोण्यं+श्च

आत्मनः श्रोण्यंसेषु द्वेद्वे बाह्यविशेषे।

शेषे +पञ्चम्यः

आत्मशेषे षड्विंशतिचतुर्थ्यः प्राच्यः प्रतीच्यः। तत्र मध्यरीत्योः सप्तसप्तोदगग्रा दक्षिणाग्राश्च। द्वितीयपञ्चमरीत्योः पञ्चपञ्च मताः। सममध्ये दक्षिणोत्तरे अन्याः प्राक्प्रतीच्यः। आद्यन्तरीत्योर्मध्ये एकैकचतुर्थ्यौ दक्षिणोत्तरयोः पश्चात्पुरस्ताच्च द्वेद्वे षष्ठयौ। ताश्चाष्टौ दक्षिणोत्तराः। तद्रीत्योः शेषे चतस्रः पञ्चम्य उदगायताः।

शिरसि +चतुर्थ्यौ विशये

अप्यये पुच्छाप्ययवत्।

तयो +च्यौ

बाह्यविशेषे चतुर्थ्यौ।

एष +स्तारः

अतोऽत्र संख्यापूरणाय कर्तव्यो यत्न इत्यर्थः।

अपर +तामेकैकाम्

अन्यतरत: दक्षिणे पार्श्वे उत्तरे वा द्वितीयचतुर्थीभ्यां सप्तमीभ्यां संहितामेकां सप्तमीमन्तरुपदध्यात् ।।

शेषे +ष्टम्य:

षुच्छ शेषे।

श्रोण्यं+चीश्च।

द्वेद्वे बाह्यविशेषे।

शेषे +पञ्चमी।

आत्मशेषे विंशतिश्चतुर्थ्य: प्रागायता:। मध्ये प्रागायताभि: षष्ठीभिर्द्वात्रिंशता द्वे रीती। तयोर्दक्षिणस्यां द्वे उद्धृत्य एकां पञ्चमीं निदध्यात्।।

शिरसि चतुर्थ्यौ

उदगायते।।

तयो +म्य:

उदगायता:।।

एष +स्तार:–व्यत्या+ र्षेत्

इति श्री सुन्दरराजकृतायां शुल्बप्रदीपिकायां
पञ्चम: पटल:

कपर्दिभाष्यम्

श्येनचितं चिन्वीत सुवर्गकाम इति विज्ञायते।। वक्रपक्षो व्यस्तपुच्छो भवति। पश्चात्प्राङुदूहति। पुरस्तात् प्रत्यङ्ङुदूहति। एवमिवहि वयसां मध्ये पक्षनिर्णामो भवतीति विज्ञायते।।

अस्या: श्रुते: पुनरुपन्यासो मार्गान्तरं प्रतिपादयितुम्। अथवा अन्यैवैषा श्रुति:। इयमेवाकारमार्गता। वक्रोति गतमेतत्।

पुरुषस्य षोडशभिर्विंशं शतं सारत्निप्रादेश: सप्तविध: संपद्यते। तासां चत्वारिंशदात्मनि तिस्र: शिरसि पञ्चदश पुच्छ एकत्रिंशद् दक्षिणे पक्षे तथोत्तरे।।

पुरुषस्य षोडशभाग: षोडशी। ताभिर्विंशोत्तरं शतं संपद्यते। परिगणनायां क्रियमाणायां एतावत्य: षोडश्य: सप्तार्धे शेरते। सप्त स्थापयित्वा षोडशीभिर्गुणिते

द्वादशोत्तरं शतम्। अर्धपुरुषे द्वादशसु अष्टौ। क्षिप्ते विंशतिः। एवं विंशोत्तरं शतं सम्पन्नम्। तासामिति–तासां षोडशीनां चत्वारिंशदात्मन्युपधेयाः; तिस्रश्शिरसि; सर्वत्र निधेया इति शेषः। पञ्चदश पुच्छे। दक्षिणे पक्षे एकत्रिंशत् तथोत्तरे। एकत्रिंशदुत्तरे पक्षे। कथमेता निधेया इत्युच्यते–

अध्यर्धपुरुषस्तिर्यग् द्वावायामत इति दीर्घं चतुरश्रं विहृत्य श्रोण्यंसेभ्यो द्वे द्वे षोडस्यौ निरस्येत्। चत्वारिंशत्परिशिष्यन्ते। स आत्मा।।

अध्यर्धपुरुषा तिर्यङ्मानी द्विपुरुषा पार्श्वमानी। एवं दीर्घचतुरश्रं विहृत्य श्रोणीभ्यामंसाभ्यां च द्वे द्वे षोडश्यौ प्रत्येकं निरस्येत्–त्यजेत्। अक्षणया यथा श्रोण्यंसेषु चत्वारि चतुरश्राणि अर्धपुरुषप्रमाणानि कृत्वा अक्षणयान्यार्धानि निरस्येत्। शिष्टं चत्वारिंशत्। स आत्मा।।

शिरस्यर्धपुरुषेण चतुरश्रं कृत्वा पूर्वस्याः करण्या अर्धात्तावति दक्षिणोत्तरयोर्निपातयेत्।।

गतमेतत्–

तिस्रः परिशिष्यन्ते। तच्छिरः।।

तिस्रश्शिष्टाः। तच्छिरः।

पुरुषस् तिर्यग् द्वावायामतः षोडशभागश्च दक्षिणः पक्षः। तथोत्तरः।।

पुरुषमात्रा तिर्यङ्मानी। द्विपुरुषा पार्श्वमानी। पुरुषषोडशभागाश्चार्धेनाष्टाङ्गुलमात्रं दक्षिणे पक्षे चामामः। तद्वदेवोत्तरपक्षः।।

पक्षाग्रे पुरुषचतुर्थेन चत्वारि चतुरश्राणि कृत्वा तान्पक्षणया व्यवलिख्यार्धानि निरस्येत्। एकत्रिंशत् परिशिष्यन्ते।।

पक्षयोरग्रे प्रत्येकं पुरुषचतुर्थप्रमाणेन चत्वारि चतुरश्राणि कृत्वा तान्यक्षणया कर्णेनालिख्य अर्धानि निरस्येत्। स्रुच्यवद्दक्षिणपक्षाग्राणि बहिर्भूतानि निरस्येत्। द्विपुरुषायामे द्वात्रिंशत् षोडश्यो भवन्ति। षोडशभागेन चैका। तासु द्वयोस्त्यक्तयोः एकत्रिंशत्परिशिष्यन्ते।।

पक्षाग्रमुत्सृज्य मध्ये पक्षस्य प्राचीं लेखामालिखेत्।।

पक्षाग्रमिति पुरुषचतुर्थेन कृतानि चतुरश्राणि लक्ष्यन्ते। पक्षायामे पुरुषचतुर्भागार्धमुत्सृज्येत्यर्थः। मध्ये पक्षस्य प्रगायतां लेखामालिखेत्।

पक्षाप्यये पुरुषं नियम्य(लेखायां)पुरुषान्ते नितोदन्तुकुर्यात्। नितोदात् माचीनं पुरुषान्ते नितोदं नितोदयोर्ना(गा) नानान्तावालिखेत्। तत्पक्षिनमनम्। एतेनोत्तरः पक्षो व्याख्यातः।।

आत्मपक्षसन्धौ पुरुषमात्रं वेणुं नियम्य लेखायामेव पुरुषस्यान्ते वेणोरन्ते लक्षणं कुर्यात्। तस्मान्नितोदात्प्रागायतं प्राचीनं वेणुं लेखायामेव निधायान्त्ये छिद्रे शङ्कुं लक्षणं वा निहत्य नितोदयोरन्तौ नाना आलिखेत्। अपरस्मान्नितोदादा रभ्यापरान्तमालिखेत्। पूर्वस्मान्नितोदाच्चारभ्य पूर्वान्तमिति। तत्पक्षनमनं पक्षस्य वक्रता। एतेनेति उत्तरपक्षनमनमप्येवं कुर्यात्।।

अष्टादशः खण्डः

द्विपुरुषं पश्चादर्धपुरुषं पुरस्ताच् चतुर्भागोनः पुरुष आयामोऽष्टादश-करण्यो पार्श्वयोस्ताः पञ्चदशपरिगृह्णान्ति। तत् पुच्छम्।।

पश्चात्तिर्यङ्मानी द्विपुरुषा। पुरस्तादर्धपुरुषा। पादोनपुरुषायामा। पार्श्वयोरष्टादशषोडशीः करोति। अष्टादशकरणी सा पार्श्वयोः। ता एताः पञ्चदशषोडशीः परिगृहन्ति। कथमर्धपुरुषव्यासा पादोनपुरुषायामा षट्करोति? तस्याभितो द्वे चतुरश्रे समे सर्वतः पादोनपुरुषमात्रे। तावक्ष्णया लिखेत्। एकैकमर्धं त्यजेत्। शिष्टं प्रत्येकमर्धपञ्चमं करोति। अर्धपञ्चमं अर्धपञ्चमं नव। नवसु षट्सु क्षिप्तेषु पञ्चदश। तत्पुच्छम्।।

करविन्दीया व्याख्या

श्येन–यते

द्वितीयश्येनमुपदेष्टुं सैव श्रुतिः पुनरपि पठिता। तत्र विशेषमाह–

पुरुषस्य–त्तरे

षोडशीः–षोडशभागपरिमिताः। ताभिः षोडशीभिः। सारत्निप्रादेशः सप्तविधोऽग्निर्विंशतिशतं संपद्यते। तथाहि–सप्त स्थापयित्वा षोडशीभिर्गुणिते द्वादशोत्तरं शतं भवति। अर्धे षोडशीभिर्गुणिते अष्टौ। तेष्वष्टसु क्षिप्तेषु विंशत्युत्तरं शतं षोडश्यो भवन्ति। तासां चत्वारिंशदात्मनि चत्वारिंशत् षोडशिनीक्षेत्राण्यात्मेत्यर्थः। तिस्राश्शिरसि षोडश्यस्स्युः। पञ्चदश पुच्छे। पञ्चदशषोडश्यः पुच्छक्षेत्रम्। एकत्रिंशद्दक्षिणे पक्षे। तथोत्तरे पक्षे। एकात्रिंशत् षोडशीक्षेत्रं दक्षिणः पक्ष उत्तरश्च। एवं विभज्य विमानमाह–

अध्य–त्मा

अनुपृष्ठयं चत्वारिंशद्द्वे शते चाङ्गुलय आयामः। विस्तारोऽशीतिशत-मङ्गुल्यस्तिर्यक्। एवं दीर्घं चतुरश्रं विहृत्य श्रोण्यंसेष्वर्धपुरुषप्रमाणानि चत्वारि चतुरश्राणि कृत्वा तान्यात्मपार्श्वमानीनिष्ठकोणतः तिर्यङ्मानीनिष्ठकोणं प्रत्यक्ष्णयालिखेत्। लेखानां बहिर्भूतास्त्यजेत्। चत्वारिंशदवशिष्यन्ते। स आत्मा भवति। कथम् आयामतोऽष्टौ षोडश्यः। तिर्यक् षट्। अष्टौ षड्गुणिता अष्टाचत्वारिंशत्। तत्र श्रोण्यंसेभ्यो द्वेद्वे निरस्याष्टौ निरस्ता भवन्ति। शिष्टाश्चत्वारिंशदात्मनि भवन्ति।।

शिरस्य–च्छिरः

शिरः प्रदेशे आत्मनोंऽसयोः पुरतः पृष्ठ्यायामर्धपुरुषेण चतुरश्रं कृत्वा पूर्वस्याः करण्याः इत्यादिकृते तिस्रः परिशिष्यन्ते। तच्छिरो भवति।।

पुरु–त्तरः

पुरुषमात्रं तिर्यगायामः। द्विपुरुषमात्रमर्धाष्टमाङ्गुलयश्च। एवं दक्षिणे पक्षे दीर्घचतुरश्रं कृत्वा। तथोत्तरेऽपि।।

पक्षाग्रे–न्ते

पक्षस्याग्रे पुरुषचतुर्थेन त्रिंशदङ्गुलेन चत्वारि चतुरश्राणि कृत्वा तानि प्रत्येकं दक्षिणाप्रत्यग्व्यवलिख्य पूर्वाण्यर्धानि निरस्येत्। एवमेकत्रिंशत् षोडश्यः परिशिष्यन्ते। स दक्षिणः पक्षः। कथं? पक्षे द्वात्रिंशत्षोडश्यः। षोडशो भागश्चैकः। तास्त्रयस्त्रिंशत्। ताभ्यां चतुर्ष्वर्धेषु निरस्तेषु एकत्रिंशत्परिशिष्यन्ते। एवमेवोत्तरः पक्षः। तत्र चतुरक्षाण्युत्तराप्रत्यगक्ष्णयाविलिख्य पूर्वार्धानि निरस्येत्।।

पक्षाग्र–मनम्

पक्षाग्रमुत्सृज्य त्रिंशदङ्गुलमपहाय मध्ये पक्षस्य प्राचीं लेखामालिखेत्। पक्षाग्रे उत्सृष्टे शेषः पक्षः अर्धतृतीयाङ्गुलोनविंशत्यधिकशतद्वयाङ्गुलम्। तस्य मध्ये सपादाङ्गुलोनदशाधिकशताङ्गुलेन पश्चादारभ्य प्रगायतां लेखां। पक्षमतीत्यालिखेत्। पश्चिमे पक्षाप्यये पुरुषमात्रं वेणुं निधाय नियम्यापरं वेणोरन्तरं दक्षिणाप्राक् लेखायां निपातयेत्। स पश्चिमपक्षान्तात् प्राक्पञ्चाशदङ्गुले पञ्चविंशतितिलाधिके निपतति। तत्र नितोदं–बिन्दुं कुर्यात्। तस्माच्च प्राचीनलेखायामेव पुरुषमात्रे द्वितीयं नितोदं कुर्यात्। नितोदयोः नानान्तावालिखेत्। नितोदयोरारभ्य पक्षान्तावभि नानापृथक् आलिखेत्। पश्चिमान्नितोदादारभ्य पश्चिमपक्षाग्रं पक्षाप्ययं च प्रत्यगालिखेत्। तत्पक्षनमनं–तदेतत्पक्षस्य नमनं भवति। पूर्वस्मन्नितोदादारभ्य पूर्वं पक्षाग्रं पक्षाप्ययं च प्रत्यगालिखेत्। तत् पक्षनमनं–पक्षस्य नमनं भवति।

एते–तः

ऋजुः।।

द्विपु–च्छम्

पुच्छस्याग्रं द्विपुरुषप्रमाणम्। तस्य मूलमर्धपुरुषप्रमाणं। आयामश्चतुर्भागोनः पुरुषः। अष्टादशकरण्यौ पार्श्वयोः। अष्टादश करोतीत्यष्टादशकरणी। षोडशीनां प्रकृतत्वात्तासां अष्टादशानां करणी। ते खलु त्रिषोडशीप्रमाणनवत्यङ्गुलसमचतुरश्रस्याक्ष्णयाभूते। तथाहि– पुच्छमूलाद्दक्षिणतः उत्तरतश्च पार्श्वमानी तिर्यङ्मानी चतुर्भागोनपुरुषप्रमाणोपेता। त्रिभिर्नवेति नवषोडशीक्षेत्रस्याक्ष्णयारज्जुभूते। अत्र चतुरश्रस्याक्ष्णयारज्जुः द्विस्तावतीं भूमिं करोतीति तेऽष्टादशकरण्यौ षोडशीनाम्। ता एताश्चतस्रः करण्यः। द्विषोडशिकाष्ट–षोडशिके तिर्यङ्मान्यावष्टा दशकरण्यौ पार्श्वमान्यौ पञ्चदश षोडशीः परिगृह्णन्ति। कथम्? अर्धपुरुषव्यासा पादोनपुरुषायामा षट्करोति। तस्याभितो द्वे चतुरश्रे समे सर्वतः पादोनपुरुषमात्रे। तावक्ष्णया लिखेत्। शिष्टं प्रत्येकमर्धपञ्चमं करोति। अर्धपञ्चममर्धपञ्चमं च नव। नवसु षट्सु क्षिप्तेषु पञ्चदश। तत्पुच्छं – पुच्छंसंज्ञं भवति। करणान्युच्यन्ते।।

सुन्दरराजीया व्याख्या

अथोक्तमेव श्येनचितं प्रकारान्तरेण व्याख्यातुं ब्राह्मणं पुनरुपन्यस्यति–

श्येन–यते

पुरुषस्य–द्यते

षोडश्यः–षोडशांशाः। ताश्चतुर्भागीया इष्टकाः विंशत्यधिकं शतं। शदन्तविंशतेश्चेतिऽ डः। सारत्निप्रादेशः सप्तविधोग्निः पुरुषक्षेत्रस्य षोडशीभिर्विंशत्यधिकं शतं सम्पद्यते।।

तासां–त्मनि

आत्मनि चत्वारिंशत् षोडश्यो भवन्ति।।

तिस्रः – त्तरे

अथात्मनो विमान आह–

अध्यर्ध+आत्मा

षोडशीनां निरसनप्रकारोऽप्ययान् प्रति श्रोण्यंसानित्युक्तो वेदितव्यः ।

शिर +त्तरः

षोडशभागोऽर्धाष्टमा अङ्गुलयः। अरत्निप्रादेशरहितप्रकृतिके तु पूर्ववत् पक्षायामस्य त्रिंशदङ्गुलहानिर्द्रष्टव्या। द्विपुरुषायामे द्वात्रिंशत् षोडश्यः। षोडशभागेन चैका। एवं त्रयस्त्रिंशत्। ततः-

पक्षा-ष्यन्ये

दक्षिणेषां दक्षिणपूर्वाव्यर्धानि निरस्येत्। उत्तरेषामुत्तरपूर्वाणि।

पक्षा-नमनं

पक्षाग्र त्रिंशदङ्गुलं चतुरश्रकृतमुत्सृज्य शिरसि पक्षस्य सार्धसप्तदश-द्विशताङ्गुलस्य मध्ये लेखां कृत्वा पक्षाप्ययस्यापरान्ते पुरुषमात्रं वेणुं नियम्य तस्यां लेखायां निपातयेत्। सा यत्र निपतति लेखायां तत्र नितोदं कुर्यात्। शङ्कुं निहन्यात्। तत्र पुरुषं नियभ्य ततः पुरस्तात्पुरुषान्ते नितोदं कृत्वा तदनुगुणं पूर्वापरावन्तावालिखेत्। पूर्वश्येने द्विपुरुषां रज्जुमित्युक्तमेव संनमनमत्र प्रकारान्तरेणोक्तमनुसन्धातव्यम् ।।

एते-ख्यातः

द्विपु-पुच्छं

अष्टादशानां षोडशीनां करण्यो नव तिलयुक्ते सप्तविंशतिशताङ्गुले पार्श्वयोरक्ष्णयारूपे भवतः। पुच्छात्मशिरसां षोडशी संख्या भूमौ लिखित्वा द्रष्टव्या।।

कपर्दिभाष्यम्

षोडशीं चतुर्भिः परिगृह्णीयात्।।

पुरुषस्य षोडशभागे या तिष्ठति सा षोडशी। तां चतुर्भिः फलैकः वक्ष्यमाणैः परिगृह्णीयात्-कारयेदिति यावत्।

अष्टमेन त्रिभिरष्टमैश्चतुर्थेन चतुर्थसविशेषेणेति।। १०।।

अर्धेष्टकां त्रिभिर्द्वाभ्यां चतुर्थाभ्यां चतुर्थसविशेषेणेति।। ११।।

पादेष्टकां त्रिभिश्चतुर्थेनैकं चतुर्थसविशेषार्धाभ्यां चेति।। १२।।

पक्षेष्टकां चतुर्भिर्द्वाभ्यां चतुर्थाभ्यां सिप्तमाभ्यां चेति।। १३।।

पक्षमध्यीयां चतुर्भिर्द्वाभ्यां चतुर्थाभ्यां द्विसप्तमाभ्यां चेति।। १४।।

पक्षाग्रीयां त्रिभिश्चतुर्थेनैकं चतुर्थसप्तमाभ्यामेकं चतुर्थसविशेषसप्तमाभ्यां चेति।। १५।।

पुरुषस्याष्टमेन पञ्चदशाङ्गुलेन। त्रिभिरष्टमैः–तेनैव त्रिगुणितेन पञ्चचत्वारिंशदङ्गुलेन। चतुर्थसविशेषेण–चतुर्भागसविशेषेण। 'प्रमाणं तृतीयेन वर्धयेत् इत्यादिना बर्धितेन द्विचत्वारिंशदङ्गुलेन चतुर्दशतिलयुक्तेन। एवमेतैश्चतुर्भिः कारिता षोडशी। अर्धेष्टकां त्रिभिः परिगृह्णीयादिति सर्वत्र शेषः।

द्वाभ्यमिति–त्रिंशदङ्गुलाभ्यां। सविशेषेणोक्तप्रमाणेन। एतैस्त्रिभिः कारयेत्। पादेति–गतमेतत्। चतुरिति–चतुर्थेनैकं। चतुर्थस्य सविशेषः। चतुर्थसविशेषः। तस्यार्धाभ्याम्। पक्षेति–पक्षार्थमिष्टका–पक्षेष्टका। तां चतुर्भिः परिगृह्णीयात्। द्वाभ्यां चेति–द्वाभ्यां चतुर्थाभ्यां पुरुषसप्तमाभ्यां। अस्य नमनमुपरिष्टाद्वक्ष्यते। पक्षमध्य–गतं चतुर्थाभ्यां द्विसप्तमाभ्यां वक्रभूताभ्यामित्येतैश्चतुर्भिः पक्षमध्यीयां करोति। पक्षेति–गतम्। चतुर्थेनेति–पुरुषचतुर्थेनैकं चतुर्थसप्तमाभ्यां वक्रभूताभ्यामेकं चतुर्थसविशेष-सप्तमाभ्यामेव।।

करविन्दीया व्याख्या

षोड–णेति

पुरुषस्य षोडशभागे या तिष्ठति सा षोडशी। तां चतुर्भिः चतुष्प्रकारैः फलकैष्षोडशीं परिगृह्णीयात्–सम्पादयेत्। अष्टमेन–प्रकृतत्वात् पुरुषस्य। पञ्चदशाङ्गुलेनेति यावत्। त्रिभिरष्टमैः पञ्चचत्वारिंशदङ्गुलैः। चतुर्थेन त्रिंशदङ्गुलेन। चतुर्थसविशेषेण द्विचत्वारिंशदङ्गुलेन सार्धचतुर्दशतिलाधिकेन अक्ष्णयावस्थितेन। इतिशब्दश्चार्थे। एतेनचैतेन चेति–अष्टमी त्रिरष्टम्यौ पार्श्वमान्यौ। चतुर्थतत्सविशेषौ तिर्यङ्मान्यौ। चतुर्थस्यैव सविशेषप्राप्त्यर्थं चतुर्थशब्दः। एवमेतैश्चतुर्भिः फलकैः षोडशीं कारयेत्।।

अर्धे–चेति

परिगृह्णीयादिति शेषः। अर्धेष्टकां त्रिभिः फलकैः परिगृह्णीयात्। त्रिंशदङ्गुलाभ्यां द्विचत्वारिंशदङ्गुलेन सचतुर्दशतिलेन च त्रिभिः फलकैः।।

पादे– चेति

एकविंशत्यङ्गुलाभ्यां ससप्ततिलाभ्यां त्रिंशदङ्गुलेन चैकेन चेति त्रिभिः।।

पक्षा–ति

त्रिंशदङ्गुलाभ्यां सप्तदशाङ्गुलाभ्यां पञ्चतिलाधिकाभ्यां चेति। पक्षेष्टका द्वाभ्यां चतुर्थाभ्यां समाभ्या च कारयेत्। अस्य च नमनमुपरिष्टाद्वक्ष्यति।।

पक्ष–ति

पक्षमध्यमयोग्या पक्षमध्यीया। तां त्रिंशदङ्गुलाभ्यां चतु स्त्रिंशदङ्गुलभ्यां द्विसप्तदशाङ्गुलाभ्यां दशतिलाधिकाभ्यां चेति चतुर्भिः।।

पक्षा–ति

पक्षाग्रयोग्या पक्षाग्रीया। तां त्रिंशदङ्गुलेनैकं पञ्चतिलाधिकसप्तचत्वारिंशदङ्गुलेनैकं तथैकोनविंशतितिलाधिकेन एकोनषष्ट्यङ्गुलेनैकमिति त्रिभिः फलकैः परिगृह्णीयात्। एवं षट् करणान्युक्तानि। पक्षेष्टकाः पक्षमध्यीयाः पक्षाग्रीया इति त्रयाणां तत्र तत्रोपधाने योग्यत्वाय क्षेत्रसमत्वाय।

सुन्दरराजीया व्याख्या

अथकरणानि–

षोडशीं–णेति

पूर्वश्येनचतुर्थ्येषा। एतां चतुर्भिः फलकैः परिगृह्णीयात्। तत्राष्टमेन त्रिभिरष्टमैरिति पार्श्वफलके। उत्तरे तिर्यक्फलके। सविशेषं चतुर्थं चतुर्थस्य द्विकरणी चतुर्दश तिलाः द्विचत्वारिंशदङ्गुलाः।

अर्धे +णेति

पादे +चेति

पूर्वश्येननमन्येषा।

पक्षे+चेति

चतुर्थे त्रिंशदङ्गुले पार्श्वफलके। सप्तमे सपञ्चतिलसप्तदशाङ्गुले तिर्यक्फलके।

पक्षमध्यी +चेति

द्वे पक्षेष्टके समस्ते एषा। पूवश्येने द्वितीयावद्रूपं।

पक्षा +चेति

पक्षेष्टका–अर्धेष्टका। समस्ते एका।

कपर्दिभाष्यम्

पक्षकरण्याःसप्तमं तिर्यङ्मानी। पुरुषचतुर्थं च पार्श्वमानी। तस्याक्ष्णया रज्ज्वा करणं प्रजृम्भयेत्॥

दीर्घीकुर्यात्। अनयेति करणी। पक्षकरणी– पक्षस्य करणी पक्षकरणी इष्टका। तस्या उक्तं करणं पुरुषसप्तमं तिर्यङ्मानी पुरुषचतुर्थी पार्श्वमानीति। पक्षेष्टकां चतुर्भिरिति। तमेव दीर्घीभूतं करणं प्रजम्भयेत्–दीर्घीकुर्यात्। कथमेकया क्षणया रज्ज्वायतया दीर्घीकुर्यात्करणम्?

पक्षनमन्यास्सप्तमेन फलकानि नमयेत्।।

पक्षनमनीति नितोदलेखामूलयोरन्तरालम्। तत्सप्तधा विभज्य एकेन भागेन। किमुक्तं भवति? यावत्प्रजम्भितेन तस्यास्सप्तमी तिर्यग्भवति तावत्प्रजम्भयोदिति एवं यथा भवति तथा फलकानि नमयेत्। नतं[1] नमनं कुर्यात्। पक्षनमनी सा पक्षाग्राणामप्येवमेव। तत्र श्लोकः–

तिलैःषोडशभिर्न्यूनं तिर्यक्स्यात्षोडशाङ्गुलम्।
तथा तथा चतुर्भ्यां च सप्तमाभ्यां च नामयेत्।।

उपधाने चतस्त्रः पादेष्टकाः पुरस्ताच्छिरसि।

अपरेण शिरसोऽप्ययं पञ्च।। १९।।

पूर्वेण पक्षाप्ययावेकादश।। २०।।

अपरेणैकादश पूर्वेण पुच्छाप्ययं पञ्चापरेण पञ्च पञ्चदश पुच्छाग्रे।। २१।।

उपदध्यादिति शेषः। पुरस्ताच्छिरसि घोणाकारे एका। तस्याः पश्चात्तिस्त्रः। अपरेणेति–कर्णाभरणवत्। पादेष्टका एव। पूर्वेति–आत्मनि पक्षाप्ययोः पुरस्तादेकादश अपरेण पक्षाप्ययावेकादश एता एव। पूर्वेति–पुच्छस्याप्ययस्य पुरस्तात् पञ्च पश्चाच्च पञ्च। पञ्चदशेति–पुच्छाग्रे पञ्चदश। ता एवैताः षट्पञ्चाशत्पादेष्टकाः।।

एकोनविंशः खण्डः

करविन्दीया व्याख्या

च वक्रता कार्येत्याह–

पक्षक–येत्

प्राथम्यात् सामर्थ्याच्च पक्षेष्टकाकरणीविषयमिदम् लिखया विभक्तस्य पक्षार्धस्य करणी पक्षकरणी। सा सपादाङ्गुलोन दशशताङ्गुला। तस्याःसप्तमं साष्टादशतिला पञ्चदशाङ्गुला ऋज्ज्वस्थिता प्रजम्भ्यमानस्य करणस्य यथा तिर्यङ्मानी भवति तथा तत्करणं ऋज्वक्ष्णया प्रजम्भयेत्--प्रकर्षेण नमयेत्। पार्श्वमानी तु प्रजम्भ्यमानेऽपि करणे पुरुषचतुर्थमेव। प्रजम्भतिरत्रापि मानार्थ एव। एतदुक्तं भवति–करणस्य एकस्यां कोट्यां रज्जुं प्रबध्य तां कोटिमितारां कोटिं प्रति अक्ष्णया बलेन कर्षयेत्। यथा आकर्षणे कृते

---

1. गतं–A & B

द्वयोः कोट्योः सन्निकर्षेण पार्श्वमान्योरन्तरालमृजुत्वेन पक्षकरण्यास्सप्तमं भवति न न्यूतं नाप्यधिकं तथा प्रजम्भयेत्। तिर्यङ्मान्योरन्तराळ्मृज्ववस्थितमपि पुरुषचतुर्थमेव। अनेन तिर्यङ्मान्या ह्रासः क्रियते वक्रत्वाय क्षेत्रसमत्वाय च। अथवा साष्टादशतिलं पञ्चदशाङ्गुलं तिर्यङ्मानीं कृत्वा त्रिंशदङ्गुलं पार्श्वमानीं च कृत्वा ताभ्यां चतुरश्रं विहृत्य तस्याक्ष्णयारज्ज्वा पक्षेष्टकाकरणं प्रजम्भयेत्। एतदुक्तं भवति–उक्तप्रकाराक्ष्णयारज्ज्वधिकां रज्जुं मीत्वा तया पक्षेष्टकाकरणस्यैकां कोटिं बध्वा तां कोटिं अन्या कोटिं प्रत्यक्ष्णया जम्भयेत्–नमयेत्। यथा तयोः कोटयोरन्तराळं एतदक्ष्णयारज्जुस्सम्भवति तथा नमयेदित्यर्थः। एवं कृते अस्य करणस्यैकाक्ष्णयारज्जुः सार्धद्व्यङ्गुलेन द्राघीयसी भवति। अन्या तेनैव ह्सीयसी भवति।।

व्याख्या द्वितीया यैः कैश्चिदुक्ता नाञ्जस्यभागिनी।।

पक्षेष्टकाकरणस्य प्रजम्भनेन नमनविधिमुक्त्वा पक्षमध्यीयापक्षाग्रीयाकरणयोर्नमनसिद्ध्यर्थं तत्फलकानां नतिरुच्यते – पक्षनमनी–यया मात्रया पक्षो नम्यते सा पक्षनमनी। सा च पक्षमध्यलेखायाः प्रथमनितोदात् पश्चिममात्रा। सा च पञ्चविंशतितिलाधिकपञ्चाशदङ्गुलेत्युक्ता। तस्याऽस्सप्तमं सार्धाष्टतिलं सप्ताङ्गुलं। तेन फलकानि पक्षमध्यीयापक्षाग्रीयाकरणयोर्दीर्घानि यानि फलकानि तानि नमयेत्–वक्रीकुर्यात्। अयमर्थः–यथा मध्ये कृतेन नमनेन पक्षमध्यीया भागद्वयं पक्षकरण्या सप्तमं तिर्यङ्मानी पुरुषचतुर्थं च पार्श्वमानीत्युक्त प्रकारं भवति। तथा द्विसप्तफलकयोर्मध्ये सप्तममात्रे पक्षनमन्यास्सप्तमेन एकस्मिन् फलके नतिमेकस्मिन्नुदञ्चं कुर्यात्।।

तत्र श्लोकाः–

पक्षेष्टकायाः करणं तथा रज्ज्वा प्रजम्भयेत्।
तस्य तिर्यग्यथा पक्षकरण्यास्सप्तमं भवेत्।।
पक्षमध्यीयाकरणे द्राघीयः फलकद्वये।
नमनीसप्तमेन स्यान्नतिस्सप्तममात्रके।।
पक्षाग्रीयाकरणस्याप्येषैव नमनक्रिया।
सप्तमेंऽशे नतिस्तस्य भागोनेऽन्यो भवेदृजुः।।
साष्टादशतिलं तिर्यग्यथा पञ्चदशाङ्गुलम्।
भागानामिष्टकानां च तथा स्यान्नमनक्रिया।।
आद्यश्येने त्वादिमस्य करणस्य प्रजम्भनम्।
फलं षष्ठः पक्षकरणी षष्ठव्यासो यथा भवेत्।।

द्वितीयस्य तृतीयस्य प्रषष्ठानां नतेः फलम्।
व्यासस्य पक्षकरणी षष्ठता नाष्टमे नतिः।।

आद्यश्येनविषयमिदं श्लोकद्वयम्।।

पक्षेष्टकाः चतस्त्रोऽत्र षट्च पादेष्टका अपि।
चोडानाकसदामर्धजानोर्दशमकारिताः ।।

उप–रसि

उपधानकाले चतस्त्रः पादेष्टकाशिशर (सि) सः पूर्वभागे पुरस्तादुपदध्यात्। तासां चतसृणामेका पुरस्तात् बाह्यविशेषात् प्रागग्रा। ततः पश्चात्तिस्त्रः। तासु मध्यमा प्रत्यगग्रा।

अप–पञ्च

शिरसोऽप्ययस्य परतः पञ्च। प्रत्यगग्रे द्वे। अपुच्छात्पादाप्यये इत्येव।।

पूर्वे–दश

पूर्वेण– पक्षाप्यययोः पुरतः। आत्मनैकादश। पञ्च प्रत्यगग्राः।।

अपश–श

अपरेण पश्चिमपक्षाप्यययोः पश्चादेकादश। षट्प्रत्यगग्राः।।

पूर्वे–च

पुच्छाप्ययस्य पुरतः पञ्च। तासु प्रत्यगग्राः तिस्त्रः।

अप–च

पुच्छाप्ययस्य पुरतः पञ्च। तासु प्रत्यगग्रे द्वे।।

पञ्च–ग्रे

पुच्छाग्रे पञ्चदश उपधेयाः। तासु सप्त प्रत्यगग्राः। ता एताष्षट्पञ्चाशत्पादेष्टकाः।।

सुन्दरराजीया व्याख्या

पक्ष–येत्

पक्षकरणी–पक्षार्धस्य तिर्यङ्मानी पादोननवशताङ्गुला। अर्धे तस्य सप्तमं पञ्चदशाङ्गुलं साष्टादशतिलं। तस्य करणस्य यथा तिर्यङ्मानी भवति पार्श्वमानी त्रिंशदङ्गुलैव तथाक्ष्णया रज्ज्वा करणं[1] प्रजम्भयेत्–नमयेत्। एकः कर्णः चत्वारिंशदङ्गुलो

1. दीर्घचतुरश्रस्य समकर्णस्याकर्षणेन विषमकरणक्षेत्रसम्पादनं प्रजम्बनम्।। पा।

द्वादशतिलान्वितः। अपरः सप्तविंशको विंशतितिलयुक्तः। आरत्नि (प्रादेश) रहिते (ष्वे)त्वे एकः कर्णः सार्धत्रयोविंशकः। अन्यः पञ्चतिलोनस्त्रिचत्वारिंशदङ्गुलः इष्टकाव्यासश्च त्रयोदशाङ्गुलस्त्रयोदशतिलयुक्तः। अथ पक्षाग्रीयापक्षमध्ययोर्नमनमाह–

पक्ष +येत्

पक्षनमनी–पुरुषमात्री। तस्याः सप्तमेन पक्षाग्रीयापक्षमध्ययोः पक्षेष्टकांशस्य तिर्यक्फलकानि नमयेत्। तस्य साष्टादशतिलपञ्चदशाङ्गुलव्यासस्य पक्षेष्टकांशस्य तिर्यक्फलके यथा सपञ्चतिले सप्तदशाङ्गुले भवतः तथा फलकानि तक्षेत्। द्वे पक्षेष्टके पार्श्वसंहिते पक्षमध्यीया षडश्रिः पक्षेष्टकामुत्तरपूर्वदीर्घकर्णां भूमौ लिखित्वा तस्या दक्षिणतः त्रिंशदङ्गुलं समचतुरश्रं कृत्वा तस्य दक्षिणपूर्वमर्धं अ (पूर्वम) क्ष्णयाजह्यात्। सा पक्षाग्रीया पञ्चकोणा। अत्राणूकाः पञ्चदशभागीयानां स्थान इति वक्ष्यमाणत्वात् अणूकसंज्ञे द्वे करणे कार्ये। त्रिंशदङ्गुले द्वे स मचतुरश्रे दक्षिणोत्तरे लिखित्वा दक्षिणस्य दक्षिणपूर्वमर्धमक्ष्ण या निरस्येत्। उत्तरस्योत्तरापरं। एतदेकमणूकं। त्रिकोणं द्वितीयं। तस्य षष्ट्यङ्गुलमेकं फलकं। अन्ये चतुर्थसविशेषे।।

अथोपधानं–

अप–शिरसि।

अग्रेणैका। तस्याः पश्चात्तिस्रः।

अप–पञ्च

पादेष्टकाः। उदीची रीतिः।

पूर्वे–एकादश

उदीच्येव रीतिरात्मन्येव।

अप–ग्रे

एताः षट्पञ्चाशदप्युदगायताः।।

एकोनविंशः खण्डः

कपर्दिभाष्यम्

चतस्रश्चतस्रः पक्षाग्रीयाः पक्षाग्रयोः पक्षाप्ययययोश्च विशयाः।। १।।

ता आत्मनि चतसृभिश्चतसृभिष्षोडशीभिर्यथायोगं पर्युपदध्यात्।। २।।

विपर्यस्य कारिता उत्तरे पक्षे। चतस्त्रश्चतस्त्रो विशयाः। पक्षसन्ध्योर्दक्षिणपक्षाप्यये विपर्यस्य कारिता उत्तरे पक्षेष्टका मात्रम्। पक्षयोरात्मन्यर्धेष्टकामात्रं। ता इति विशयाः प्रत्यवमृश्यन्ते। आत्मनि चतसृभिश्चतसृभिःषोडशीभिः विपर्यस्य कारिताः। दक्षिणपक्षाप्ययस्था यथा तैरेताभिश्चतसृभिरुपदध्यात् तथा चतसृभिरुत्तरपक्षाप्ययस्थाः। प्रतीत्यस्मिन्नर्थे परिशब्दः।।

चतस्त्रश्चतस्त्रः पक्षमध्यीयाः पक्षमध्ययोः पक्षेष्टकाभिः प्राचीभिः पक्षौ प्रच्छादयेत्।। २४।।

पक्षमध्ये भवा वक्रभूताश्चतस्त्रो दक्षिणे पक्षमध्ये चतस्त्र एवोत्तरपक्षमध्ये। पक्षेष्टका उक्तलक्षणाः। ताभिः प्रागायताभिः पक्षौ प्राच्छादयेत्। पक्षयोरुपदध्यात्। विपर्यस्य कारिताश्चत्वारिंशत्।।

अवशिष्टं षोडशीभिः प्राच्छादयेत्।। ५।।

शिष्ठमग्निक्षेत्रं षोडशीभिः उपदध्यात्।।

अन्त्या बाह्यविशेषा अन्यत्र शिरसः।। अपरस्मिन् प्रस्तारे पुरस्ताच् छिरसि द्वे षोडश्यौ बाह्यविशेषे उपदध्यात्।।

अन्ते भवा अन्त्याः अग्न्यन्तस्थाः। ता बाह्यविशेषाः बाह्यतस्सविशेषाः। अन्यत्र शिरसः–शिरो वर्जियित्वा। आत्मनि मध्ये षट् प्राच्यः षट् प्रतीच्यः। आत्मनि रीतिद्वयम्। अवशिष्टं पुच्छे च। तासु यदि षोडशीभिरेवोपधीयन्ते संख्यापूर्यते किं तु भिद्यते। चतसृष्वपि रीतिषु भेदो वर्जनीयः। तस्मादर्धाश्चोपधेयाः। कथमनुच्यमाना उपधीयन्ते नोच्यमानाः? उक्ता एव 'यच्चतुरश्रं त्र्यश्रि वा सम्पद्येतार्धेष्टकाभिः पादेष्टकाभिर्वा प्रच्छादयेत्' इति वदता। ननु यद्यर्धाश्चोपधीयन्ते अतिरिच्यते संख्या; नैष दोषः ऊनाधिकप्रस्तार इत्युक्तं पूर्वस्मिन् पटले। पुच्छे रीतिद्वयम्। तिस्त्रस्तिस्त्रोऽर्धेष्टका उपधाय षोडश्यः पुनश्चोत्तरे पार्श्वे एकैकोऽर्धः। एवमात्मनि द्वयो रीत्योर्दक्षिणतस्तिस्त्रोऽर्धेष्टकाः। ततो द्वे षोडश्यौ एकैकोर्धः। शिरसि तिर्यग्द्वे षोडश्यौ। एवमष्टोत्तरं शतद्वयं। अपरस्मिन्निति–पूर्वभागे द्वे षोडश्यौ बाह्यतःसविशेषे घोणाकारे उपदध्यात् विपर्यस्य कारिता दक्षिणतः।।

तेऽपरेण द्वे विशये अभ्यन्तरविशेषे।। ७।।

द्वाभ्यामर्धेष्टकाभ्यां यथायोगं पर्युपदध्यात्।।

ताभ्यां पश्चादात्मनि अर्धेष्टकामात्रं; शेषं शिरसि। अभितो युज्यते यथा तथोपदध्यात्। चतस्त्र एता विशयाः।

करविन्दीया व्याख्या

चत–योः

प्रत्येकं चतस्रः।।

पक्षा–याः

चकारेण पक्षाग्रीया अनुकृष्यन्ते। पक्षाप्यययोः चतस्रश्चतस्रः पक्षाग्रीया विशयाः स्युः। ताः सप्तमेन पक्षयोः शेरते। अवशिष्टे चतुर्थेनात्मनि।

ता आ–ध्यात्

आत्मनि प्रविष्टपक्षाग्रीयापरितश्चतसृभिः[1] षोडशीभिर्यथा युज्यन्ते तथोपदध्यात्। पक्षाग्रीयाणां च यथा विशेषास्सहिता भवेयुस्तथोपदध्यादित्यर्थः।।

चत–योः

यथायोगमित्येव। गतम्।।

पक्ष–दयेत्

यथायोगमित्येव। चत्वारिंशता चत्वारिंशता पक्षेष्टकाभिः प्रागायताभिः पक्षौ प्रच्छादयेत्।।

अव–येत्

अवशिष्टं अनुपहितमग्निक्षेत्रं पुच्छावशिष्टं षोडशीभिः प्रच्छादयेत्। पुच्छमध्ये द्वे रीत्यौ। पूर्वाश्चतुरिष्टकाः। पश्चिमाष्षडिष्टकाः। द्वे द्वे विशेषसहिते स्यातां। ता एता दश आत्मनि। आत्ममध्ये तिस्रो रीतयः। प्राच्यश्चतुरष्टका आत्मन्येव। पश्चात्पुरस्ताच्चोदीच्यौ द्वे रीत्यौ चतुरिष्टके। ता विंशतिः। शिरसि द्वे षोडश्यौ।।

अन्त्या–रसः

अन्ते उपधेया अन्त्याः। पुच्छे चतस्रः आत्मनि चतस्र। बाह्यविशेषाः– बहिर्गतविशेषाः। न चात्र संख्यापूरणं; संख्याः याःस्थाने द्विशतविनियोगात्। तथाहि– षट्पञ्चाशत् पादेष्टकाः अष्टावष्टौ पक्षाग्रीयाश्चत्वारिंशत्पक्षेष्टकाः। अष्टौ। पक्षमध्यीया-श्चात्वारिंशत् षोडश्यः। एवं द्विशतः।

अप–ध्यात्

द्वितीये प्रस्तारे शिरसः पूर्वभागे प्रागग्रे बाह्यविशेषे द्वे षोडश्यौ।।

---

1. ताः पक्षाग्रीया आत्मनि आत्मप्रदेशे चतसृभिश्चतसृभिः–C

तेअ–षे

तयोष्षोडश्योः पश्चात् प्रागग्रे शिरस्यर्धपादेष्टकामात्रे विशये विशेषेणात्मनि। एवं विशये द्वे षोडश्यावन्तर्विशेषे।।

द्वाभ्यां–ध्यात्

ते इत्येव। ते विशये इष्टके द्वाभ्यामर्धेष्टकाभ्यां विशयाभ्यां यथायोगं परिगृह्णीयात्। षोडश्योरर्धेष्टकयोश्च यथा विशेषास्संहिता भवेयुः तथोपदध्यादित्यर्थः।।

सुन्दरराजीया व्याख्या

चत–ग्रयोः

तासामर्धेष्टकामात्राण्यात्मनि।

ता +ध्यात्

दक्षिणाग्राभिः दक्षिणाप्ययस्था उदीचीरितराः।।

चतस्र–ध्यीयाः

पक्ष–दयेत्

अशीत्या प्रागायताभिः।।

अव–दयेत्

अणूकाः पञ्चदशभागीयानां स्थान इति वक्ष्यमाणत्वात् अणूकाभिः सह प्रच्छादनभेदपरिहाराय तत्र पुच्छात्मशिरस्सु पूर्वनिहिताभिः पादरीतिभिःसह षोडश रीतयः उदीच्यः। पुच्छाग्रे पादरीतिरुक्ता। द्वितीयस्यां पार्श्वयोरणूके मध्ये चतस्रः षोडश्यः। एवं तृतीयाषष्ठीत्रयोदश्योऽणूकाभिरेव द्विप्रकाराभिः सन्ध्यन्तराले द्वादश षोडश्यः प्रगायताः शिरसोऽपरार्धे द्वे षोडश्यौ द्विशतः प्रस्तारः।।

अन्त्या–शिरसः

च शब्दोऽत्राध्याहर्तव्यः। द्वाभ्यां विशेषाः। अन्तेषु या उपधेयास्ता बाह्यविशेषाः षोडश्यो भवेयुः। एतच्चात्मन्येव। पक्षयोरशक्यत्वात् पुच्छभेदसम्भवाच्च। तस्मादात्मनः श्रोण्यं–सेष्वष्टौ षोडशीर्दक्षि (णाग्रा) णा उदगग्राश्चोपदध्यात्। एकैकत्र द्वेद्वे। अस्मिन् पक्षे यच्चतुरश्रं त्र्यक्षि वेति वक्ष्यमाणाभिः पाद्याभिः संख्यापूरणं। तत्र पुच्छाप्ययस्य पुरस्ताद्द्वे अर्धे शिरसोऽप्ययस्य पश्चाद्द्वे अर्धे। तासां मध्ये चतुर्विंशतिः पाद्याः। पार्श्वयोः षट् षट् षोडश्यः। यद्वा एताः पाद्याः षोडशीश्च षट्त्रिंशतमुद्धृत्य षट्त्रिंशदर्धा (र्ध्या) निधेयाः। तत्र दक्षिणपार्श्वस्था प्रागुत्तरविशेषाः विपरीता उत्तराः। पुच्छमध्ये षट् षोडश्यः

प्रागायता:। तत: पा (तत्प्रा) र्श्वयोश्चतस्त्रोऽर्धेष्टका:। शेषं पूर्ववदेव। अ(त)त्र आत्मनि प्राच्य: पञ्चरीत्य: उदीच्यो वा अष्टौ।।

अपर–दध्यात्

तेअप–शेषे

एते अपि प्रागग्रे।

द्वाभ्यां–दध्यात्

तयो: षोडश्योर्मध्ये शिरसोऽप्यये द्वे अर्धेष्टके इत्यर्थ:।

कपर्दिभाष्यम्

बाह्यविशेषाभ्यां परिगृह्णीयात्।

उभयत्र तृतीयापदश्रवणात् विध्यन्तरमेतत् न पूर्वयोर्विशेषणम्। चशब्दोऽध्याहर्तव्य: बाह्यविशेषाभ्यां चेति। बाह्यविशेषाभ्यां चार्धेष्टकाभ्यां परिगृह्णीयात्। शिरस्यनवकाशादात्मन्येव।

आत्मन: करणीनां सन्धिषु षोडश्यो बाह्यविशेषा उपदध्यात्।। ८।।

आत्मन: करण्य:, तासां सन्धिषु श्रोण्यंसेषु चतस्त्र: षोडश्यो बाह्यविशेषा: प्रत्यन्तविशेषा:।।

चतस्त्रश्चतस्त्रोऽर्धेष्टका: पक्षाग्रयो:।। ९।।

नखाकारेष्वर्धेष्टकाश्चोपधेयाश्चतस्त्रश्चतस्त्र:।।

पक्षेष्टकाभिरुदीचीभि: पक्षौ प्रच्छादयेत्।।

उदगायताभि: पक्षयो रुपदध्यात्। षट्पञ्चाशद्विपर्यस्य कारिता:।

तिस्त्रस्तिस्त्रोऽर्धेष्टका: पुच्छपार्श्वयो:।। १०।।

तिस्त्रस्तिस्त्रोऽर्धेष्टका: पुच्छपार्श्वयोर्बाह्यविशेषा:।।

अवशिष्टं षोडशीभि: प्रच्छादयेत्।। ११।।

अवशिष्टमग्निक्षेत्रं षोडशीभि: प्रच्छादयेत्।।

अन्त्या बाह्यविशेषा अन्यत्र पुच्छात्।

गतमेतत्। पुच्छं वर्जयित्वा।

करविन्दीया व्याख्या

बाह्य–यात्

ते इत्येव। ते एव षोडश्यौ बाह्यविशेषाभ्यामन्याभ्यामर्धाभ्यां परिगृह्णीयात्। एते अर्धे शिरस्यनवकाशादात्मनि भवतः। एतदुक्तं भवति–विशयषोडश्योः पुरस्ताद्विशयभूते बहिर्विशेषे द्वे अर्धे तथाऽऽत्मनि विशयषोडश्योर्दक्षिणत उत्तरतश्च वहिर्विशेषे अन्ये अर्धे इति।

आत्म–ध्यात्

आत्मनः करण्य आत्मकरण्यः। तासां सन्धिषु श्रोण्यंसेषु षोडश्यः चतस्रः। सर्वत्र छान्दसो विभक्तिव्यत्ययः। आत्मनि पक्षाप्यययोस्समीपेषु बाह्यविशेषाश्चतस्रः षोडशीरुपदध्यात्। अन्त्या बाह्यविशेषा इति वक्ष्यमाणेऽपि बाह्यविशेषग्रहणं संख्यापूरणाय। पादानां चार्धानां च उपधानार्थं षोडशीनामुद्धरणे प्रसक्ते आसामुद्धरणं मा भूदित्येवमर्थम्।

चत–योः

प्रतिपक्षं चतस्रोऽर्धेष्टकाः बाह्यविशेषा इत्येव।।

पक्षे–दयेत्

पक्षयोरुदीच्यः पक्षेष्टकाः सप्त रीतयः।।

तिस्र–र्श्वयोः

बाह्यविशेषा एव।।

अव–येत्

अवशिष्टमात्मनि त्रयस्त्रिंशत् षोडशीस्थानं पुच्छद्वादशषोडशीस्थानम्।।

अन्त्य–च्छात्

अन्त्याःसर्वा बाह्यविशेषा भवेयुः पुच्छादन्यत्र। पुच्छे त्वन्त्याष्षोडश्योऽभ्यन्तरविशेषा एव।

सुन्दरराजीया व्याख्या

बाह्य–गृह्णीयात्

ते षोडश्यौ बाह्यविशेषाभ्यां द्वाभ्यामर्धेष्टकाभ्यां दक्षिणत उत्तरतश्चात्मनि परिगृह्णीयात्।।

आत्म–दध्यात्

अष्टाश्रेरात्मनोऽष्टौ करण्यः। तत्र दक्षिणोत्तरपार्श्वकरण्योः श्रोण्यंसकरणीभिः सह चत्वारः सन्धयः। तत्र श्रोणिसन्ध्योर्द्वे प्रत्यगग्रे षोडश्यौ। अंससन्ध्योर्द्वे प्रागग्रे। एवं चतस्रष्षोडश्यः। ये तु चत्वारः पूर्वापर (कोट्योः) करण्योस्सन्धयः तत्र पूर्वयोस्तावद्बाह्यविशेषाभ्यां परिगृह्णीयादित्यर्धेष्टके उक्ते। अपरयोरपि पूर्वसादृश्यार्थं भेदपरिहारार्थं चाध्यर्धे एवोपधेये।

चतस्र–योः

पक्षे–दयेत्

एकैकं षट्पञ्चाशता।

तिस्र–योः

बाह्यविशेषाः।

कपर्दिभाष्यम्

यच्चतुरश्रं त्र्य (श्रि) श्रं वा संपद्येतार्धेष्टकाभिः पादेष्टकाभिर्वा प्रच्छादयेत्।।

सर्वत्र षोडश्य एव शेरते। यदि तथा क्षिप्येरन् भिद्येत सर्वत्र। अतो भेदपरिहाराय यत्ने क्रियमाणे त्रिकोणं चतुरश्रं वा प्रकारद्वयं सम्पद्यते। पूर्वस्मिन् प्रस्तारे चतुरश्रं सम्पद्यते त्रिकोणं च। इह त्रिकोणमेव। तत्र अर्धेष्टकाभिः पादेष्टकाभिर्वा प्रच्छादयेत् उपदध्यात्। पुच्छाप्यये चतस्रः षोडश्यो विशयाः। प्राच्यौ द्वे प्रतीच्यौ द्वे। तासां पश्चात् दश षोडश्यः। तिर्यक्पुच्छेऽपि। विशयानामभितो द्वावर्धौ द्वावात्मनि[1]। तासां पुरस्ताच्चतस्रः षोडश्यः प्राच्यश्चतुर्थ्यः[2] प्रत्यर्पिताः। तासां पुरस्तादष्टादश षोडश्यो दक्षिणायताः उदगायताश्च पुरस्ताद्विपर्यस्ताषडुत्तरे पार्श्वे। तासां पुरस्ताच्चतस्रोऽर्धेष्टकाः। तासां पुरस्ताच्चतस्रः षोडश्यः प्रतीच्यस्ताभिः प्रत्यर्पिताः। तासां पुरस्ताद् द्वे षोडश्यौ नानाग्रे प्राच्यौ। तयोर्मध्ये द्वावर्धौ। आत्मन्यर्धपादेष्टकामात्री[3]। आत्मनि द्वावर्धौ विशयावभितः। अर्धषोडश्यौ सहितौ[4]। एवं द्वादशोनं शतद्वयम्। इह केचिद्दीर्घायुषः सूत्रमेतदनादृत्य स्वमनीषिकया करणान्तरमुत्पाद्य संख्यापूरणमेव कुर्वन्ति। किं नाम तेषामशक्यम्[5]? वयं तु सूत्रकारमतानुसारेणोक्तं[6] गृह्णीमः।

---

1. द्वावर्धावात्मनि–B।
2. चतुर्भिरघैः–B।
3. मात्रे–B।
4. आत्मानि षोडश्यौ यदभितः–B।
5. तेषां शत्यं–A & B।
6. णानुक्तं न–A।

करविन्दीया व्याख्या

एवं क्षेत्रपूरणं कृत्वा प्रकृतितः प्राप्तं संख्यापूरणं एवं कर्तव्यमित्याह–

यच्च–दयेत्

एवं षोडशीभिः प्रच्छाद्यमाने संङ्ख्यापूरणाय कासुचिदुद्धृतासु च यत् क्षेत्रं चतुरश्रं त्र्यश्रि वा सम्भवेत् तत् क्षेत्रमर्धेष्टकाभिः पादेष्टकाभिर्वा प्रच्छादयेत्–ताभि। संख्यां पूरयेदित्यर्थः ननु प्रच्छादयेदिति वचनेन सङ्ख्यापूरणं कथम् उच्यते। तत्तदग्नौ प्रच्छादनविध्यनन्तरं सङ्ख्या पूरयेदिति विधानात्। इह च षोडशीभिः प्रच्छादिते सङ्ख्याया असमाप्तेस्तत्पूरणापेक्षया द्वितीयप्रच्छादनवचनं सङ्ख्यापूरणार्थमेवेति गम्यते। किञ्च द्विविधः प्राकृतोऽग्निः समचतुरश्रमात्रेष्टका असमचतु;रश्रमात्रेष्टकाश्च। प्रथमे चतुरश्राग्नौ पञ्चदशभागीयाभिरर्धेष्टका। भिश्च सङ्ख्या पूरिता। द्वितीये पादेष्टकाणूकाषड्भागीयाभिश्च पूरिता। तदिहापि पादा अर्धा अणूकाश्च विहि। तास्सन्ति। तस्मात् पादेष्टकाभिरर्धेष्टकाभिश्च सङ्ख्या पूरिताद्वितीये षोडशीभिश्च यथा योगं सङ्ख्यापूरणं युक्तमिति गम्यते। किञ्च सङ्ख्यापूरणस्य न्याय्यत्वे सति अत्रोपदिष्टेष्टकाभ्योऽन्याभिःसङ्ख्यापूरणस्याशक्यत्वात् पादाभिरर्धाभिश्च सुकरत्वात्ताभिरेव सङ्ख्यापूरणं युक्ततरम्। अतः प्रच्छादितासु काश्चिदुद्धृत्य पादार्धषोडशीभैर्यथायोगं यावत्सङ्ख्यमुपधेया इति।।

सुन्दरराजीया व्याख्या

अव +दयेत्

यच्चतुरश्रं त्र्यश्रि वेति पाद्यार्धाभिः सङ्ख्यापूरणं तत्र(र्ध्या) र्धाभिः पूरणपक्षे आत्मनि प्राच्यः षड्रीतयः। तत्र दक्षिणोत्तरयोर्मध्ये षट् षड (र्ध्या)र्धाः। द्वितीयस्यां पश्चात्पुरस्ताच्च द्वे अर्धे उक्ते। तयोः समीपे द्वे षोडश्यौ प्रागायते। तयोर्मध्येऽष्टावर्धेष्टकाः। एवमेव पञ्चमी रीतिः। प्रागायताभिः द्वादशभिः षोडशीभिर्मध्यरीती द्वे। पुच्छाप्यये द्वे षोडश्यौ। प्रत्यगग्रपुच्छं पञ्चदशाङ्गुलेन प्राप्ते। तयोः पश्चाद्वे प्रागग्रे आत्मानं पञ्चदशाङ्गुलेन प्राप्ते तयोः पश्चाच्चतस्रः षोडश्यः उदगायताः। पुच्छाग्रे दक्षिणतोऽर्धेष्टका पूर्वमुक्ता। तस्या उदक् षोडश्युदगग्रा तस्या उदग्द्वे अर्धे ततो द्वे षोडश्यौ ततो द्वे अ(र्ध्ये)र्धे ततः षोडशी। ततो(र्ध्या)र्धा पूर्वमुक्ता। एवं द्विशतः प्रस्तारः। पाद्याभिः पूरणपक्षे आत्मनि दक्षिणपार्श्वे द्वादशार्ध्या उद्धृत्य वा अष्टौ चतस्रः षोडश्यो निधेयाः। एवमुत्तरपार्श्वेऽपि। अस्मिन्नपि प्रस्तारे प्रकारान्तरमाह–

अन्त्य–च्छात्

अत्रापि वाशब्दोऽध्याहार्यः। यथा पूर्वस्मिन् प्रस्तारे अन्त्या बाह्यविशेषा इति

षोडश्यो विहिताः तथाऽत्रापि श्रोण्यंसेषु द्वे द्वे षोडश्यौ प्रागग्रे प्रत्यगग्रे चेत्यष्टौ निधेयाः। एतदप्यशक्यत्वात्पक्षयोर्न भवति। अस्मिन् पक्षे शिरोऽप्यये अर्धेनोपधेये। पुच्छाप्ययेऽप्यर्धे द्वे उपधेये। पार्श्वस्थाश्चतस्रो रीतयोर्धेऽष्टकाभिःपूरणीयाः। मध्यमरीत्योः षोडशषोडश्यः पुच्छाग्रमध्ये षट् षोडश्यः। ततः पूर्वस्यां मध्ये द्वे षोडश्यौ। शेषेऽर्ध्याः। ततः पूर्वस्यां मध्ये द्वे प्राच्यौ षोडश्यौ। शेषं पूर्ववदेव। एष द्विशतः। पाद्याभिः पूरणपक्षेऽपि पूर्ववत्सर्वत्राविशेषात् पाद्याभिः सम्भवेऽपि विपरीतविशेषा उपधेयाः। केचित्तु अन्त्या बाह्यविशेषा इति पूर्वमुक्तम्। तयोरेव प्रस्तारयोः शेषमाहुः। तदनुपपन्नं अन्त्यानां षोडशीनां अनियतविशेषाणामभावात्। उभयस्मिन् प्रस्तारे प्राहुः अन्त्या इति न केवलं षोडश्य एव गृह्यन्ते। अपितु याः काश्चान्त्या उपधेयाः ताश्च बाह्यविशेषाः कार्या इति। तेषां शिरसि द्वे षोडश्यौ बाह्यविशेषे बाह्यविशेषाभ्यां परिगृह्णीयात्। आत्मकरणीनां सन्धिषु षोडश्यो बाह्यविशेषा इति बाह्यविशेष शब्दकं अनर्थकं स्यात्। अन्यत्र शिरसोऽन्यत्र पुच्छादिति च विरुध्येते। शिरसि पाद्यानां पुच्छपार्श्वयोरर्ध्या(र्धा) नां च बाह्यविशेषाणामेवेष्टत्वात्।।

यच्चतु–येत्

प्रस्तारद्वयसाधारणमिदम्। षोडशीभिः पूरयितुमशक्योपि यावद्द्विशतपूर्ति अर्धाः पाद्या उपधेयाः। तत्राध्यारहिताभिः पाद्याभिः सङ्ख्यां पूरयितुमशक्यत्वात्। तस्मादर्ध्याभिः संमिश्राभिर्वा पाद्याभिः पूरणम्। तत्प्रकारश्च पूर्वमेवोक्तः।।

कपर्दिभाष्यम्

अणूकाः पञ्चदशभागीयानां स्थाने।। १३।।

व्यत्यासं चिनुयाद् यावतः प्रस्तारांश्चिकीर्षेत्।।

स्थानशब्दः प्रयोगवाची। अणूकाश्चतुर्भागीयाः सङ्ख्यापूरणे चोदिताः पञ्चदशभागीयाश्च सङ्ख्यापूरणे चोदिता इति यावत्। अस्मिन् प्रस्तारे सङ्ख्या न पूरिता सूत्रकारेण। तत्र ताभिःसङ्ख्या पूरयितव्या यदि ताभिः पूर्यते। अस्मिन्नगौ तावता न शक्यते अणूकाभिःसङ्ख्या पूरणम्। शक्यते तु प्रकृतौ। तस्मात्प्रकृत्यर्थौ योगः। तत्र शक्यते द्वितीये प्रस्तारे ताभिः पूरयितुम्। तत्र द्विशतपूरणमवश्यं कर्तव्यम्। प्रतिप्रस्तारं पूरयेदिति वचनात्। इह तु सहस्रसंख्यैव पूरयितव्या इत्युक्तं पूर्वस्मिन् पटले। तस्मात्प्रकृतो योगः। तत्र श्लोकाः–

पक्षेष्टकानां करणं विपर्यस्यार्धयिष्यते।
पक्षाग्रीयास्तथैवार्धं विपर्यस्यैव कारयेत्।।

विपर्यस्यैव कर्तव्याष्षोडश्यः षोडशीद्वयम्।
साहस्त्रेऽथ द्विषाहस्त्रे पञ्चषष्टिं विदुर्बुधाः।।
उपधाने यथासूत्रं यथा वात्मनि पक्षयोः।
पुच्छे शिरसि शिष्टे च षोडशीनां विदुर्बुधाः।।
षट्प्राच्यः षट्तीच्यश्च आत्मनि द्वादश क्षिपेत्।
शीर्ष्णि द्वयं क्षिपेत्तिर्यगुक्ता एव चतुर्दश।।
शिष्टं रीतिद्वयं पुच्छे तथा चात्मन्यपि द्वयम्।
षोडशार्धेष्टकास्तास्तु क्षिपेच्च त्रिषु रीतिषु।।
एकैकमुत्तरे पार्श्वे तिस्त्रस्तिस्त्रस्तु दक्षिणे।
शिष्टे तिर्यग्दशैव[1] स्यादष्टोत्तरशतद्वयम्।।
पुच्छाप्यये तु विशयाश्चतस्त्रःषोडशीः क्षिपेत्।
षोडश्यावप्यये प्राच्यौ ते चाग्रे शिरसि क्षिपेत्।।
मध्ये तयोश्च द्वावर्धौ चतस्त्रो विशयाः क्षिपेत्।
आत्मनशेषे[2] द्वावर्धौ षोडश्यौ शिरसि क्षिपेत् ।।
अन्यत्सर्वं यथासूत्रं द्वादशोनं शतद्वयम्।
आत्मनो दक्षिणे पार्श्वे चतस्त्रो दक्षिणायताः।।
द्वितीये चोत्तरे पार्श्वे षड् द्वे श्रोण्यंसयोरपि।
शिरसश्चाप्यये चैका शिरस्यपि[3] च दक्षिणा।।
एता निधेयाष्षोडश्यो विपर्यस्तास्तरे द्वये।

करविन्दीया व्याख्या

अणू–ने

परिभाषेयम्। पञ्चदशभागीयाः प्रथमचतुरश्रे उक्ताः। तासां स्थाने कार्यसंख्यापूरणे अणूका भवेयुः। तस्याः परिभाषाया अत्रोपदेशः कथम् इहोपदिष्टाः षोडश्योऽपि क्षेत्रसाम्यादणूकाशब्देन ग्राह्या भवेयुः इत्येवमर्थम्। तेन अणूकाभिश्चतुरश्रेऽग्नौ संख्यापूरणम्। इह तु षोडशीभिश्चेति सिद्धम्। केचिद्यच्चतुरश्रं त्र्यश्रि वा सम्पद्यते इत्येतदपि परिभाषामिच्छन्ति। तेन तत्रतत्राग्नौ तदपेक्षया ताभिरपि संख्यापूरणं मन्यन्ते। अत्र पुनः

1. द्वितीयं-B।
2. स्थिमिता आत्मनश्शेष-B।
3. शिरसापि-A।

प्रच्छादयेदिति वचनं प्रच्छादनेऽपि चैता यथा भवेयुरित्येवमर्थम्। तेन तत्रतत्राग्नौ सति सम्भवे सत्यां चापेक्षायां ताभि:सहौभिरपि प्रच्छादनं स्यात्। उपधानक्रम: द्वितीयचित्यां शिरसि प्राङ्मुखे बाह्यविशेषे द्वे षोडश्यौ उपदध्यात्। तयो: पश्चात् प्राङ्मुखे बाह्यविशेषे विशये द्वे अर्धे। तयो: पश्चात्तद्विशेषश्लिष्टविशेषे द्वे षोडश्यौ विशये आत्मनि। तयोर्दक्षिणस्या दक्षिणतो बाह्यविशेषमेकमर्धम्। उत्तरस्या उत्तरतश्च बाह्यविशेषमेकमर्धम्। तयोर्दक्षिणत उत्तरतश्च बाह्यविशेषेणैकैकमर्धम्। तत: पश्चादात्मनि प्राच्यष्षड्रीतय:। तत्र दक्षिणस्यां रीत्यां पुरस्तात् बाह्यविशेषा प्रागग्रैका षोडशी। पश्चाच्च बाह्यविशेषा प्रत्यगग्रैका। तयोर्मध्ये षडर्धेष्टका:। तासां तिस्र: प्रतीच्यस्तिस्र उदीच्य:। द्वितीयस्यां रीत्यां पश्चात् बाह्यविशेषेण दक्षिणामुखे द्वे अर्धे। तत्पुरस्तादर्धविशेषयुक्तविशेषात् प्रत्यङ्मुखैका षोडशी। तस्या। पुरस्तात् षडर्धा:। तासां तिस्रस्तिस्र: प्राच्य प्रतीच्यश्च। तत्पुरस्तादुत्तरतो विशेषा प्रागग्रैका षोडशी। तत्पुरस्तात्तद्विशेषश्लिष्टविशेषमेकमर्धम्। तत्पुरस्तात् पूर्वोपहितमर्धमस्त्येवेति द्वादशेष्टका एषा। तृतीयस्यां रीत्यां शिरोऽप्ययषोडश्या: पश्चादारभ्य आपुच्छाप्ययमष्टौ षोडश्य उपधेया:। तासां चतस्र: प्राच्यश्चतस्र: प्रतीच्य:। एवमेवोत्तरास्तिस्रो रीतय:। तत्र तृतीयावच्चतुर्थी। द्वितीयावत्पञ्चमी। प्रथमावत् षष्ठी। तत्र तिसृणां दक्षिणरीतीनां दक्षिणं पार्श्वमुत्तररीतीनामुत्तरं पार्श्वम्। दक्षिणानामुत्तराणां च दक्षिणा पार्श्वरीतिद्वयगता। अत्र प्रतीच्यो मुकुलात्मका:। तत्प्रतीपमुखा: प्राच्य:। एवं शोभां वितन्वते। पुच्छे मध्यमरीत्यन्तयोर्विशयषोडश्योर्दक्षिणत उत्तरतश्च द्वे अर्धे बाह्यविशेषे। तत: पश्चान्मध्ये द्वे षोडश्यौ। ते अभित(स्तिस्र)स्तिस्रोऽर्धेष्टका इत्यष्टेष्टका:। तत: पुच्छाग्रे षड्भि: षोडशीभिरभितोऽर्धाभिरष्टेष्टका:। पक्षाग्रयोश्चतस्रश्चतस्रोऽर्धेष्टका:। पक्षद्वये पक्षेष्टकास्सप्त रीतय:। ता द्वादशशतमिष्टका:। पादेष्टकाभिश्च पूरणपक्षे एता एव रीतय:। तत्र विशेष: पुच्छगतोपान्तरीत्यां बाह्याश्चतस्रोऽर्धेष्टका द्विधा कुर्यात्। आत्मनि प्रथमद्वितीयपञ्चमषष्ठेषु तन्मध्यगतार्धेषु पश्चिमतो द्वे द्वे अर्धे। अवशिष्टान्येष्वर्धस्थानेषु षोडशीयुग्मान्युपदध्यात्। द्वितीयापञ्चम्योश्चार्धा द्विधा भिद्यात्। ननु भेदो वर्जनीय इति तत्रतत्राग्नौ यत्नेन परिहृत:। स इदानीं पुच्छे प्रादुर्बुभूषति नैतत्सारम्। नियतलोकानामिष्टकानामसंबाधेन समुदिताभिरिष्टकाभिस्सङ्ख्यायां पूरितायां यदीष्टकैकदेशे भेद उपजायते स भेदो मर्षणीय एव अवर्जनीयत्वादेकदेशभेदस्य। अत एव भेदवर्जनं स्वकण्ठेनोक्तमाचार्येण द्विशत एष इति।।

व्यात्या-षेत्

गतम्।।

सुन्दरराजीया व्याख्या

अणू +ने

प्रकृतौ चतुरश्राग्नौ पञ्चदशभागीयानां कार्यं भेदपरिहारेण संख्यापूरणम्। इह तु तत्कार्ये अणूका उपधेयाः। तत्र समचतुरश्राणामणूकानामुपधाने द्विशतः कर्तुं न शक्यते। तस्मादणूकक्षेत्राणां ग्रहणम्। तत्रापि षोडश्यो न गृह्यन्ते। अवशिष्टं षोडशीभिरित्येव सिद्धत्वात् भेदसम्भवाच्च। तस्माद (न्याअ) णूकक्षेत्रादि द्वि प्रकारा इष्टकाः कर्तव्याः। दर्शिते च तासां करणे (पूर्वमेव)। आचार्येण तु करणे नोपदिष्टे। अन्त्या बाह्यविशेषा इत्यस्मिन् पक्षे अणूकानामनुपयोगात्। उक्तश्चोपधानप्रकारः। अणूकाभिर्विनैव तस्मिन् पक्षे प्रथम एव प्रस्तारे अणूकानामुपयोगः कर्तव्यः।।

कपर्दिभाष्यम्

कङ्कचिदलजचिदिति श्येनचिता व्याख्यातौ।।

कङ्कः पक्षिविशेषः अलजश्च। कङ्क इव चेतव्यः कङ्कचित्। अलज इव चेतव्योऽलजचित्। तौ श्येनचिता व्याख्यातौ–पूर्वेणैव श्येनेन व्याख्यातौ। मुख्यत्वाद्द्विशतप्रस्तारत्वाच्च तस्यैवाकृतिः तान्येव करणानि स एवोपधानमार्गः। सङ्कल्प एव भेदः श्येनोऽलजः कङ्क इति।।

एवमि व हि श्येनस्य वर्षीयांसौ पक्षौ पुच्छाद् वक्रौ संनतं पुच्छं दीर्घ आत्माऽमण्डलं शिरश्च। तस्माच्छ्रुतिसामर्थ्यात्।। २।।

हिशब्दः प्रसिद्धौ। श्येनोऽप्येवमेव। वर्षीयांसौ–वृहन्तौ। पक्षौ। कस्मात् पुच्छाद्दीर्घौ न केवलं वृहन्तौ किं तु तौ वक्रौ। सन्नतं सम्यङ्नतं आत्मसमीपेऽल्पीयः अग्रे श्येने पृथु उच्यते तत्सन्नतमिति। दीर्घ आत्मा नं समचतुरश्रः न मण्डलः नापि दीर्घचतुरश्रः। अमण्डलमिवादीर्घचतुरश्रभूतं शिरः। एवम्प्रकारो लोके श्येनः। एवमेव कङ्कालजो लोके। तस्मात्तदाकारावेव कङ्कालजौ तेनैव व्याख्यातौ। श्रुतिसामर्थ्यात्। सामर्थ्यमभिधानशक्तिः। एतावदेव श्रुत्याभिधीयते। अशक्यत्वात्सर्वसाम्या (संपा) पादनस्य। न ह्यशङ्कनीयमर्थं वेदो विदधाति।।

अशिरस्को वानाम्नानात्।। ३।।

वाशब्दः पक्षव्यावृत्तौ। अशिरस्क एव चेतव्यः। कुत इत्याह–आनाम्नानात्। न हि शिर आम्नायते। तस्य कथमनाम्नानमित्यत्राह–

ज्ञायते च।।

कङ्कचितं शीर्षण्वन्तं चिन्वीत यः कामयेत सशीर्षोऽमुष्मि लोके संभवेयमिति विद्यमाने कथं ब्रूयात्।।४।।

यदि शिरस आम्नानमस्ति शीर्षण्वन्तं चिन्वीतेति कथं ब्रूयादेवेत्यर्थः। यदि शिरस आम्नानं नास्ति तदा युज्यत एवैतद्विशेषणम्। इतरथा विशेषणमनर्थकमेव स्यात्। तस्मादशिरस्क एव चेतव्यः। यद्यशिरस्कः किमाकारस्स इत्याह–

प्राकृतौ वक्रौ पक्षौ संनतं पुच्छं विकारश्रवणात्।।५।।

प्रकृत्यां भवौ प्राकृतौ। तावेव पक्षौ वक्रीकर्तव्यौ। कुतः? विकारश्रवणात्। सन्नतं पुच्छं – पुच्छं च सन्नतं कर्तव्यम्। वक्त्रपक्षो व्यस्तपुच्छ इति विकारश्रूयते। पक्षपुच्छानां च वक्तता व्यस्तता च प्रकृतौ नास्ति। तस्माद्विकारत्वं पक्षपुच्छानाम्।।

यथाप्रकृत्यात्माविकारात्।।६।।

यथाप्रकृत्यात्मा। कुतः? अविकारात्। नहि तत्र विकारश्श्रूयते। तस्मात्प्रकृतिवदेवात्मा चतुःपुरुषस्समचतुरश्रश्च। अरत्निनाऽर्धप्रादेशेन वा पक्षौ विवर्धयेत्। द्विपुरुषां रज्जुमित्यादिश्येनवत्। ननु प्रकृतावरत्निना वर्धयेदित्युक्तम्। किमिदमुच्यते अरत्निनाऽर्धप्रादेशेन वेति? अरत्निनेत्यर्धविकारत्वप्रतिपादनपरं, न पक्षपुच्छानां तावन्मात्रमायाममापादयितुम्। आत्मनश्चतुर्थं चतुर्भागीयाश्चाष्टौ इत्युपधातव्यमिति। श्येनप्रतिपादितं न कर्तव्यम्। यथाप्रकृत्येवात्मा कर्तव्यः। किं च प्राकृतं पुच्छमिति वचनाच्च उपधानविधिश्च न घटते। श्येन इव चेतव्य इत्येवं क्रियमाणे प्रथमद्वितीयानामेव विकारो नेतरेषाम्। इतरथा चतुर्थादयोऽपि विकृता भवेयुः। तथाभूताश्च कर्तव्या भवेयुः। तस्माच्च[1] करणानुप्रवेशेन[2] चेतव्य इत्युक्तम्। श्येनवदेव पुच्छम्। करणान्युच्यन्ते– चतुर्थषष्ठाभ्यां यथायोगनतं तत्प्रथमम्। द्वे पूर्ववत्संहिते द्वितीयमित्यादि। अथोपधानविधिः अष्टाचत्वारिंशत्प्रथमा उदीचीः पक्षयोः। श्येनवत्पुच्छम्। आत्मनःश्रोण्योस्तिस्रस्तिस्रः पञ्चम्य उदीच्यः। ततस्सप्तसु रीतिषु षट्पञ्चाशच्चतुर्थ्यः दक्षिणायता उदगायताश्च। तासां पुरस्तादष्टौ पञ्चम्यः उदगायताः। श्रोण्योश्चतस्रः पञ्चम्य अक्ष्णया भिन्द्यात्। अष्टौ षष्ठ्यसम्पद्यन्ते। एष द्विशतः प्रस्तारः। अपरस्मिन् प्रस्तारे चतस्रश्चतस्रो द्वितीया निर्णामयोरप्यययोश्च विशयास्तृतीयाः। चतस्रश्चतस्रः पूर्ववदष्टभागावेताः। पक्षेष्टकाभिः पक्षौ[3] प्रच्छादयेत्। तद्द्वासप्ततिः पुच्छे श्येनवत्। सप्ताष्टमाभिःश्रोण्यंसेषु द्वे द्वे पञ्चम्यौ

1. तस्यश्च-B।
2. कारणानुप्रवेशेन-A।
3. काभिः प्रतीचाभि प-B।

प्राचीः प्रतीचीश्च। प्राच्यः[1] सप्त रीतयः। चतुर्भिस्तृतीयापञ्चम्यो रीत्योर्मध्ये त्रिंशत् षष्ठ्यः एका च पञ्चमी। एकत्र षोडशापरत्र चतुर्दश। एवं द्विशतः प्रस्तारः। अथवा स एवानुपुच्छमर्धपुरुषव्यासं सप्रादेशं पुरुषं प्रतीचीनमायच्छेत्। तस्य दक्षिणतोऽन्यमित्यादिना श्येनवत्पुच्छं कुर्यात्। पक्षौ प्राकृतौ द्विपुरुषायामौ। करणानि वक्ष्यामः–द्वादशाङ्गुला यथा भवति तया तिर्यक् चतुर्थषष्ठाभ्यां नमयेत्। प्रथमं ते एव संहिते यथा तिष्ठतः तथा कारयेत्। द्वितीयं तृतीयमपि यत् षड्भागेनाष्टगभागेन वा वर्धयेदिति त एव वा पुच्छे चतुर्थं त्रयस्त्रिंशदङ्गुलविस्तारं पञ्चचत्वारिंशदङ्गुलायामं चतुर्दशतिलैरूनं सविशेषं पञ्चमं अर्धसप्ताङ्गुलव्यासं षट्पार्श्वं त्रयास्त्रिंशत्कर्ण षट्त्रिंशदङ्गुलमष्टभिस्तिलैस्सह सप्तमाष्टमयोः पार्श्व एकोनत्रिंशदायामं तु षट्त्रिंशदङ्गुलं चतुर्दशतिलैस्सह पुच्छाप्यये विशययोः अष्टादशाङ्गुलं पुच्छे पञ्चदशाङ्गुलमेव। आत्मानि चतुर्थादयो वैकृताः। पुच्छे तु प्राकृता एव। आत्मन्युपधानविधिस्स एव। तत्र श्लोकाः–

अर्धं त्रयोदशं व्यासमशिरस्के हवि[2]र्भुजि।
तथा चतुर्थषष्ठाभ्यां नमयेत्प्रथमं तु तत्।।
ते द्वे तु संहिते प्राची द्वितीयं करणं भवेत्।
तृतीयमपि षड्भागमष्टभागेन वर्धितम्।।
पक्षेष्टकाश्चतुर्थास्स्युः पुच्छं पुच्छवदुच्यते।
षट्पञ्चाशच्चतुर्थ्यस्स्युस्तिर्यग्दक्षोद [3]गायताः।।
अष्टौ पुरस्तात्तिर्यक्च श्रोण्योः षट्पञ्चमीः क्षिपेत्।
श्रोण्याश्चतस्रः पञ्चम्यो भेदवद्द्विशतस्तथा[4]।।
श्येनवत्पक्षपुच्छेषु निधायात्मन्यपि क्षिपेत्।
प्राच्यां चैव प्रतीच्यां च त्रिंशदेका च पञ्चमी।।
तासामेवोत्तरे पार्श्वे चतुर्थ्यः षोडशद्वयम्।
प्राच्यश्चैव प्रतीच्यश्च तथा षोडश दक्षिणे।।
प्राचीश्चैव प्रतीचीश्च शिष्टे पञ्चमीं क्षिपेत्।
करणस्य विपर्यासं चतुर्थस्यैव नेष्यते।।
सप्रादेशेऽपि वा पुच्छे विस्तारो द्वादशं भवेत्।
तथा चतुर्थषष्ठाभ्यां नमयेत्प्रथमं तु तत्।।

1. प्राच्याः-B।
2. व्यासं शिरस्को वा हवि-B।
3. र्यगष्येदगा-B।
4. स्तरे-A।

ते द्वे तु संहिते प्राची द्वितीयं करणं हि तत्।
तृतीयमपि षड्भागमष्टभागेन वर्धितम्।।
द्वाविंशतिर्द्विगुणितं तिलानां चापि विंशतिः।
सविशेषश्चतुर्थस्य तिर्यक्सत्यधिकं[1] भवेत्।।
पञ्चमं प्राकृतं विद्यात् षष्ठस्य विकृतास्त्रयः।
षष्ठस्य पार्श्वं त्र्यधिकं कर्णः षट्त्रिंशदष्टभिः।।
सप्तमाष्टमयोः पार्श्वमूनत्रिंशमिहेष्यते।
आयामश्चापि षट्त्रिंशच्चतुर्दशतिलैस्सह।।
चतुर्थाद्यास्तु विकृताः पुच्छे चैवा[2] त्मनि क्षिपेत्।
अष्टादशाङ्गुलं पुच्छे शययोरन्यदात्मनि।।

करविन्दीया व्याख्या

कङ्क – तौ

कङ्कालजौ पक्षिविशेषौ। कङ्कवच्चीयते अलजवच्चीयत् इति कङ्कचिदलजचितौ श्येनचिता व्याख्यातौ। तयोर्विमानेष्टकाकरणोपधानानि श्येनस्येव कार्याणीत्यर्थः। मुख्यत्वात् पूर्वश्येनेनेति केचित्। आनन्तर्याद्द्वितीयश्येनेनेत्यन्ये। अविशेषादुभाभ्यामित्यपरे। उक्तं श्येनस्वरूपमनुभाषते अत्रैव शिरसो भावप्रतिपादनार्थम्।

एव–र्थ्यात्

एवमिवहीति गतम्। श्येनस्य वर्षीयांसौ दीर्घतरौ पुच्छाद्वक्रौ पक्षौ सन्नतं पुच्छं आत्मसमीपे ह्रसीय अग्रे व्यस्तं दीर्घ आत्मा न समचतुरश्रः अमण्डलः न मण्डलाकारः–ईषन्मण्डलः। न वा शिरश्च विद्यते। तच्चापि न मण्डलं नापि समचतुरश्रम्। एवमिव श्येनो लोके दृश्यते। एतावदेव श्येनसादृश्यमग्नेः। कुतः? श्रुतिसामर्थ्यात्–सामर्थ्यमभिधानशक्तिः। एतावदेव श्येनश्रुत्या विधीयते। यदेतद्वक्रपक्षता व्यस्तपुच्छता दीर्घात्मतामण्डलता सशिरस्कता च। तस्मात् कङ्कालजावपि तदाकारौ चेतव्यावित्यर्थः।

अशिर–नात्

अशिरस्को वा श्येनः अनाम्नानात्। नहि पक्षपुच्छात्मगतवक्रतादिवच्छिरस आम्नानमस्ति। श्येनविधानसामर्थ्याच्छिरसो विधानमस्तीति गम्यत इति केचित्। वयसां वा एष प्रतिमया चीयत इति प्रकृतावपि पक्षादिवत् शिरोविधानं प्रसज्येत्। नैष दोषः।

1. तियक्तु त्रिभिः कम्पयेत्–B।
2. नैवा–B।

तत्र हि पक्षपुच्छविधानं परिसंख्यानार्थम्। तर्ह्यत्रापि तच्चोदकागतमेवेति तस्मात् सशिरस्कश्श्येनः। किञ्च विज्ञायते च कङ्कचितं शीर्षण्वन्तं चिन्वीतेति। यदि चोदकप्राप्त्या कङ्के शिरो विद्यते तत्कथं ब्रूयात् ब्राह्मणं कङ्कचितं शीर्षण्वन्तं चिन्वीतेति न ब्रूयादेवेत्यर्थः। तस्मादशिरस्कः श्येनः। कङ्के शिरोविधानात्। तथा ते वयोमात्रसादृश्ये प्रकृते प्राप्ते श्येनप्राप्तिविधानसामर्थ्यादेव श्येने शिरोऽप्यस्तीति गम्यते। 'त्रिवृत्ते अग्ने शिरः' इत्यादिना शिरस्युपधानदर्शनाच्च। अतस्तयोर्विकल्प इति मन्वानः वाशब्दं ब्रूते। तत्र कङ्कश्श्येनोऽलज इति सङ्कल्पमात्रभेदः नाकारे। दाक्षायणयज्ञादिवत् अशिरस्कःश्येन इत्युच्यते।।

प्राकृ–रात्

प्रकृतिवदेव पक्षौ वक्रौ पुच्छात् सन्नतं वक्रपक्षो व्यस्तपुच्छ इति विकारश्रवणात्। आत्मा तु यथा प्रकृत्या। यद्वा यथाप्रकृतिरविकृतः समचतुरश्रः चतुष्पुरुष इत्यर्थः। अविकारात्–न हि विकारः श्रूयते। पक्षपुच्छेषु विकारग्रहणं नात्मनि। तस्मात् प्राकृत एवात्मा। अरत्निनार्धप्रादेशेन च एकैकं पक्षं प्रवर्धयेत्। यद्यपि प्राकृतौ पक्षावित्युक्तं तथापि पुच्छस्याप्राकृतत्वश्रवणादुक्तप्रकारा पुरुषमात्रता गम्यते। तस्मात्पुच्छे प्रादेशमुपधाय पक्षयोर्विभजेदिति केचिन्मन्यन्ते। केचित्पक्षयोः प्रकृतित्वविधानादात्मनोऽविकारत्वाच्च पुच्छं सप्रादेशं मन्यन्ते। उभयस्मिन् पक्षेऽप्युक्तप्रकारेणाभ्युन्नेया इत्याचार्यो मन्यते। अत्र पुच्छस्याप्रकृतित्वपक्षे प्रथमद्वितीयकरणानां विकारः[1]। इतरथा तेषामपि करणान्युच्यन्ते। चतुर्थषष्ठाभ्यां प्रथमं करणं यथार्धत्रयोदशव्यासं भवति तथा प्रजम्भयेत्। ते द्वे प्राची संहिते। तद्द्वितीयं प्रथमस्य षड्भागमङ्गुलं[2] तृतीयम्। उपधानमुच्यते–दक्षिणे पक्षे अष्टाचत्वारिंशत्प्रथमा उदीचीस्तथोत्तरे दक्षिणाः। पुच्छेऽशिरस्कपक्षोक्तमेव। त्रिंशदात्मनि। श्रोण्योस्तिस्रास्तिस्रः पञ्चम्य उदगायताः दक्षिणायताश्च। तासां पुरस्ताचतु(र्था)र्थीनामर्धेष्टकाः सप्त रीतयः। ताः षट्पञ्चाशत्। तासां पुरस्तादष्टौ पञ्चम्यः। श्रोण्यंसेषु चतस्रः। पञ्चमीरक्ष्णयाभिन्द्यात्। द्विशत एष प्रस्तारः। द्वितीयप्रस्तारे चतस्रश्चतस्रो द्वितीयाश्चतस्रश्चतस्र आत्मानमष्टभागावेताः। पक्षेष्टकाभिः प्राचीभिः पक्षौ प्रच्छादयेत्। एकैकस्मिन् पक्षे षट्त्रिंशत्। पुच्छे तु पूर्ववद्द्वादश सप्तम्यस्त्रयोदशाष्टम्यश्च। श्रोण्यंसेषु द्वे द्वे पञ्चम्यौ प्राच्यौ। आत्मशेषे चतुर्थीना[3] मष्टेष्टकाः प्राच्यस्सप्त रीतयः। तृतीयपञ्चमरीत्योर्मध्ये चतस्रश्चतुर्थीरुद्धृत्य त्रिंशतं षष्टिमेकां पञ्चमीमुपदध्यात्। तासामेकत्र

---

1. विकल्पः।
2. षड्भागमिति।
3. चतुर्दशाना।

षोडश षष्टिरिति। तत्र चतुर्दश एकत्र[1] पञ्चमी। एष द्विशतः प्रस्तारः। सप्तादेशपक्षे पुच्छे पुरुषव्यासं प्रादेशपुरुषं प्रतीचीनमायच्छेत्। तस्य दक्षिणतोऽन्यमुत्तरतश्चेत्यादिना पुच्छं कुर्यात्। पक्षौ प्रकृतावेव। करणविशेषो यथा तिर्यगृजुत्वेन द्वादशाङ्गुलं भवति तथा प्रथमं करणं प्रजम्भयेत्। ते द्वे प्राचीत्यादिना द्वितीयम्। तृतीयस्यापि षड्भागमष्टभागेन वर्धितम्। चतुर्थादीनि द्विविधानि– पुच्छचतुर्थे त्रयस्त्रिंशदङ्गुलविस्तारं। तस्य सविशेषः चतुश्चत्वारिंशदङ्गुलयः विंशति तिलाधिकाः। पञ्चममर्धसप्तदशाङ्गुलव्यासम्। षष्ठस्य पार्श्वं त्रयस्त्रिंशदङ्गुलकम्। ताष्टट्त्रिंशदङ्गुलयः। साष्टमयोस्स एव व्यासः। पार्श्वमान्यावक्ष्णयावस्थिते एकोनत्रिंशदङ्गुले। आयामःषट्त्रिंशदङ्गुलयः चतुर्दश तिलाश्च। पुच्छाप्ययविशययोरष्टादशाङ्गुलम्। पुच्छे पञ्चदशाङ्गुलमात्मतिलचतुर्थ्यादयो विकृताः पुच्छ उपधेयाः। प्राकृत एवात्मनि उपधानविधिः। स एष द्वितीयश्येनः। विकृते तत्रोक्तकरणान्येवमुन्नीय कृत्वा चेतव्यम्।।

सुन्दरराजीया व्याख्या

व्यत्या–चिकीर्षेत्

कङ्क–ख्यातौ

'कङ्कचितं शीर्षण्वन्तं चिन्वीत यः कामयेत शीर्षण्वानमुष्मिन् लोके स्यामिति'। अलजचितं चिन्वीत चतुस्सीतं प्रतिष्ठाकाम' इति श्रुतावग्नी श्येनचिता पूर्वेणोत्तरेण वा व्याख्यातौ। अथोक्तस्यैव श्येनचितः प्रकारान्तरं विधित्सन् उक्तौ तावत्प्रकारौ युक्ततराविति दर्शयितुमाह–

एवमिव–मर्थ्यात्

यथाऽस्माभिरुक्तं एवमिव हि पततः श्येनस्य पक्षौ पुच्छाद्द्राघीयांसौ वक्रौ च मध्यतः पुच्छं च सन्नतमप्ययप्रदेशे आत्मा च आमण्डलः ईषन्मण्डलरूपः शिरश्चैवं भवति। तस्मात्–तच्छब्दश्रुतेः यच्छब्दाध्याहारः कार्यः। यस्मादर्थे वा हिशब्दः। यस्मादेवंरूपः श्येनस्य पक्षपुच्छादिः प्रत्यक्षेण दृश्यते तत्मात् श्येनचितं चिन्वीतेति श्रुतिसामर्थ्यादेवं रूपपक्षपुच्छात्मशिरस्कः श्येनचिदित्युक्त इत्यर्थः।।

अशि–म्नानात्

अशिरस्को वा श्येनचिद्भवितुमर्हति। अनाम्नानात् न(हि)च श्येनचित्प्रकरणे शिर आम्नायते। आत्मनोऽप्यविकारस्यैतदुपलक्षणम्। अशिरस्क (त्वे) कल्पे प्रमाणान्तरमस्तीत्याह–

---

1. षष्टिः। एकत्र चतुर्दश चतुर्दश; एतौ–3613

विज्ञा–ब्रूयात्

[1]यदि श्येनाकृतिविधानमात्रेणैव सशिरस्कत्वं [2]भवेत्। तर्हि कङ्कचितोऽपि भवेदेव। तथा च तत्र शीर्षण्वन्तमिति विशेषो न वक्तव्यस्यादित्यर्थः।।

यद्यशिरस्कस्तर्ह्यस्य किं रूपमित्याह–

प्राकृतौ–श्रवणात्

प्राकृतावेव पक्षौ पुच्छौ षडरत्निं पञ्चारत्निं वा। तौ द्विपुरुषां रज्जुमुभयतः पाशामित्युक्तप्रकारेण वक्रीकर्तव्यौ। केचित्तु पूर्वोक्तायाम (भावात्) मार्गात् षष्टिशताङ्गुलया रज्ज्वा संनमन (मपी)मिच्छन्ति। पुच्छं च प्राकृतमेव सन्नतं अर्धपुरुषव्यासम्। पुरुषं प्रादेशाधिकं प्रतीचीनमायच्छेत्। तस्य दक्षिणतोऽन्यमित्यादि पूर्ववत्। प्रादेशप्रवृद्ध्यभावे पूर्ववदेव। विकारश्रवणादिति–वक्रपक्षो व्यस्तपुच्छो भवतीति वचनादित्यर्थः।

यथा +कारात्

चतुः पुरुषः समचतुरश्र एव श्येनचित्यात्मा विकारस्याश्रवणात्

कपर्दिभाष्यम्

अथो[3] एतच्छ्येनचितं चिन्वीतेति।। ५।।

यावदाम्ना (त)नसारूप्यं तद्व्याख्यातम्।।

तत्र[4] यावदाम्नानमेव सारूप्यं ग्राह्यम्। जातिवाचकानां शब्दानां किमपि सामान्यमेव प्रवृत्तिनिमित्तं दृश्यते। यथा गौर्वाहीक इति। एवमत्रापि यावदाम्नानमेव सारूप्यं गृहीत्वा श्येनशब्दो वर्तते। तत्तु सारूप्यं व्याख्यातं वक्रपक्ष इत्यादिना।।

त्रिस्तावोऽग्निर्भवतीत्यश्वमेधे विज्ञायते।। ६।।

तत्र सर्वाभ्यासोऽविशेषात्।। ७।।

तत्र नारत्निप्रादेशस्य सप्तविधस्याभ्यासः। कुतः? अविशेषात्; न हि कश्चिद्विशेषोऽत्राम्नायते। तस्मात्सर्वस्यावृत्तिः।

---

1. यद्यैतत् श्येनचितं चिन्वीतेति। पा।
2. सम्भवेत्।
3. यदो-A; यथो-B।
4. यत्र-B।

दीर्घचतुरश्राणां समासेन पक्षपुच्छानां समास उक्तः।।

दीर्घचतुरश्राणां पक्षपुच्छानां समासविधिरुक्तः। 'यदन्यत्सप्तभ्य' इत्यादिना विधासप्तमकरणीमित्यादिना च वा। वेणुत्रिकरण्या वा विहरेदित्यर्थः।।

एकविंशोऽग्निर्भवतीत्यश्वमेधे विज्ञायते।। ९।।

गतमेतत्

तत्र पुरुषाभ्यासो नारत्निप्रादेशानां संख्यासंयोगात् संख्यासंयोगात्।। १०।।

समाप्तश्शुल्बप्रश्नः

तत्र पुरुषाभ्यासः नारत्निप्रादेशानां। कुतः? सङ्ख्यासंयोगात्–एकविंश इति। न सप्तविध इत्यत्रापि संख्या विधीयते। वाक्यान्तरेण तत्र अरत्निप्रादेशा निविशन्ते। न तत्र सप्तसंख्यायां निविशन्ते। तस्मात्संख्यासंयोगात् पुरुषाभ्यास एव नारत्निप्रादेशानाम्। तत्र श्लोको भवति–

त्रिविधेन नरं प्रोक्तं त्रिस्तावति विभाव (सो):सौ।

एक (विंशे) विधे ततौ न्यूनं तिलानां चैव सप्त (भि):तिः।।

द्विरुक्तिर्मङ्गलार्था।

इत्यापस्तम्बसूत्रविवरणे कपर्दिस्वामिभाष्ये।

शुल्बाख्यप्रश्ने षष्ठः पटलः

करविन्दीया व्याख्या

अ(य)थो–ख्यातम्

श्येनचितमिति विहितं यत्प्रकारं यावच्चास्याम्नानसारूप्यं मानविहितं श्येनसारूप्यं तत्सर्वं व्याख्यातम्। तत्र वक्रपक्षादिगुणैराम्नातेन यच्छ्येनस्य सारूप्यमुक्तं; श्येनाग्नेरर्ध–दशमा अरत्नय इत्यादिना चयनप्रकार उक्तः तेन उक्तौ कङ्कालजौ स्यातामित्यर्थः।।

त्रिस्ता–षात्

आश्वमेधिकाग्नेस्त्रिस्तावविधौ सारत्निप्रादेशाभ्यासः न पुरुषमात्रस्य; विशेषाभावात् अविशेषेण प्राकृताग्नित्रैगुण्यविधानादित्यर्थः।।

दीर्घ–क्तः

दीर्घचतुरश्राणां समास इत्युक्तम्। एवं द्वे दीर्घचतुरश्रे समस्येते; तन्निमित्तो निर्ह्रासो

विवृद्धिर्वेति। यावदिच्छन् दीर्घचतुरश्राणि समस्येदिति। तेन त्रिस्तावेऽग्नौ प्रथमविहरणेन समास उक्तः।।

एक–गात्

अश्वमेधे एकविंशाग्निश्रुतौ पुरुषाणामेवाभ्यासः नारत्निप्रादेशानाम्। 'सप्तविधो वाव प्राकृतोऽग्निरिति' सप्तसंख्या पृथक्संनिवेशनी। समानजातीयेषु पुरुषेष्वेव संयुक्तः नारत्न्यादिषु। अरत्निप्रादेशास्त्वरत्निना दक्षिणत इति वाक्येन स्वरूपमात्रेण विहिता नार्धसंख्यया। अतः प्रकृतौ पुरुषाणामेव संख्या संयोगादश्वमेधेऽप्येकविंशाग्नौ पुरुषाणामेव संख्यासंयोगो युक्त इति अरत्निप्रादेशास्त्वनभ्यस्ता भवेयुः। पुरुषाभ्यासादनन्तरमरत्निना दक्षिणत इति कुर्यादित्यर्थः। एतदुक्तं भवति–त्रिस्तावे एकविंशप्रस्तारद्वयविधेस्त्रिस्ताव एकविंश एवाग्निः ब्राह्मणदर्शनात्। द्वादश दश वा स्यात्। द्विरुक्तिः प्रश्नपरिसमाप्तिद्योतनार्था।।

इति श्रीकरविन्दस्वामिकृतायां शुल्बप्रदीपिकायां
षष्ठः पटलः

सुन्दरराजीया व्याख्या

ननु सिरसोऽभावे श्येनाकृतेरपूर्वत्वात् श्येनचितं चिन्वीतेति विधिवाक्येनैव विरोधप्रसङ्गः; तत्राह–

अ (यथो)–ख्यातम्

यदेतच्छ्येनचितं चिन्वीतेति यत्तेन यावदाम्नातम् वक्रपक्षो व्यस्तपुच्छः इति विहितसारूप्यमुक्तं अन्यथा पक्षपुच्छविकारविधेरानर्थक्यप्रसङ्गादिति भावः। अस्मिन् पक्षे इष्टकानां करणानि द्विपूरुषया रज्ज्वा पक्षसंनमने पुरुषस्य चतुर्थायामं पञ्चमव्यासं यथायोगनतं तत् प्रथमं; तस्यैककर्णोऽष्टादशाङ्गुलः सपादैकपञ्चदशाङ्गुलोऽन्यः। द्वे द्वे पूर्ववत्संहिते तत् द्वितीयम्। प्रथम पञ्चमे करणे संहिते तृतीयम्; चतुर्थपञ्चमषष्ठानि पूर्वश्येनचिद्वदेव। पुच्छे याः षष्ठीचतुर्थ्यः उपधेयास्तासामन्ये करणे। तत्र चतुर्थ्यां पार्श्वे पूर्ववदेव एका तिर्यङ्मानी त्रयस्त्रिंशदङ्गुला अन्या सार्धचतुश्चत्वारिंशदङ्गुला षष्ठ्यास्तु पञ्चदशमेकं फलकं। त्रयस्त्रिंशदङ्गुलं द्वितीयं षट्त्रिंशकं साष्टतिलं तृतीयम्। सप्तमस्य तिर्यङ्मान्यावरत्निमात्रौ। पार्श्वेन (नव) विंशत्यङ्गुले। कर्णश्चैकः। (अन्यः) कर्णः पञ्चचत्वारिंशदङ्गुलः एकादशतिलोनः। अष्टमस्य नवविंशके पार्श्वे। द्वादशिकाषट्त्रिंशिके तिरश्च्यौ शिरसोऽभावान्नवमं करणं न भवति। अरत्निप्रादेशाभावे पुच्छेष्टकाः पूर्वश्येनवदेव) पक्षस्थानाञ्च तदनुगुणं नमनम्। उपधाने च पक्षयोः प्रथमा अशीतिरुदीच्यः पुच्छं पूर्वश्येनवदेव। पुच्छाप्ययस्थचतुर्थ्योरष्टादशाङ्गुलम्। पुच्छे पूर्वश्येनवदेव। पुच्छे

पञ्चदशाङ्गुलमात्मनि। आत्मन्युदीच्यो नव रीतयः। उदीचीभिरिष्टकाभिः। तासां मध्यमाः सप्त। अष्टाभिः चतुर्थीभिः चतुर्थरीत्यां दक्षिणरीतौ ततः षष्ठ्यश्चतस्रः द्वे चतुर्थ्यौ। एवमेव षष्ठी रीतिः। श्रोण्यंसेषु चतस्रश्चतस्रः षष्ठ्यः। शेषे षट् पञ्चम्यः। एष द्विशतः प्रस्तारः। तत्राशिरस्कस्य श्येनचितः पक्षयोः प्रथमेष्टका उदीच्यो रीतयः। त्रिंशत्त्रिंशत्। पुच्छे तु पूर्ववत्। आत्मन्युदीच्यो रीत्यो नव स्युः। तत्राद्यरीतिगा आद्यास्वतस्रः षष्ठ्यः स्युरेव। एवमन्त्या अपीष्टकाः। दक्षिणोत्तरत एकैका पञ्चमीष्टका। पुच्छाप्ययस्थे तन्मध्ये उक्ते। एवं दशेष्टकाः अन्त्या अपि रीतय एवं स्युः। पञ्चम्यः मध्यतोऽधिके। तुर्ययिरीत्यां चतुर्थ्यौ। द्वे चतस्रः षष्ठिकाः। ततश्चतुर्थ्यौ पूर्ववत् षष्ठयः। चतुर्थ्यौ द्वे दोष्टकाः? एवं शेषमग्निं चतुर्थीभिः पूरयेत्। एवं नवतिरात्मस्थाः प्रस्तारे द्विशतेष्टकाः। अपरस्मिंश्चतस्रश्चतस्रः निर्नामयोर्द्वितीयाः। अप्यययोश्च तृतीयाः। पक्षयोः शेषे षट्पञ्चाशत् प्रथमाः प्राच्यः पुच्छे पूर्ववत्। सप्तम्योऽष्टम्यश्च आत्मनि नव रीत्यः। प्राच्यः प्राचीभिरिष्टकाभिः। तत्र पक्षाप्ययस्थानां पश्चात्पुरस्ताच्च पञ्चपञ्चम्यः षट्च षष्ठ्यः। ता दक्षिणोत्तररीतिमध्ये (सप्तरीत्यः पूर्वप्रस्तारवत्। द्वितीयषष्ठ्यो (द्वितीयाष्टम्यो) रीत्योर्मध्ये षोडशषोडश षष्ठयः। (ता दक्षिणोत्तरे) रीतिमध्ये पूर्वप्रस्तारवत्। द्वितीयाष्टम्यो रीत्योर्मध्येषोडशषोडश षष्ठ्यः। एवं द्विशतः प्रस्तारः। तत्रापरस्मिन् प्रस्तारे पक्षे द्वितीयाः। पक्षमध्यतः द्वितीयाः। अप्यये शेषे प्रथमाः। एवमुत्तरपक्षे प्राच्यः। इमाः सर्वा द्विसप्ततिः। अथात्मनि प्राच्यो नव रीत्यस्युः। आद्यायां पञ्चमीद्वितीयम्।।

आदित्यपक्षाप्ययगा द्वे षष्ठ्यौ पञ्चमी तथा।
पञ्चम्येकान्त्यरीत्यातो द्वे षष्ठयावप्ययः पुरः।।
षष्ठ्यावेका पञ्चमी स्याद्द्वितीयस्यामथावळौ
मध्ये षोडश षष्ठ्यः स्युरेवमष्टमरीतिगाः।।
चतुर्थषष्ठरीत्यौ तु प्रथमोत्तरवत्तथा।
आत्मशेषं चतुर्थीभिः .... पुच्छगोचराः।।
सप्तम्यो द्वादशाष्टम्यस्त्रयोदश च पूर्ववत्।
एवं द्वितीयप्रस्तारो द्वितीयेऽष्टक इष्यते।।

केचित्तु यथा प्रकृत्येति वचनादिष्टका अपि। (आत्मनि प्रकृतिवदेवेत्याहुः। तथा प्रथमकरणस्य पार्श्वे चत्वारिंशदङ्गुले। अरत्नी एव (तिरश्च्यौ) तिर्यङ्मान्यौ (एकः कर्णः पञ्चविंशतिकसप्तदशतिलः। अन्यस्तिलत्रयोनैकषष्ठयङ्गुल)। द्वे सहिते द्वितीयं (करण्या अरत्नि) प्रथमस्यारत्निप्रादेशेन यथायोगनतेन वर्धयेत्। तृतीयं [1]पुच्छान्नवमचतुर्थषष्ठसप्तमाष्टमानि पूर्ववत्प्रकृतिवदात्मन इष्टकाः पञ्चमभागीयाः। तत्र

1. पुच्छार्धानि चतुर्थषष्ठासप्तमानि। पा।

प्रादेशाः षडङ्गुलव्यासाः कार्याः। आत्मानि दक्षिणत उत्तरश्च दशा (ध्यर्धाः) ध्र्या उदगायताः। आत्मशेषे पञ्चम्य उदीच्यो दश रीतयः। मध्ये द्वे उद्धृत्याष्टादशाङ्गुले पुच्छाप्यये द्वे चतुर्थ्यौ आत्मानमरत्निना वेति द्वे अभितश्चतस्त्रः षडङ्गुलव्यासाः। पुच्छा प्ययस्थयोः पश्चात्पञ्चाध्र्याः प्राच्यः। पुच्छ (विशेषाः) शेषं पूर्ववत्। पक्षयोस्त्रिंशत्त्रिंशत् प्रथमा उदीच्यः। एष द्विशतः प्रस्तारः। अपरस्मिंस्तु तिस्त्रस्तिस्त्रो निर्णामयोः। द्वितीयाः पक्षशेषे द्विचत्वारिंशत्प्रथमाः प्राच्यः। पुच्छपूर्ववत्)। आत्मन्युदीच्यो नव रीतयः। [1]ता आ (तासामा) द्यन्ताः (रीतिः प्राचीभिरर्ध्याभिः। अन्त्याः पञ्चमीभिः मध्यमरीतीनां पञ्चानामाद्याः अन्याश्चार्ध्याः) श्चताः प्राच्यः द्वितीयस्य आद्यामुद्धृत्य तत्राष्टौ षडङ्गुलव्यासाः उपदध्यात् तत्र पश्चात्पुरस्ताच्च द्वे द्वे उदगायते। मध्ये चतस्त्रः प्रागायताः। अष्टमरीत्या आद्यन्ते(न्त्ये) द्वितीयामन्त्यां चोद्धृत्य नवनवाष्टाङ्गुलयः द्विशतः प्रस्तारः। यदा तु समचतुरश्राभिरुपधीयन्ते तदाऽप्येवमेव पक्षौ। पुच्छं तु पूर्ववदेव। पक्षाप्यये द्वे अणूके आत्मानं प्रादेशेन प्राप्तेऽभितो द्वे द्वे षडङ्गुले एताः षड्दशभिः प्रादेशैः परिगृह्णीयात्। आत्मशेषे अरत्नयः। द्विशतः प्रस्तारः। अपरस्मिंस्तु सन्ध्यन्तराले पञ्चचत्वारिंशदरत्नयः। श्रोण्यंसेषु द्वादशद्वादश(अणूकाःपादाः) पाद्ये शेषे विंशतिरणूकाः। आत्म(मध्य) गतमुद्धृत्य नवाष्टाङ्गुलाः। (द्विशतः प्रस्तारः) यदा तु षष्ठशताङ्गुलया रज्ज्वा पक्षयोर्नमनं तदा पुरुषस्य पञ्चमायामं षष्ठव्यासमेकं वा प्रथमं करणम्। यथायोगनतं तत्कर्णस्त्रयोविंशत्यङ्गुलःसैकविंशतितिलः। अन्यः सप्तत्रिंशः सैकादशतिलः। विंशत्यङ्गुलायामं त्रयोदशतिलयुक्तं चतुर्दशाङ्गुलव्यासं प्राञ्चं चतुरश्रं भूमौ लिखित्वा षोडशाङ्गुलया रज्ज्वोभयतः पाशया तं पक्षवत्संनमयेत्। तद्द्व (तृतीयं) देवप्रथमस्य षड्भागमष्टभागेन वर्धयेत्। यथायोगनतेन त (तत्र) तृतीयं। अन्यानि पूर्ववत्। उपधाने प्रथमे प्रस्तारे निर्नामयोः षट् षट् द्वितीयाः। पक्षशेषे प्रथमा द्वासप्ततिरुदीच्यः। पुच्छमात्मा च पूर्ववत्। श्रोण्यंसेषु द्वे द्वे षष्ठ्यौ। द्विशतः प्रस्तारः। अपस्मिंस्तु पक्षयोः सप्ततिः प्रथमाः। प्राच्यः पञ्चपञ्चाप्यययोः। तृतीयाः पुच्छात्मनोः पूर्ववत्। आत्मनि तु षोडश षष्ठीरुद्धृत्याष्टौ पञ्चमीः क्षिपेत्। द्विशतः प्रस्तारः। आत्मनः प्रकृतिवदिष्टका इति पक्षेऽपि तदनुगुणा इष्टका द्रष्टव्या।।

त्रि–यते

'द्विस्तावात्रिस्तावा वेदिः' इत्यत्र लिङ्गस्याविवक्षितत्वाद ग्नेश्च वेदेश्च विवक्षि (विहि) तत्वात्समासान्तः। प्राकृतस्यैवाग्नेः सप्तविधस्यैवात्र त्रिगुणत्वम्। न त्वनन्तर (गुणस्य) कृतस्याभ्यासस्य सर्वाभ्यासो विशेषोऽतस्सर्वस्य सारत्निप्रादेशस्यैवाभ्यासः; त्रिस्तावस्य विधौ विधाभ्यासवत् पुरुषाणामिति विशेषाश्रवणात्। एवमर्धत्रयोविंशाः

1. मध्यरीतिस्ता आद्यन्ताः।

पुरुषा अग्निर्भवति। पुरुषस्य त्रिकरणो वेणुस्सपञ्चतिलोनाष्टादशतद्वयाङ्गुलयः पुरुषस्थानीयाः।।

दीर्घचतु–उक्तः

तुल्ययोश्चतुरश्रयोरित्यत्रैव प्रकार उक्तः। तिर्यङ्मानीपार्श्वमान्योश्च त्रिकरणीपार्श्वमानी च।।

एकविं–यते

शाखान्तरे 'एकविंशतिः पुरुषः परिमाण' इत्येकविंशः सतोमोऽर्धविधं पञ्चाशदध्यर्धाः इत्यत्रोपधेयः। प्रायिकत्वादस्तोमेऽपि।।

तत्र +संयोगात्

संख्या हि तुल्यजातीयस्य संख्यान्तरस्यैव निवर्तिका; यथा विधाभ्यासेष्विति भावः। अस्मिन् पक्षे अर्धद्वाविंशाः पुरुषास्तत्र द्वे शते तिस्रश्चाङ्गुलयः षट्तिलाः पुरुषस्थानीयो वेणुः। तस्य चतुर्थपञ्चमषष्ठदशमा अणूकारत्यूर्वस्थिप्रादेशा अवगन्तव्याः। अरत्निप्रादेशाभावेऽपि पक्षद्वयेऽप्येकविंशतिरेव पुरुषाः। श्रीमद्रामायणे त्वष्टादशपुरुषत्वमस्वमेधाग्नेर्दृश्यते–

स चित्यो राजसिंहस्य सञ्चितः कुशलैर्द्विजैः।
गारुडो रुक्मपक्षो वै त्रिगुणोऽष्टादशात्मकः।।

इति। स तु शाखान्तरे (ण) षड्विधस्यापि कृतित्वदर्शनात्। त्रिस्तावोऽवगन्तव्यः। उक्तं हि षड्विधस्यापि प्रकृतित्वं बोधायनेन–'षड्विधं सप्तविधं द्वादशविधं वा यावद्विधं वा चेष्यमाणो भवति' इति। अत्र त्रयोदशविधान्तानग्नीन् चित्वाश्वमेधमारभते। स ततः परमग्निं चिन्वानो द्वाविंशत्यादिविधमेव चिन्वीत। न तु पूर्वविधम्। न ज्यायासं चित्वा कनीयासं चिन्वीत' इति। अथ यो द्वाविंशतिविधादूर्ध्वमपि विधामभ्यस्य ततः परमश्वमेधमारभते यथा त्रिंशद्विधान्ते; तस्याप्यश्वमेधाग्निस्त्रिस्तावक एकविंशो वा तस्य प्रकारान्तराभावात्। ततः परं तु पूर्वकृतादारभ्यैकत्रिंशद्विधादिकमेव चिन्वीत। पूर्वेषां कृतत्वात् व्यञ्जितं चैतत्सर्वं बोधायनेन–'अश्वमेधः प्राप्तश्चेदाहरेदत ऊर्ध्वां विधामभ्यस्येन्नेतरानाद्रियेत। अतीतं चेदाहरेदाहृत्य कृतान्ते प्रकृत्याददीत' इति।।

इति श्री सुन्दरराजीये शुल्बप्रदीपे षष्ठः पटलः

इति सुन्दरराजीयं संपूर्ण

समाप्तः सव्याख्य आपस्तम्बीयशुल्बप्रश्नः